Wolfgang Sünkel
Erziehungsbegriff und Erziehungsverhältnis

Beiträge zur pädagogischen Grundlagenforschung

Herausgegeben von
Hans-Walter Leonhard, Eckart Liebau und
Michael Winkler

Wolfgang Sünkel

Erziehungsbegriff und Erziehungsverhältnis

Allgemeine Theorie der Erziehung
Band 1

Juventa Verlag Weinheim und München 2011

Der Autor

Wolfgang Sünkel, Jg. 1934, Dr. phil., ist Professor em. der Pädagogik an der Friedrich-Alexander-Universität Erlangen-Nürnberg.

Seine Forschungsschwerpunkte sind die Theoretische Pädagogik samt ihrer Geschichte auf den Gebieten der Allgemeinen Pädagogik und der Didaktik sowie die Philosophie der Erziehung, insbesondere die Erkenntnistheorie und Logik des pädagogischen Denkens.

Bibliografische Information der Deutschen Nationalbibliothek

Die Deutsche Nationalbibliothek verzeichnet diese Publikation in der Deutschen Nationalbibliografie; detaillierte bibliografische Daten sind im Internet über http://dnb.d-nb.de abrufbar.

Umschlaggestaltung: Atelier Warminski, 63654 Büdingen
Umschlagabbildung: Sabine Beuter, Berlin; www.sabine-beuter.de, www.pictureofmylife.de
Printed in Germany

ISBN 978-3-7799-1269-9

Inhalt

Prolog (§§ 1–5) ... 9
Episode 1: Das Wort Erziehung ... 11
Episode 2: Aloys Fischers Programm einer deskriptiven Pädagogik ... 14

Teil I: Der Erziehungsbegriff

Erster Abschnitt:
„Warum gibt es überhaupt Erziehung und nicht vielmehr keine?“ ... 19
1. Kapitel: Die anthropologische Herleitung des Erziehungsbegriffs (§§ 6–12) ... 19
2. Kapitel: Geschichtlichkeit und Übergeschichtlichkeit der Erziehung (§§ 13–16) ... 25
Episode 3: Das Problem einer „historischen Pädagogik“ ... 27

Zweiter Abschnitt:
„Es sind immer zwei.“ Die Bisubjektivität der Erziehung ... 29
3. Kapitel: Vermitteln und Aneignen; Erzieher und Zögling (§§ 17–20) ... 29
4. Kapitel: Die pädagogischen Generationen (§§ 21–25) ... 34
Episode 4: Friedrich Schleiermacher ... 37

Dritter Abschnitt:
„Worum es geht.“ Der Dritte Faktor der Erziehung ... 41
5. Kapitel: Die Tätigkeitsdispositionen überhaupt (§§ 26–31) ... 41
6. Kapitel: Die nichtgenetischen Tätigkeitsdispositionen (§§ 32–38) ... 46
Episode 5: Die Theoriegeschichte des Dritten Faktors ... 50
7. Kapitel: Gestalten des Dritten Faktors (§§ 39–50) ... 54

Vierter Abschnitt:
Der allgemeine Begriff der Erziehung ... 63
8. Kapitel: Das Schema des allgemeinen Erziehungsbegriffs (§§ 51–55) ... 63
9. Kapitel: „Erziehung bei Tieren?“ Extrahumane Erziehungsanaloga (§§ 56–60) ... 67

Fünfter Abschnitt:
„Erziehung ist nicht immer sichtbar.“ Protopädie und Pädeutik ... 73
10. Kapitel: Funktionen und Intentionen der Erziehung (§§ 61–66) ... 73
11. Kapitel: Protopädische und pädeutische Erziehungsstrukturen (§§ 67–72) ... 78

Teil II: Das Erziehungsverhältnis

Sechster Abschnitt:
Das Verhältnis von Vermittlung und Aneignung ... 85

12. Kapitel: Begriffliches (§§ 73–76) ... 85
13. Kapitel: Die Fundamental-Struktur des Erziehungsverhältnisses (§§ 77–82) ... 88

Siebter Abschnitt:
Einwirkung. Das Problem der pädagogischen Kausalität ... 93

14. Kapitel: Nichtlineare Kausalität (§§ 83–87) ... 93
15. Kapitel: Der Einwirkungskreis (in drei Gestalten) (§§ 88–93) ... 97
16. Kapitel: Kategorien der Einwirkung (Einwirkungsrichtungen, -weisen, -formen, -mittel) (§§ 94–108) ... 102

Episode 6: Der Richtungsstreit in der Erziehung ... 105

17. Kapitel: Die methodische Einwirkung (§§ 109–114) ... 122

Achter Abschnitt:
Die Erziehungssituation ... 127

18. Kapitel: Zur Einführung des Situationsbegriffs (§§ 115–120) ... 127
19. Kapitel: Die situativen Beziehungen und ihr pädagogischer Kern (§§ 121–128) ... 134
20. Kapitel: Situative Konstanten (§§ 129–132) ... 140
21. Kapitel: Die situative Einwirkung (Methodik der Situation) (§§ 133–140) ... 143

Episode 7: Anton Makarenko ... 148

Neunter Abschnitt:
Die situativen Kernbeziehungen ... 159

22. Kapitel: Die alpha-Beziehung (α) I: Erzieher – Erzieher (§§ 141–145) ... 159
23. Kapitel: Die alpha-Beziehung (α) II: Das Erziehungswesen (§§ 146–150) ... 164
24. Kapitel: Die beta-Beziehung (β): Zögling – Zögling (§§ 151–153) ... 170
25. Kapitel: Die gamma-Beziehung (γ): Erzieher – Zögling (§§ 154–157) ... 173

Episode 8: Der Sturz vom pädagogischen Seil ... 175

26. Kapitel: Die delta-Beziehung (δ): Zögling – Dritter Faktor (§§ 158–161) ... 177
27. Kapitel: Die epsilon-Beziehung (ε): Erzieher – Dritter Faktor (§§ 162–164) ... 179
28. Kapitel: Die zeta-Beziehung (ζ): Erzieher – beta (§§ 165–166) ... 181
29. Kapitel: Die eta-Beziehung (η): Erzieher – delta (§ 167) ... 183

Tout ce que nous n'avons pas à nôtre naissance et dont nous avons besoin étant grands nous est donné par l'éducation.

Jean-Jacques Rousseau (1762)

(Alles, was uns bei der Geburt noch fehlt und was wir brauchen, wenn wir groß sind, gibt uns die Erziehung.)

Prolog

§ 1

Ziel dieses Buches ist die logische Deskription der Erziehung. Ich will wissen, *was Erziehung ist,* was sie immer schon war und immer sein wird, welche Aufgabe sie im menschlichen Leben zu erfüllen hat, auf welche Weise sie diese Aufgabe wahrnimmt und tatsächlich erfüllt und welchen Gesetzmäßigkeiten sie dabei unterliegt; und ich hoffe meinen Leser zu überreden, dieses auch wissen zu wollen. Nicht nur um sie hier und da ein bisschen berichtigen und verbessern zu können, ist die Erziehung ein würdiger und tauglicher Gegenstand der wissenschaftlichen Erkenntnis, sondern weil unsere Gattungsexistenz als Menschen ohne Erziehung nicht möglich und ohne das Wissen, was Erziehung ist, nicht voll verständlich wäre.

Auf der allgemeineren Ebene, der der Erziehung überhaupt, setze ich die Arbeit fort, die ich in Bezug auf den spezielleren Gegenstand Unterricht schon durchgeführt habe.[1] Die theoretische Pädagogik folgt demselben Prinzip der Ausschließung aller pragmatischen Überlegungen, wie pädagogisches Handeln zu gestalten sei, und lässt nur solche Argumente und Schlussfolgerungen zu, welche direkt oder indirekt allein auf die *Erkenntnis* pädagogischen Handelns gerichtet sind. Auch die Erkenntnismethode ist dieselbe wie in der theoretischen Didaktik: die Handlungsproblemstrukturanalyse (HPSA), die auf der Annahme beruht, dass die erkennbaren Strukturen pädagogischen Handelns in den Strukturen derjenigen Probleme ausgedrückt sind, die durch jenes Handeln gelöst werden sollen. Was dort (PhU §§ 5–13) zur Begründung und Durchführung der Methode gesagt ist, gilt gleichermaßen auch hier auf der gegenständlich allgemeineren Ebene.[2]

§ 2

Die allgemeine Theorie der Erziehung ist also nicht das, was man eine Allgemeine Pädagogik zu nennen pflegt, allenfalls Teil einer solchen. Es fehlt ihr der ganze Bereich der normativen Reflexion des Erziehens. Grund die-

1 *W. Sünkel:* Phänomenologie des Unterrichts. Grundriß der theoretischen Didaktik, Weinheim und München : Juventa 1996, [2]2002 (Bezugnahmen darauf mit ‚PhU' und §-Nummer). Zum Theorieprogramm vergleiche man auch meinen Aufsatz „Voraussetzungen theoretischer Grundlagenforschung in der Pädagogik" in H.-W. Leonhard, E. Liebau, M. Winkler (Hg): Pädagogische Erkenntnis. Grundlagen pädagogischer Theoriebildung, Weinheim und München : Juventa 1995, S. 197–207.

2 Eine zusammenfassende Darstellung der Methode findet der Leser hier weiter hinten in § 17 Zusatz.

ses Verzichts ist die historische Variabilität der Normen, Werte und Lebenseinstellungen, die, als allgemeine oder spezielle Erziehungsziele gefasst, in die jeweils konkreten Entscheidungen der pädagogisch Handelnden eingehen. Solche Entscheidungen sind immer bestreitbar, weil sie von Positionen, d. h. von je verschiedenen weltanschaulichen, moralischen, religiösen, politischen etc. Vorentscheidungen und Grundeinstellungen abhängen; überdies kann deren theoretische Betrachtung zu der Antwort auf die Frage, was denn die Erziehung in ihrer Wirklichkeit (Tatsächlichkeit) sei, gar nichts beitragen. Es geht in diesem Buch nicht um Erziehungen, hier oder dort, heute oder damals oder künftig, auch nicht um „gute", „richtige" oder „schlechte", „falsche"; es geht um die Erziehung selbst, wie sie in der traditionalen Stammeskultur der Papua und in der europäischen Hochzivilisation der Gegenwart dieselbe ist, um ihr Wesen: um ihren Begriff.

Zusatz. Selbstverständlich ist es möglich, auch die zeit- und raumgebundenen *Anforderungen an* die Erziehung in systematischer Reflexion zu erörtern und zu klären. Solche ethisch-pädagogische Bemühung ist sinnvoll und unentbehrlich. Aber sie kann für ihre Ergebnisse auf keine Dauer hoffen und muss für jeden Geschichtsaugenblick neu konzipiert werden. Vor allem, wenn sich, wie es gegenwärtig der Fall ist, die Geschwindigkeit der gesellschaftlichen Veränderungen ständig erhöht, wenn Wertesysteme sich rasch wandeln oder ganz zerbrechen – man studiere zum Beispiel, wie radikal sich die Einstellungen zur Sexualität in dem einen Jahrzehnt zwischen 1965 und 1975 umgewälzt haben – dann wird die Gültigkeit solcher Reflexionssysteme zum zeitdiagnostischen Problem selbst. Normative Pädagogiken sind Lebensmittel mit Verfalldatum.

§ 3

Die erste Aufgabe einer allgemeinen Theorie der Erziehung ist die *Grundlegung (Konstitution)*[3] eines wissenschaftstauglichen, d. h. zur Deskription und Analyse brauchbaren Erziehungsbegriffs. Danach erst kann er in die drei theoretischen Richtungen des Erziehungsverhältnisses, des Erziehungsprozesses und des Erziehungsfeldes entfaltet werden. Zwar glaubt jeder, zu wissen was Erziehung ist, aber die Alltagsrede von der Erziehung ist wegen der Zufälligkeit ihrer Bedeutungen und Nebenbedeutungen ungeeignet zur Begriffskonstitution, ja sogar hinderlich, weil die *grammatische* Struktur des Alltagssatzes „Der Erzieher erzieht den Zögling" allzu leicht zu der Annahme einer ihr entsprechenden *logischen* Struktur des Sachverhalts verführt: Subjekt sei der Erzieher, Objekt der Zögling. In Wahrheit handelt es sich um *zwei Subjekte,* und Erziehung ist nur als ihre Ko-aktivität zutreffend zu bestimmen. Und was ist dann ihr ‚Objekt'? Gibt es eins?

3 Ich wähle diese Ausdrücke, um deutlich zu machen, dass weder eine nominale noch eine operationale Definition beabsichtigt ist.

Episode 1

Das[4] *Wort Erziehung* bezeichnet in seinem alltagssprachlichen Gebrauch vielerlei Verschiedenes und dies wiederum verschieden von Sprache zu Sprache. Auch von Epoche zu Epoche: Das deutsche Wort „erziehen" hat früher die gesamte Aufzucht und Pflege des Nachwuchses gemeint, also nicht nur die geistig-moralische und charakterliche, sondern auch die nährende, hegende, kleidende, behausende; und als im 18. Jahrhundert neben der modernen auch noch die alte Bedeutung im Schwange war, konnte *Lessing* aus dem Spiel mit dem Doppelsinn eine Fabel machen: „Man fragte den Adler: warum erziehest du deine Kinder so hoch in der Luft? – Der Adler antwortete: Würden sie sich, erwachsen, so nahe zur Sonne wagen, wenn ich sie tief an der Erde erzöge?"[5] Heute, da die alte Bedeutung fast ganz verschwunden ist (sie lebt noch in Rechtsbegriffen wie ‚Erziehungsurlaub' oder ‚Erziehungsgeld'), versteht ein Deutscher die Fabel nur dann, wenn er – sprachgeschichtlich – weiß, dass der Adler nach der Position seines Horstes gefragt wird. Obwohl also *das Wort* Erziehung schwankende und unsichere Bedeutungen mit sich führt, laufen die meisten der bisherigen Versuche, der Erziehungswissenschaft einen *Begriff* von Erziehung zu Grunde zu legen, darauf hinaus, diesen Begriff im Anschluss an die Alltagsrede zu präzisieren, indem man die Wortbedeutung gezielt verengt. Solches Verfahren hat aber immer etwas Willkürliches an sich[6] und hat eine unübersichtliche Vielfalt heterogener Erziehungsbegriffe hervorgebracht. Überdies schützt das Verfahren seine Nutzer keineswegs davor, dass Ungenauigkeiten, Unstimmigkeiten und Widersprüche der Alltagsrede von Erziehung in die wissenschaftliche Rede von ihr einfließen. Zum Beispiel

---

4 Zur Gliederung des Werks: Grundeinheit ist der Paragraph. Er enthält die einzelne wissenschaftliche Aussage in der erforderlichen Präzision und Vollständigkeit. Die Paragraphen sind zur Erleichterung des Zitierens fortlaufend nummeriert und ergeben, fortlaufend gelesen, den systematischen Gedankengang des Buches. Wenn Verdeutlichungen erforderlich sind, wenn Beispiele, Abgrenzungen, Umschreibungen oder Bezugnahmen ratsam erscheinen, sind diese in Zusätzen zu den Paragraphen untergebracht; die Zusätze sind eingerückt und in kleinerer Schrift gedruckt. Die Paragraphen sind zu Kapiteln, die Kapitel zu Abschnitten zusammengefasst; beide Gliederungseinheiten sind mit Überschriften versehen und ebenfalls fortlaufend nummeriert. In der Großgliederung erscheinen die vier Theorieteile, umrahmt von Pro- und Epilog.
Der systematische Gang wird gelegentlich von Episoden unterbrochen und aufgehalten. Diese „Einschiebsel" behandeln, wo es sich gerade anbietet, in zwangloser Ordnung und eher im Plauderton umfangreichere Bezugnahmen hauptsächlich, aber nicht nur theoriegeschichtlichen Inhalts.

5 *G. E. Lessing*, Gesammelte Werke in 10 Bänden, ed. Paul Rilla, Berlin (DDR) 1954–57, Bd. 1, S. 297

6 Das schönste, weil in seiner Gewissenhaftigkeit rührendste Beispiel für den aussichtslosen Kampf zwischen alltagssprachlichem Bedeutungsumfang und begrifflicher Präzisierung ist *Josef Dolchs* Artikel s.v. Erziehung in: J. Dolch, Grundbegriffe der pädagogischen Fachsprache, München [6]1965. – Man vergleiche dazu auch die subtile Analyse *Wolfgang Brezinkas*, in: ders., Grundbegriffe der Erziehungswissenschaft, München und Basel [5]1990, S. 42–47

führt der Sachverhalt, dass wir mit dem Wort Erziehung einen Vorgang nicht nur benennen, sondern auch bewerten (ein Mensch ist gut oder schlecht erzogen), sehr leicht zu dem Irrtum, mit dem *Begriff* der Erziehung müsse zugleich auch *sein Gegenstand* konstituiert werden; mit anderen Worten: Erziehung ist, was man will, dass sie sei. Wer so denkt, hat sich den Weg zu einer deskriptiv-analytischen, im strengen Sinn theoretischen Pädagogik bereits verbaut.[7]

Wäre es dann nicht besser, so mag einer einwenden, den Begriff mit einem ganz anderen Wort zu bezeichnen, dem keine alltagssprachlichen Konnotationen anhaften? – Gewiss kann man das tun. Man müsste aber eins finden, oder erfinden. Am Wort liegt nichts und am Begriff alles. Oder?

> Was liegt am Wort? Was wir als ‚Rose' kennen,
> es duftet süß, wie immer wir es nennen.

Mag *Shakespeare*s Julia den Namen der Rose getrost für unerheblich erklären[8] und mit einem anderen zufrieden sein (vielleicht: Süßduftverbreiter; SDV) – wenn doch nur Romeo nicht Montague hieße! – Man sieht, der wirkliche Name der Rose ist Rose und der wirkliche Name der Erziehung Erziehung. Auch bei einem Kunstwort müsste die Umschreibung des Begriffs mitgelernt werden; warum nicht ebenso beim ‚Naturwort', sofern klar ist, dass es im Sinn des Begriffs verwendet werden soll? Warum soll *„die vermittelte Aneignung nicht-genetischer Tätigkeitsdispositionen"* (das ist der Begriff, der in diesem Buch begründet, abgeleitet und gebraucht werden wird) nicht ‚Erziehung' heißen, wenn es sich doch um den *logischen Kern* desjenigen Sachverhalts handelt, der auch in der Alltagssprache Erziehung heißt.

Freilich sieht im begrifflichen Licht, in der wissenschaftlichen Erkenntnis der Erziehung Vieles anders aus, als es dem pädagogischen Alltagsverständnis erscheint. Man muss Vertrautes vergessen, Gelerntes korrigieren. Das ist nicht immer leicht. Selbst Astronomen – so wird mir versichert; um wie viel mehr wir anderen – müssen sich *zwingen,* beim Anblick des ‚Sonnenuntergangs' nicht die Sonne sinken, sondern den Horizont steigen zu sehen.

§ 4

In seiner logischen Struktur beschreiben kann man nur, was eine logische Struktur *hat.* Die Annahme, dies sei bei der Erziehung der Fall, bedeutet zugleich, dass diese Struktur (die ich auch als die dem gesellschaftlichen

---

7 Als (vermutlich) Erster in der Geschichte des pädagogischen Denkens *hat Jean-Jacques Rousseau* – er kann deswegen nicht genug gerühmt werden – die Notwendigkeit eines willensunabhängigen Erziehungsbegriffs erkannt: Nicht der Erzieher bestimmt, was mit dem Zögling geschieht, sondern die „Natur". Leider können wir, spätestens seit der tiefsinnigen Kritik *Pestalozzis*, den rousseauischen Naturoptimismus nicht teilen; educatio per naturam ist kein Ausweg.

8 Rom. & Jul. II,2: 43 f.

Phänomen Erziehung innewohnende Rationalität bezeichne) *erkennbar* ist. Sie ist leicht erkennbar in dem recht engen Bereich, wo Zöglinge und Erzieher individuell bewusst-rational agieren, zum Beispiel wenn sie Zwecke setzen und Mittel wählen, und wo es um rationale Gegenstände ihres gemeinsamen Bemühens geht, zum Beispiel um den Unterrichtsgegenstand analytische Geometrie oder um eine Willensmaxime nach dem kategorischen Imperativ. Aber schwerer zu erkennen ist die pädagogische Rationalität in dem viel größeren Bereich, wo nicht bewusst-rational gehandelt wird oder gehandelt werden kann, wo Freude und Enttäuschung, Zuneigung und Respekt, Forderung und Anteilnahme und viel mehr desgleichen die entscheidenden Parameter sind und wo es um Ziele geht wie Glaubensgewissheit, Kunstverständnis, um Tugenden wie den Stolz oder die Selbstbeherrschung usw. Obgleich sich die Erziehung, in ihrer oberflächlichen Erscheinung betrachtet, weitgehend als wenig rationales Geschehen darstellt, so müssen dem doch fundamentale Gesetzmäßigkeiten zum Grunde liegen, die zu ermitteln und begrifflich abzubilden sind.

Zusatz. Es ist überhaupt die Aufgabe der Wissenschaft, die ihrem jeweiligen Gegenstand eigene, immanente Rationalität zu bestimmen: dem Markt, der Psychose, dem Chaos ihre innere Gesetzmäßigkeit abzulauschen. Der Planet Mars weiß selber nichts von den Kepler'schen Gesetzen, nach denen seine Bahn sich richtet.

§ 5

Die logische Deskription des Phänomens Erziehung, wie sie in diesem Buch versucht wird, ist von der empirischen Deskription pädagogischer Sachverhalte wesensverschieden und von ihr streng zu unterscheiden. Der Unterschied besteht nicht allein im Erkenntnis*verfahren,* sondern vor allem im Erkenntnis*gegenstand.* Empirisch beschreiben kann man Erziehung nur ‚im Ausschnitt', nur in einer jeweils gegebenen konkreten – und das heißt: besonderen und beschränkten – Gestalt ihrer Wirklichkeit. So gewonnene Aussagen gelten, genau genommen, nur für den untersuchten Ausschnitt, nicht darüber hinaus; um sie verallgemeinerungsfähig zu machen, sind komplizierte methodische und logische Operationen nötig, durch die eine erweiterte Gültigkeit der Aussagen plausibilisiert oder bewiesen werden kann. Demgegenüber zielt die logische Deskription der Erziehung direkt auf die allgemeinen Strukturen ihrer Gegebenheit. Die theoretische Pädagogik (in dem strikten Sinn dieses Buches) hat also einen Gegenstand, den es, als konkrete Erziehung, in der Wirklichkeit gar nicht gibt; der sich vielmehr darstellt als abstrakter Gegenstand, verkörpert in den logischen Strukturen der Handlungsprobleme, die durch Erziehung und in ihr zu lösen sind. Leichter als mit empirischen kann man mit logischen Strukturen logische Operationen ausführen, sie generalisieren, spezifizieren, differenzieren etc. und so auch die empirisch unerreichbare höchste Allgemeinheit – das ist der

Begriff der Erziehung selbst – beschreiben und zergliedern. Deshalb sind theoretische Aussagen, das sind Aussagen auf der Ebene der logischen Deskription, auch nicht unmittelbar empiriefähig. Sie benötigen, um empirisch bestätigt oder verworfen zu werden, zunächst eine gegenständliche Transformation ins Konkrete; dabei wird ihre Allgemeinheit schon reduziert. Die so entstandene Hypothese ist – nach allen Regeln der empirischen Kunst – zu prüfen. Aber: das Resultat der Prüfung trifft nur die Hypothese und noch nicht die ursprüngliche theoretische Aussage, aus der sie abgeleitet war. Es muss vielmehr ins Theoretische retransformiert werden, ehe es als theoretisches Argument gelten kann. (Die damit verbundenen methodischen Probleme sind, so hoffe ich als Nichtempiriker, lösbar oder gar gelöst.)

Zusatz. Leider gibt es in der Philosophie weder eine Heuristik noch eine Logik der Handlungsprobleme, sodass die Pädagogik von dieser Seite allein gelassen ist und ihre Operationen nicht *formal* auf Zulässigkeit überprüfen kann. Sie kann sich aber dadurch helfen, dass sie sich auf solche Operationen beschränkt, zu denen – in imaginierter Anschauung – eine *phänomenale Stütze* gefunden werden kann.

Episode 2

Aloys Fischers Programm einer „deskriptiven Pädagogik“ von 1914[9] wird von den vorwiegend empirisch arbeitenden Pädagogikern gern, aber in eher lockerer Anknüpfung, als Traditionsbezug in Anspruch genommen. Sein Konzept ist aber weiter gespannt, als dieser Bezug vermuten lässt.

Fischers Aufsatz ist ein Meilenstein auf dem langen, steinigen Weg der Pädagogik zur Wissenschaft und gehört insofern zu den bedeutsamsten pädagogischen Texten des 20. Jahrhunderts. Das Hauptaugenmerk richtet sich auf die eine Wissenschaft grundlegende Erkenntnishaltung. Gerade in einer Zeit der überschwappenden reformpädagogischen Bewegung am Vorabend des Ersten Weltkriegs betont *Fischer* die Notwendigkeit, das, was man kritisieren und erneuern möchte, die Erziehung nämlich, erstmal genau und zutreffend kennen zu müssen, wenn der Reformimpuls irgendeinen Anspruch auf Vernünftigkeit erheben wollte. Wissenschaft fragt nicht, was sein soll – Wissenschaft fragt, was ist. Wie schon Jahrzehnte vor ihm *Otto Willmann* (1882)[10] und *Wilhelm Dilthey* (1888),[11] auf die sich *Fischer* bezieht ohne sie zu nennen, betont auch er das Erfordernis, beim erziehungswissenschaftlichen Geschäft den Erziehungswillen zugunsten des Erkenntniswillens zu suspendieren und bei der Erkenntnis auf vorgefasste Deutungen zu verzichten. Die wissenschaftliche Aufgabe besteht darin, „die Tatsa-

9 Heute zugänglich in: *Aloys Fischer*, Leben und Werk, ed. Karl Kreitmair, Bd. 2, München (1950) S. 5–29

10 Didaktik als Bildungslehre. In der Einleitung

11 Über die Möglichkeit einer allgemeingültigen pädagogischen Wissenschaft. In: *W. Dilthey*, Gesammelte Schriften Bd. 6, Leipzig und Berlin 1924, S. 56–82

chen eines Gebietes festzustellen, und zwar in solcher Weise, daß sie die Voraussetzung für das Verständnis der Problemstellungen bilden wie die letzte Instanz, auf die bei der Lösung der Probleme zu rekurrieren ist".[12] An dieses Erfordernis muss erinnert werden.

In der deskriptiven Pädagogik soll es also darum gehen, die Erziehung als „Tatsache", nicht als „Aufgabe", zu beschreiben.[13] Aber was ist eine pädagogische Tatsache? Oder was ist die Tatsache Erziehung? Nicht definierend oder umschreibend versucht *Fischer* diese Fragen zu beantworten, sondern veranschaulichend: mit seinem Ohrfeigen-Beispiel. Der Sachverhalt ist rasch erzählt: Ein Knabe entlarvt eine lächerliche Gewohnheit seines Vaters, indem er sie imitiert, und fängt sich dafür eine Ohrfeige des Vaters ein. Erstes Erfordernis bei der Deskription dieser ‚Tatsache' ist die Suspension des Werturteils: ob man nämlich die Körperstrafe in der Erziehung befürwortet oder ablehnt. Aber auch dann ist die Imitation und Ohrfeige noch keine pädagogische Tatsache, denn es könnte ja auch eine juristische oder eine psychologische oder irgendandere Tatsache sein. Zur pädagogischen wird sie durch den Aspekt, unter welchem sie beschrieben wird.

Fischer unterscheidet drei Bezirke der pädagogischen Beschreibung des Ereignisses. Der erste ist der der *Absichten* des Vaters, sofern diese mit seiner „Verantwortung" für das Kind und seinem „Interesse"[14] an ihm verknüpft sind. Der zweite ist der Bezirk der *Wirkungen,* die die Ohrfeige auf das Verhalten und die Einstellung des Kindes auch dann haben kann, wenn auf Seiten des Vaters gar keine erzieherische Absicht bestanden hat. Der dritte schließlich ist der Bezirk der das Kind wie den Vater prägenden *Struktur der Lebensverhältnisse,* in denen sie stehen.

Was soll das Beispiel zeigen und was zeigt es? Es soll zeigen, dass es drei fundamentale Dimensionen desjenigen Aspektes gibt, der das Ereignis Ohrfeige als eine pädagogische Tatsache erscheinen lässt und beschreibbar macht. Das Beispiel zeigt aber vor allem, wie weit und differenziert der *Erziehungsbegriff* gefasst ist, von dem *Fischer* ausgeht. Dieser Begriff ist jedoch der Beschreibung vorausgesetzt und kann selber nie und nimmer aus der Deskription einer Ohrfeige gewonnen oder abgeleitet werden und aus der von tausend Ohrfeigen auch nicht.

Aloys Fischer hat selber das Programm der deskriptiven Pädagogik nicht systematisch ausgeführt. Die Kürze seiner Lebenszeit, die gesundheitliche Belastung, die Schicksalsschläge und sicher auch die allzu große Vielfalt seiner wissenschaftlichen Interessen mögen es verhindert haben.[15] Gewiss hat er aber auch empfunden, dass das Programm nicht ausgereift, das Ver-

---

12 *A. Fischer*, a. a. O. S. 13 f.
13 A. a. O. S. 5
14 A. a. O. S. 25
15 Vgl. *Karl Kreitmair* in A. Fischer, Leben und Werk Bd. 1, München (1950)

ständnis der Deskription noch nicht zur vollen Klarheit gediehen war und einen Mangel zurückließ, der – rein schriftstellerisch betrachtet – den Aufsatz am Schluss zerfasern ließ wie ein unvollendetes Gewebe.

Was weiter? Bei *Fischer* selbst und im selben Aufsatz findet sich, flüchtigem Lesen verborgen, ein Wegweiser. In einer Nebenbemerkung, fast von ungefähr und ohne weiteren systematischen Gebrauch davon zu machen, nennt *Fischer zwei Gegenstandsbereiche* der Deskription: „die Tatsache der Erziehung im ganzen und die Einzeltatsachen der Erziehung".[16] Hier, genau an dieser Stelle, nehme ich *Aloys Fischer* die Fackel aus der Hand, indem ich verdeutliche, was er nur angedeutet, und unterscheide, was er nur aufgezählt hat: die logische und die empirische Deskription von Erziehung (und wende mich meiner Seite, der logischen, des Unterschiedes zu, denn die andere, empirische, ist nicht mein Gebiet).

Zusatz. Unter den (wenigen) Nachfolgern *Aloys Fischer*s in der deskriptiven Pädagogik ist *Rudolf Lochner* hervorzuheben, der in den 20er bis 70er Jahren des letztvergangenen Jahrhunderts das deskriptive Programm systematisch auszuführen und theoriegeschichtlich abzustützen unternommen hat.[17] In jenen Jahrzehnten war die deutschsprachige Pädagogik dominiert von den normativen Erziehungsbegriffen der philosophischen Deduktion und von dem Verantwortungsdenken der so genannten geisteswissenschaftlichen Pädagogik („Erziehung als Aufgabe"); demgegenüber hielt *Lochner* tapfer und beharrlich daran fest, dass nur die „Erziehung als Tatsache" Gegenstand einer rein wissenschaftlichen Bearbeitung sein könne. Bei der Ausarbeitung traten zunächst theoretisch-systematische Schwächen zutage: *Lochner* vereinseitigte die Phänomenologie, indem er die Deskription allein auf die empirische Deskription (in *Fischer*s Sprache: auf die Deskription der Einzeltatsachen) verengte; man könnte das fast als einen Vorgriff lesen auf die heute das Fach dominierende Empirieverherrlichung. Aber in seinem Spätwerk „Phänomene der Erziehung" (1975) hat er diese Einseitigkeit aufgegeben und sich auch nichtempirischen Erkenntnisverfahren geöffnet. – Als Kämpfer gegen weltanschauliche Verunreinigungen der Erziehungswissenschaft und als Wegbereiter einer Phänomenologie der Erziehung hat *Rudolf Lochner* einen Platz im Gedächtnis unseres Faches.

---

16 A. a. O. Bd. 2, S. 9

17 *R. Lochner*, Deskriptive Pädagogik (1927); Erziehungswissenschaft (1934); Erziehungswissenschaft im Abriß (^{2}1947); Deutsche Erziehungswissenschaft. Prinzipiengeschichte und Grundlegung (1963, rez. *W. Brezinka* ZfPäd. 11 [1965] S. 270–287); Phänomene der Erziehung. Erscheinungsweisen und Ablaufformen im personalen und ethnischen Dasein (1975). Nekrolog von *W. Brezinka* PädRdsch 32 [1978], S. 775–788

Teil I:
Der Erziehungsbegriff

Erster Abschnitt: „Warum gibt es überhaupt Erziehung und nicht vielmehr keine?"

1. Kapitel: Die anthropologische Herleitung des Erziehungsbegriffs

§ 6

Der Begriff der Erziehung kann nicht auf pädagogischem Wege gewonnen werden, weil solches Verfahren ihn bereits voraussetzen müsste. – Wenn es wahr ist, dass das Phänomen, welches Erziehung genannt wird, (1) vorwiegend im Humanbereich vorkommt und (2) als ein *Anthropologumenon* anzusehen ist dergestalt, dass menschliche Gattungsexistenz ohne Erziehung nicht gedacht werden kann, dann muss die Grundlage des Erziehungsbegriffs auf dem Gebiet anthropologischer Aussagen aufgesucht werden. Das wäre ein mühsames und letzten Endes wohl vergebliches Unterfangen, wenn dazu ein System der Anthropologie erforderlich wäre, denn davon gibt es allzu viele und allzu verschiedene. Glücklicherweise ist das nicht nötig. Es ist hinreichend, drei Grundmerkmale menschlicher Gattungsexistenz, auf die sich alle Anthropologien leicht verständigen können, heranzuziehen und miteinander zu verknüpfen. Das sind (a) die Sozialität, (b) die Kulturalität und (c) die Mortalität des Menschen. Aus der Verknüpfung dieser drei Merkmale entspringt ein spezifisches, nämlich der menschlichen Gattungsexistenz mit Notwendigkeit innewohnendes *Problem.*

§ 7

Der Mensch ist (a) ein *soziales Wesen,* nämlich ein Wesen, das nur in Gesellschaft lebt und nur gesellschaftlich leben kann. Dies ist seine Naturausstattung, sein phylogenetisches Erbe. Er teilt dieses Merkmal mit dem Wolf, der Graugans und der Ameise; es unterscheidet ihn vom Tiger, vom Kolkraben und von der Schlupfwespe. Die Sozialität besagt, dass die Tätigkeiten der Menschen voneinander abhängig und aufeinander bezogen sind und nur in diesem Miteinander erfolgreich sein können. Das gilt für alle menschlichen Tätigkeiten, auch für die des einsamen Denkens, das immer gesellschaftlich ermöglicht und getragen wird. – Die Größe der gesellschaftlichen Einheit ist unerheblich; hat doch der Mensch seine Sozialität von den einfach strukturierten Kleingesellschaften der Urzeit zu den komplexen Großgesellschaften der überlieferten Geschichte weiterentwickelt bis hin zur globalen Gesellschaft der Gegenwart; aber je größer die sozialen Ordnungen werden, desto differenzierter werden sie auch und desto mehr Platz und Bedeutung darin beanspruchen die kleinen. Wolfsrudel und Ameisenstaat verändern sich zwar auch, aber unmerklich und in unfassbaren Zeiträumen nach den Gesetzen der Evolution; nur der Mensch verändert seine Sozialität rasch und merklich durch seine (sei es bewusst, sei es unbewusst) gezielte gesellschaftliche Tätigkeit. Dies führt zum Merkmal (b).

Erster Zusatz. Vertragstheorien: philosophische Versuche, die Gesellschaftlichkeit des Menschen aus einer Vereinbarung der zunächst als a-sozial gedachten Individuen hervorgehen zu lassen, sind gedankliche Konstruktionen, die der Erklärung und Fundierung bestimmter gesellschaftlicher Phänomene (des Rechts; des Staates; des Eigentums etc.) dienen sollen und zu diesem Zweck auch, in Grenzen, tauglich sind. Sie sagen aber nichts aus über die Gattungsnatur des Menschen, der deshalb ein Sozialwesen ist, weil die biotische Evolution ihn dazu gemacht hat. – Zur Erklärung und Fundierung des gesellschaftlichen Phänomens *Erziehung* ist so etwas wie eine Vertragstheorie nicht erforderlich.

Zweiter Zusatz. Der Mensch kann, wie das in mannigfaltigen Beispielen bezeugte Phänomen der so genannten Wolfskinder zeigt, auch in artfremden Gesellschaften leben, wenn er darin aufgewachsen ist. Er nimmt dann freilich, soweit physiologisch möglich, den Sozialcharakter jener fremden Spezies an und lässt sich später, wenn überhaupt, nur ansatzweise und partiell humanisieren.

§ 8

Der Mensch ist (b) ein *Kulturwesen* (wenn man ‚Kultur' in dem weiten und letztlich unbestimmten Sinne[1] nimmt, in welchem das Wort in der Ethnologie [= „cultural anthropology"] verstanden und gebraucht wird). Dieses Merkmal ist dem Menschen eigentümlich und unterscheidet ihn von anderen Arten.[2] Die Unzahl möglicher Bestimmungen der Kulturalität lasse ich hier außer Acht und beschränke mich auf zwei, nämlich diejenigen, die zur Ableitung des Erziehungsbegriffs hinreichend sind. – Wie schon zuvor beim ersten Merkmal (§ 7) beziehen sich auch diese Bestimmungen auf den Bereich der Tätigkeiten. Zuerst ein Beispiel: Hyänen jagen und verzehren die Beute; sind sie wieder hungrig, jagen sie erneut. *Homo erectus* jagte und

---

1 *Kroeber* und *Kluckhohn* sammelten ca. 300 verschiedene Begriffe: ‚Culture, A Critical Review of Concepts and Definitions', in: Papers of the Peabody Museum … 47/1, Cambridge, Mass. 1952. (Nach *Uwe Krebs*: Erziehung in Traditionalen Kulturen. Quellen und Befunde aus Afrika, Amerika, Asien und Australien 1898–1983, Berlin: Reimer 2001, S. 42 f.)

2 Die differentia specifica ist nicht im strengen Sinn zu verstehen: Dass es kulturelle Phänomene auch im außermenschlichen Bereich gibt, ist unstrittig. Später, wenn es um die Erörterung dessen geht, was ich die prae- bzw. subhumanen Erziehungsanaloga nenne, wird darauf zurückzukommen sein (im 9. Kapitel dieses Buches).

verzehrte und häutete die Beute: gewann also nicht nur Nahrung, sondern auch Kleidung, die ihn instand setzte, seinen Lebensraum in kühlere Klimazonen auszuweiten. – Die Jagd der Hyänen, wenn sie nicht scheitert, zeitigt ein Resultat: die Sättigung; mit dem Resultat ist die Tätigkeit beendet. Die Jagd des *Homo* zeitigt dasselbe und ist insoweit beendet; doch da gibt es noch das zweite Resultat: Es wird zur Grundlage und Voraussetzung einer weiteren, anderen Tätigkeit, der Schneiderei, die ohne das vorausgegangene Resultat nicht möglich wäre. Ihr Resultat hinwiederum, die Kleidung, wird zur Grundlage und Voraussetzung der Tätigkeit des Auswanderns in rauere Klimate. Genug des Beispiels! Tätigkeit des Menschen – und darin liegt die erste der zwei hier herangezogenen Bestimmungen seiner Kulturalität – bringt neben anderen auch solche Resultate hervor, die ihrerseits zu Bedingungen der Möglichkeit veränderter, und zwar durch die neuen Voraussetzungen veränderter Tätigkeit werden. Dies ist der Motor dessen, was man als ‚kulturelle Evolution' bezeichnet und beschreiben kann als den Vorgang, dass, bei weitgehender Konstanz der ‚naturalen' Voraussetzungen menschlicher Tätigkeit, die ‚anthropogenen' Voraussetzungen an Zahl, Umfang und Anteil anwachsen.

Zusatz. Zu erörtern, *wie* und *warum* die biotische Evolution die Kulturalität des Menschen hervorgebracht hat und wie circa zweieinhalb Millionen Jahre lang die biotische und die kulturelle Evolution der Gattung *Homo* in wechselseitiger Förderung Hand in Hand (besser: Hand mit Hirn) gegangen sind, gehört nicht zum Thema dieses Buches. Die Bestimmungen, die hier für das Merkmal Kulturalität herangezogen werden, sind, ebenso wie die Bestimmungen der beiden anderen anthropologischen Merkmale, *phänomenale* Bestimmungen: sie erklären nicht, sie stellen fest. Mehr bedarfs nicht.

§ 9

Dass Tätigkeitsresultate zu Voraussetzungen von Tätigkeit werden, ist zur Bestimmung des Merkmals Kulturalität noch nicht hinreichend. Diese Struktur ist auch im extrahumanen Bereich verbreitet. Das schönste Beispiel dafür ist der Nestbau, den wir bei den Termiten, bei den Honigbienen, bei den Beutelmeisen sogar als ‚Kunstwerk' bewundern. Aber hier handelt es sich um eine sozusagen ‚starre Verbindung' von Resultat und Tätigkeit, die im genetischen Verhaltensprogramm des Tieres festgelegt ist: Beim Nestbau kommt immer das gleiche Nest heraus und darauf fußt immer die gleiche weitere Tätigkeit, die Brutpflege (gegebenenfalls Brutpflege plus Wohnung). Kulturelle Evolution dagegen ist bestimmt durch die *offene Varianz* der Resultate, die auf die offene Varianz der hervorbringenden Tätigkeit zurückgeht und die offene Varianz der resultatbedingten Tätigkeit zur Folge hat. Der Pelz kann mit den Haaren nach innen oder nach außen getragen werden oder man kann die Haare ganz entfernen.

Die offene Varianz der anthropogenen Tätigkeitsvoraussetzungen zieht eine zweifache Folge nach sich: (1) Je größer der Anteil dieser Voraussetzungen am Gesamtsystem der gesellschaftlichen Tätigkeiten der Menschen, desto rascher das Tempo der kulturellen Evolution relativ zur biotischen. (2) Es kommt zu regional oder ethnisch unterschiedlichen Entwicklungen: zur Verschiedenheit der ‚Kulturen'.

§ 10

Der Mensch ist (c) *sterblich.* Dieses Merkmal teilt er mit nahezu allen anderen Lebewesen. Die Mortalität der Individuen, der Arten und Gattungen ist ein entscheidender Ermöglichungsgrund der biotischen Evolution. Die Gattung *Homo* ist ein Produkt dieser Evolution und unterliegt nach wie vor ihren Gesetzen. Die individuelle Sterblichkeit ist uns bewusst (wenns hoch kommt, sogar die eigene). Die der Gattung müssen wir für möglich halten. (Spricht nicht Einiges für die Annahme, dass *Homo* sogar ein sich selbst hinwegselegierender Fehlversuch der Natur sein könnte?) Aber solange die Gattung lebt und die Individuen sterben und geboren werden, so lange hat der Mensch ein Problem: weil seine individuelle Mortalität seiner kollektiven Kulturalität widerspricht.[3]

> **Zusatz.** Der Mensch weiß, dass er sterblich ist. Aber da er auch weiß, dass auf der Ebene der Kulturalität seine Sterblichkeit sozusagen überflüssig geworden ist als sein „Erdenrest, zu tragen peinlich", denkt er gern sich selbst (Beispiel: ‚Auferstehung des Fleisches') oder wenigstens seine ‚Seele' (Beispiel: Reinkarnation) als unsterblich und stattet seine idealisierten Abbilder, die Götter, mit dem Merkmal der Immortalität und ewigen Jugend aus.

§ 11

Das Problem liegt im *nichtgenetischen Erbe,* das heißt: in dem Ensemble der anthropogenen Tätigkeitsvoraussetzungen in seiner jeweils gegebenen Entwicklungsstufe und besonderen Gestalt. Anders als die der biotischen können die ‚Errungenschaften' der kulturellen Evolution nicht auf dem Wege der genetischen Vererbung über die Mortalitätsschwelle hinüber gebracht werden. Dies ist aber erforderlich, damit sie nicht verloren gehen; anders müsste jede neue Generation wieder am Punkt eins der kulturellen Evolution beginnen; die Gattungsentwicklung bliebe zwischen Vormensch und Urmensch hängen. Das Problem der Kontinuität muss auf andere Weise gelöst werden; und es gibt nur eine andere: *durch Tätigkeit.* Vererbt wer-

---

3 Ein Leser, dem das Merkmal Mortalität anstößig ist – sei es, dass er sich in nekrophober Seelenlage befindet, sei es, dass es ihn irritiert, wenn vom Tod geredet wird, wo doch die Erziehung ihr Werk beginnt, wenn Menschen geboren werden – kann sich die Rezeption dieses Paragraphen erleichtern, wenn er statt Mortalität Natalität sagt, sofern er diesen Ausdruck auf die Geburt sterblicher Individuen bezieht.

den (1) Güter. Das geschieht durch Akte (Testamente; Schenkungen) oder durch allgemeine Regelungssysteme (Erbrecht). Vererbt werden (2) Institutionen. Auch hier finden wir Akte (z. B. Wahlen) und Regelungssysteme (Statuten; Verfassungen). Ferner können (3) Rechte vererbt werden; man erbt z. B. Schulden oder Außenstände. All dies hat mit Erziehung nichts zu tun. – Nun gibt es aber einen weiteren, den fundamentalen Teil des nichtgenetischen Erbes: das sind die aus Tätigkeit hervorgegangenen *subjektiven Voraussetzungen,* die ein tätiges Subjekt ‚in sich haben' muss, um seine Tätigkeit angemessen ausführen zu können. Das sind Kenntnisse, Fertigkeiten und Willensstellungen* (Motive). Denn um Bestimmtes zu tun, muss man Bestimmtes wissen, Bestimmtes können und Bestimmtes wollen. Dieses Erbteil über die Mortalitätsschwelle hinweg zu bewahren und als Grundlage seiner Weiterentwicklung festzuhalten, bedarf es einer eigenen Tätigkeit, die, dem Merkmal (a) zufolge (§ 7), gesellschaftliche Tätigkeit ist und die man *Erziehung* nennt.

Die gesellschaftliche Tätigkeit Erziehung leistet, indem sie die Kontinuität *bestimmter* Kenntnisse, Fertigkeiten und Motive in der Zeit sichert, zugleich damit ein Fundamentaleres: sie sichert die Kontinuität *überhaupt* von Kenntnissen, Fertigkeiten und Motiven und damit die Kulturalität selber als Wesensmerkmal menschlicher Gattungsexistenz in der Welt.

Zusatz. Ich wähle ein urtümliches, weil einfaches Beispiel: Wenn ein Vater aus der Art *Homo habilis* seinem Sohn einen Faustkeil übergibt, dann ist dieses Gütererbe dem Sohn völlig nutzlos, solange ihm nicht auch die Kenntnis des Faustkeilgebrauchs mitvererbt wird und möglicherweise auch die Norm, ihn niemals als Waffe gegen Angehörige der eigenen Horde zu benutzen. Und die Vererbung des Faustkeils selbst wird sogar überflüssig, wenn dem Sohn die Fertigkeit der Faustkeilherstellung vererbt wird.

§ 12

Erziehung ist demnach aufzufassen als diejenige Tätigkeit, die die Aufgabe erfüllt, das der menschlichen Gattungsexistenz aufgrund der Mortalität der Individuen und Generationen notwendig innewohnende Problem der Kontinuität hinsichtlich der subjektiven Tätigkeitsvoraussetzungen zu lösen. Somit ist die gesellschaftliche Tätigkeit namens Erziehung *durch das Problem,* dessen Lösung sie darstellt, *definiert.* Dies ist noch nicht der gesuchte Begriff der Erziehung, nur erst seine Grundlage. *Wie* die Menschheit dieses ihr Grundproblem jeweils gelöst hat, ob gut oder schlecht, bewusst oder unbewusst, bemüht oder gelassen oder mal das eine, mal das andere, das ist hier gar nicht die Frage; nur: *dass* sie es bislang gelöst hat, muss festgestellt werden; also: *Es gibt* Erziehung; sie ist ein real existierendes Grundphänomen des menschlichen Gattungslebens und mit ihm von Anfang an verknüpft – und deshalb auch ein würdiger Gegenstand der wissenschaftlichen Erkenntnis.

* Einstellungen

Zusatz. Damit ist die anthropologische Herleitung des Erziehungsphänomens abgeschlossen, der Erziehungsbegriff aber noch in keiner Weise bestimmt. Seine wesentlichen Bestimmungen werden sich erst aus der genaueren Analyse der Struktur jenes Problems gewinnen lassen, dessen Lösung die Erziehung ist. – Weiterführende Fragestellungen anthropologischer Art zu verfolgen, etwa die nach der Erziehbarkeit oder die nach der individuellen Erziehungsbedürftigkeit der Menschen, nützt der Bestimmung des Begriffs der Erziehung nichts; diese Fragen erwachsen vielmehr erst aus dem Erziehungsbegriff und gehören nicht in die allgemeine Theorie der Erziehung, sondern in eine spezielle Disziplin: die pädagogische Anthropologie, wo sie auch seit langem ihren Platz haben.

2. Kapitel: Geschichtlichkeit und Übergeschichtlichkeit der Erziehung

§ 13

Der Mensch ist ein kulturelles Wesen, aber ‚die Kulturen' sind verschieden. Aufgrund der offenen Varianz der anthropogenen Tätigkeitsvoraussetzungen entwickelt sich kulturelle Verschiedenheit, und zwar um so mehr, je weiter sich die Horden, die Stämme, die Völker voneinander entfernen und ihre eigenen Wege der kulturellen Evolution gehen. Diese Vielfalt ist jedoch nicht unbegrenzt; sie unterliegt Bedingungen verschiedener Art, von denen die wichtigsten genannt seien. Da ist zunächst die Bindung an die ‚naturalen' Tätigkeitsvoraussetzungen, wie sie einerseits in der natürlichen Umwelt der jeweiligen Lebensverhältnisse, andererseits in der genetischen Ausstattung des Naturwesens Mensch gegeben sind. Sodann gibt es die kulturellen Annäherungen mit den Möglichkeiten des Austauschs, der Befruchtung, aber auch der Vernichtung von Kulturen oder ihrer Verschmelzung zu einer neuen. In dem Maß, wie der Globus eng wird für den Menschen, wächst die Bedeutung, Vielfalt in Grenzen zu halten. Und schließlich: Kulturelle Entwicklungen sind auch gebunden an ihre eigenen Voraussetzungen in der Zeit. Aus Nichts wird Nichts; Neues wurzelt in Altem und entwickelt sich aus ihm. Deshalb sind je aktuelle Entwicklungslinien schon im Gewesenen angelegt und andere werden durch Gewesenes ausgeschlossen. Diese letzte Art kultureller Gebundenheit, die *Geschichtlichkeit* der Kulturen, erregt in besonderem Maße das Interesse des Pädagogikers.

§ 14

Denn die Erziehung – als diejenige gesellschaftliche Tätigkeit, welche die Kontinuität der kulturellen Entwicklung über die Mortalitätsschwelle hinweg hinsichtlich der subjektiven Tätigkeitsvoraussetzungen sichert – hat jeweils teil an der Verschiedenheit und Vielfalt der gesellschaftlichen und kulturellen ‚Systeme', in denen sie ihre Aufgabe erfüllt. Sie *gehört* dem System *an,* das ohne sie in der Zeit nicht bestehen könnte, und bildet selber eine besondere, dem jeweiligen System entsprechende und gemäße Erscheinungsform aus. Deshalb bietet die Erziehung bei den Papua ein anderes Bild als bei den Innuit, erscheint sie im China des 12. Jahrhunderts *ante* in anderer Gestalt als im Frankreich des 19. Jahrhunderts *post.* Allgemeiner ausgedrückt: Die Erziehung existiert konkret nur in der Verschiedenheit und Vielfalt ihrer wechselnden geschichtlichen Ausprägungen und ist insoweit ein *historisches Phänomen.*

Zusatz. Die Erziehung, in ihrer Allgemeinheit betrachtet, ist nicht in dem Sinne historisch, in welchem ein besonderer Teil von ihr, nämlich der Unterricht, historisch ist, der irgendwann im Verlauf der Geschichte entstanden ist und aus ihr auch wieder verschwinden könnte (vgl. PhU §§ 14 f.). Das ist bei der Erziehung anders, weil sie *von Anfang an* mit der Geschichtlichkeit kultureller Evolutionen unauflöslich verbunden ist.

§ 15

Die Erziehung ist zugleich aber auch ein *transhistorisches Phänomen,* weil ohne sie die Kontinuität und Varianz der kulturellen Evolutionen unmöglich wäre. Die Existenz von Erziehung, in welcher Erscheinungsform auch immer, ist die notwendige Voraussetzung der Geschichtlichkeit menschlicher Existenz überhaupt und somit auch die notwendige Voraussetzung der eigenen Geschichtlichkeit der Erziehung selbst. Man kann also von der Erziehung auf zweierlei Weise reden: (1) transhistorisch, insofern sie eine notwendige Bedingung der Möglichkeit von Geschichte *ist;* (2) historisch, insofern sie unter geschichtlichen Bedingungen in geschichtlicher Vielfalt *erscheint.*

In der Vielfalt der Erscheinungen ist jedoch immer *das Erscheinende* gegenwärtig: das alle Variationen umfassende und verbindende, mit sich selbst identische ‚Wesen' der Erziehung, welches Gegenstand des ‚Begriffs' der Erziehung ist. Ohne Kenntnis dieses Wesens könnte man in der Fülle der geschichtlichen Erscheinungen des gesellschaftlichen und kulturellen Lebens diejenigen gar nicht identifizieren, die zur Erziehung gehören, und sie von anderen unterscheiden, die nicht dazu gehören; oder bei bestimmten Erscheinungen angeben, ob sie und inwiefern sie etwas mit Erziehung zu tun haben. Im Hinblick auf die Erkenntnis geht also das Wesen seinen Erscheinungen voraus und muss unabhängig von ihnen bestimmt werden.

§ 16

Fasst man dieses Wesen der Erziehung zu eng oder zu ungefähr auf, kommt es leicht dazu, dass sich der erkennende Blick lediglich auf ihre *auffälligsten* Erscheinungsformen, auf die unmittelbar und leicht als solche bemerkbaren, einschränkt: das sind die pädagogischen *Ideen* und die pädagogischen *Institutionen.* Es wäre daher für die Erkenntnis der Erziehung durchaus von Nachteil, wenn man sich damit begnügen wollte, das Wesen der Erziehung mit einem undeutlichen, unklaren, stumpfen, vorläufigen, kurz: mit einem willkürlichen Begriff zu erfassen; einem Begriff also, der nur nominal oder operational festgelegt und nicht aus der Sache, die er bezeichnen soll, *mit Notwendigkeit* abgeleitet ist. Erziehung ist gesellschaftliche Tätigkeit; und ihr Umfang und ihr Anteil an der gesellschaftlichen Gesamttätigkeit ist größer und verschiedenartiger, als es dem oberflächlichen Blick erscheint.

Episode 3

Das Problem einer ‚historischen Pädagogik‘ liegt in der Mittelstellung dieser Disziplin zwischen Geschichts- und Erziehungswissenschaft. Gehört sie mehr der einen oder mehr der anderen an? Ihr Gegenstand ist die Fülle und Vielfalt der geschichtlichen Erscheinungsformen des Pädagogischen und deren Zusammenhang und Wechselwirkung mit anderen geschichtlichen Erscheinungen, die keine pädagogischen sind; insofern gehört sie der Historie an. Aber der Erziehungshistoriker muss ein Pädagogiker sein (ebenso wie der Medizinhistoriker ein Mediziner und der Technikhistoriker ein Technologe usw.), um überhaupt seinen geschichtlichen Gegenstand identifizieren zu können: in dieser Hinsicht ist die historische Pädagogik eine erziehungswissenschaftliche Disziplin. Aber nicht nur in dieser Hinsicht. Der Reiz erziehungsgeschichtlicher Forschungen und Betrachtungen liegt ja gerade darin, die Bewegungen und Veränderungen der realen Erziehungen im Blick auf das transhistorische Wesen der Erziehung hin zu verstehen; zu begreifen, welche Varianten und welche Akzentuierungen jeweils unter welchen historischen Bedingungen zum Tragen kommen und realisiert werden. Und reizvoll ist auch die Überlegung, ob vielleicht in der wechselvollen Geschichte des Erziehens so etwas wie ein ‚Fortschritt‘ festgestellt werden könnte dergestalt, dass die Erziehung ihrem Wesen angemessener („besser“) realisiert wird als in jeweils früheren Zeiten. Jedenfalls *der Wille dazu* wird in der ganzen uns bekannten Erziehungsgeschichte deutlich, wenngleich die Erziehung selber immer an ihre jeweiligen geschichtlichen Bedingungen gebunden bleibt. Denn immer dort, wo sie nicht fraglos und selbstverständlich funktioniert, erscheint sie als zu erneuernde, zu „verbessernde“; – und ist nicht gerade dieses Moment der *educatio semper reformanda* das deutlichste Zeichen der Gegenwart ihres Wesens in allen ihren Erscheinungen? Rückbesinnungen auf früher schon Erreichtes, Wiederbelebung von Vergessenem, Modifikation alter Einsichten unter neuer Fragestellung: all dies kann geradezu ein Motor gegenwärtiger Verbesserungen sein.

Noch auffälliger wird der pädagogische Charakter der historischen Pädagogik, wenn wir auf das Feld der Geschichte des pädagogischen *Denkens* und der darin enthaltenen Theoriegeschichte schauen. Zwar wirkt auch hier das Historische mächtig ein; denn kein Denker kann die Erziehung anders erfassen als auf Grund der Denkvoraussetzungen und mit Hilfe der Denkmittel, die ihm seine Zeit (und möglichenfalls frühere Zeiten) zur Verfügung stellt. Das ist auch der Grund davon, dass Erkenntnis, namentlich wissenschaftliche Erkenntnis, immer vorläufig, immer überholbar ist und bleibt. Darin ist aber der Gedanke des ‚Fortschritts‘ der Erkenntnis enthalten. Der „pädagogische Ternar“ von φύσις ἔθος διδαχή (das ist: Anlage; Übung; Unterweisung)[1] musste erst einmal als eine der Grundstrukturen des Erzie-

1 Die hier vorgeschlagene Übersetzung des pädagogischen Ternars trifft den Sinn der drei griechischen Begriffe nur ungefähr, doch wäre bei jeder anderen Verdeutschung

hungsproblems erkannt und formuliert werden, bevor diese Struktur zum Bestandteil des unverlierbaren Wissens von der Erziehung werden konnte. Pädagogische Ideen kommen und gehen, kommen wieder und gehen wieder, aber wenn man die *Denk*geschichte als *Theorie*geschichte, als Geschichte der Erkenntnis betrachtet, dann zeigen sich doch erstaunliche Zusammenhänge und Entwicklungen, die auf eine Erweiterung und Bereicherung des Wissens von der Erziehung hinauslaufen, und zwar sogar dann, wenn diese Zusammenhänge und Entwicklungen dem Denker selbst gar nicht bewusst oder bekannt sind. So ist z. B. *Comenius* in der Pädagogik des späten 18. Jahrhunderts weitgehend vergessen gewesen; dennoch kann man seine „Analytische Didaktik" von 1648 und *Ernst Christian Trapp*s Abhandlung „Vom Unterricht überhaupt" von 1787[2] als den *ersten* und den *zweiten Schritt* der wissenschaftlichen (analytischen) Behandlung des Phänomens Unterricht lesen, obwohl *Trapp* das Werk seines Vorgängers aller Wahrscheinlichkeit nach nicht gekannt hat. Der ‚Fortschritt' liegt in diesem Fall darin, dass *Trapp* die Analyse um die von *Comenius* weitgehend außer Acht gelassenen Außenstrukturen des Unterrichts erweitert hat. (Es hat demnach den Anschein, als sorge eine Himmelsmacht dafür, dass der Faden der Erkenntnis nicht abreißt.)

---

dasselbe der Fall. Überdies wechseln die Bezeichnungen auch im Griechischen. – Zur Bedeutung des Ternars und seiner Entdeckung vgl. *Ernst Lichtenstein*: Der Ursprung der Pädagogik im griechischen Denken, Hannover 1970, S. 66 ff.

2 Bei der „Analytischen Didaktik" handelt es sich um das (mit didactica generalis überschriebene) 10. Kapitel seiner Methodus linguarum novissima, Lissa 1648; nachgedruckt in: Comenii opera didactica omnia, Amsterdam 1657 (und Prag 1957). Deutsche Fassung: *Jan Amos Komenský*, Analytische Didaktik und andere pädagogische Schriften, ed. *Franz Hofmann*, Berlin (DDR) 1959. – Trapps Abhandlung in: Allgemeine Revision 8, S. 1–210

Zweiter Abschnitt: „Es sind immer zwei." Die Bisubjektivität der Erziehung

3. Kapitel: Vermitteln und Aneignen; Erzieher und Zögling

§ 17

Das nichtgenetische Erbe – das sind die anthropogenen Tätigkeitsvoraussetzungen in ihrem jeweiligen Entfaltungsgrad und ihrer jeweiligen historischen Gestalt – kann die Mortalitätsschwelle nur dann überschreiten, wenn es den Nachwachsenden nicht nur angeboten, sondern von diesen auch akzeptiert wird. Ein Erbe kann man annehmen oder ausschlagen. Das gilt selbstverständlich auch für jenen Teil des nichtgenetischen Erbes, den ich – vorläufig und noch unscharf – als die *subjektiven* Tätigkeitsvoraussetzungen bezeichnet habe (vgl. § 11). Das Wissen, Können und Wollen der Menschheit muss von den Wissenden, Könnenden und Wollenden nicht nur tradiert (übermittelt, dargeboten, gezeigt, gelehrt), es muss von den Nochnichtwissenden, Nochnichtkönnenden und Nochnichtwollenden auch *rezipiert* (gelernt, geübt und verstanden) werden. Sonst scheitert der Vorgang, und das Problem der kulturellen Kontinuität in der Zeit bliebe ungelöst.

Es zeigt sich, dass die gesellschaftliche Tätigkeit, deren Aufgabe die Lösung dieses Problems ist und die wir Erziehung nennen, zwei Seiten besitzt, die ohne einander nicht bestehen und erfolgreich sein können, weil sie wechselweise aufeinander angewiesen sind. Die gesellschaftliche Gesamttätigkeit namens Erziehung setzt sich also aus *zwei Teiltätigkeiten* zusammen, die sich unter den Namen ‚Vermittlung' und ‚Aneignung' voneinander unterscheiden lassen und die dennoch eng und unauflöslich miteinander verknüpft sind.

Zusatz. Schon hier an dieser frühen Stelle mache ich auf das *methodische Verfahren* der theoretischen Pädagogik aufmerksam, nämlich auf die Handlungsproblemstruktur-Analyse (HPSA). Aus der logischen Struktur des durch Erziehung zu lösenden Problems ergeben sich die bestimmenden Merkmale der problemlösenden Tätigkeit. Diese Methode, die Bestimmtheit pädagogischen Handelns zu erkennen, funktioniert nicht nur hier auf der allgemeinsten, sondern auf allen Aussageebenen bis hinunter zu Aussagen über den einzelnen pädagogischen Akt.

Die HPSA ist ausführlich in der „Phänomenologie des Unterrichts" §§ 5–13 dargestellt. Für Leser, denen die dortigen Ausführungen nicht gegenwärtig sind, fasse ich die Grundzüge der Methode hier zusammen und beziehe sie zugleich auf die Erziehung überhaupt, von welcher der Unterricht nur ein besonderer Teil ist. – Die theoretische Pädagogik (in dem strengen Sinn dieses Buches) betrachtet die Praxis der Erziehung nicht als sozusagen ‚klinische' Praxis, nicht als Feld ihrer Experimente und Anwendungen, sondern als Gegenstand der Erkenntnis und bemüht sich um die Abbildung der wirklichen Strukturen und Sachverhalte dieses Gegenstands in Begriffen und Aussagen. Bei der theoretischen Arbeit sind alle Argumentationen ausgeschlossen, die von einem anderen als dem reinen Erkenntniswillen getragen oder veranlasst sind. Freilich ist die Praxis auch ein Motiv, erkennen zu wollen. Sind nämlich die Strukturgesetzlichkeiten, die dem Phänomen Erziehung an sich selbst und unabhängig von unserem Wollen und Wissen innewohnen, zutreffend und hinreichend erkannt, dann können sie durch unser Wissen und Wollen in jedem Erziehungsvorgang mit größtmöglicher Deutlichkeit benutzt, realisiert und ausgestaltet werden. Die Theorie kann die Erziehung verbessern, aber nur auf ihre eigene, die theoretische Weise: Ihr Beitrag zur Verbesserung des Gegenstands ihrer Erkenntnis ist die Verbesserung ihrer Erkenntnis des Gegenstandes.

Die Probleme, die eine solche theoretische Erziehungswissenschaft zu lösen hat, sind also allein die der adäquaten begrifflichen Abbildung der realen Strukturen und Verhältnisse pädagogischen Handelns. Hierüber kann gestritten werden; doch ginge der Streit nur um die Abbildung, nur um die verbesserte Angleichung der Erkenntnis an den Gegenstand. Wie aber lassen sich die wirklichen Strukturen der Erziehung erkennen und darstellen? Mit welchem Organ oder Instrument identifiziert man sie in der Wirklichkeit?

Pädagogisches Handeln kann man beobachten, streng empirisch oder hospitierend; man kann es erfahren, wenn man, als Erzieher oder als Zögling, selber ins Erziehungshandeln einbezogen ist. Pädagogische Beobachtung und Erfahrung kommen aber erst zustande, wenn der Beobachtende und Erfahrende von sich aus strukturierende Gesichtspunkte einbringt, an denen er sich, beobachtend und erfahrend, orientiert. Auch wenn wir selber weder beobachten noch selber erziehlich tätig sind, können wir Kenntnis von einem Erziehungsvorgang haben, indem wir Untersuchungs- oder Praxisberichte anderer hören oder lesen; wir bekommen dann von jedem Berichterstatter die strukturierenden Gesichtspunkte, an denen seine Beobachtung oder Erfahrung orientiert war, mitberichtet und können diese jetzt unsererseits miteinander vergleichen, untereinander in Beziehung setzen, modifizieren. Um also erziehliches Handeln überhaupt *wahrnehmen* zu können, bedienen wir uns, spontan und naiv und ohne theoretische Präreflexion, einer Vielzahl dieses Handeln strukturierender Gesichtspunkte, die demnach, weil man nicht handeln kann ohne dies sein Handeln auch wahrzunehmen, zugleich das Handeln und die Anschauung des Handelns strukturieren. Sucht man nun nach dem Gemeinsamen all dieser uns unterlaufenden oder begegnenden Gesichtspunkte der Wahrnehmung pädagogischen Handelns, so zeigt sich Folgendes: Wir strukturieren allemal die Wahrnehmung eines erziehlichen Handelns entsprechend den Problemen, die durch dieses Handeln gelöst werden sollen. Mit anderen Worten: Wir erfassen, spontan und unbewusst, das jeweilige erziehliche Handeln als *definiert* durch die mit diesem Handeln zu lösenden Probleme.

Handlungsprobleme sind etwas anderes als Erkenntnisprobleme. Letztere, das sind solche Probleme, die durch Erkenntnis gelöst werden, besitzen das eigentümliche Merkmal, dass sie, sobald sie gelöst sind, aufhören zu existieren: Der freie Fall war ein Problem bis zu Galilei; seither existiert das Problem nicht mehr, es existieren die Fallgesetze. Handlungsprobleme dagegen – das sind solche Probleme, die durch ein (in unserem Fall erziehliches) Handeln gelöst werden – besitzen das Merkmal, dass ihre Existenz nicht zugleich mit ihrer Lösung beendet ist. Ein didaktisches Beispiel wäre folgendes: Ein Fahrlehrer, der sein Problem, einem Schüler das Autofahren beizubringen, gelöst hat, ist allein deshalb, weil er es gelöst hat, das Problem nicht los; der nächste Schüler wartet schon am Straßenrand. Oder: Zwei Fahrlehrer bringen ihren Schülern das Autofahren auf verschiedene Weise bei, beide erfolgreich. Das unterrichtliche Handeln der beiden Lehrer unterscheidet sich dadurch, dass sie ihr Problem unterschiedlich lösen; das Problem selbst aber, welches gelöst wird, ist seiner Struktur nach in beiden Fällen das gleiche. Im erziehlichen Handeln (sei es des Erziehers, sei es des Zöglings) sind also die *Problemlösungen* das Vorübergehende und Veränderliche, die *Problemstrukturen* aber das Dauernde und Identische. Deshalb sind nicht die Lösungen, sondern die Strukturen der durch Erziehung zu lösenden Handlungsprobleme der genuine Erkenntnisgegenstand der theoretischen Pädagogik. In ihnen haben wir zuverlässige Indikatoren der Struktur von Erziehung vor uns, wenn nicht sogar die Struktur der Erziehung selbst.
Diese Struktur zu beschreiben und zu analysieren ist freilich ein Erkenntnis-, kein Handlungsproblem. Der Erkenntniswille ist darauf gerichtet, die Vielfalt und Komplexität der Handlungsproblemstrukturen und -strukturzusammenhänge, wie sie an der ‚Oberfläche' des Phänomens Erziehung erscheinen, auf einfache Grundstrukturen zurückzuführen. Das ist möglich, weil Problemstrukturen logische Strukturen sind, mit denen man logisch operieren kann. Auf diese Weise konstituiert die Methode ihren eigenen Erkenntnisgegenstand: nämlich das System der pädagogischen Handlungsproblemstrukturen als das logische Substrat realer Erziehung. Sie konstituiert zugleich ihr Subjekt als ein rein theoretisches, welches nicht handeln, sondern erkennen will.

§ 18

Das Subjekt der gesellschaftlichen Tätigkeit Erziehung ist, so könnte man sagen, die Gesellschaft selbst. Die Aussage wäre zwar richtig, aber leer; denn sie würde von der Zweiteilung dieser Tätigkeit absehen. Es liegt auf der Hand, dass die Erziehung auch in subjektiver Hinsicht zweigeteilt ist: das Subjekt der Vermittlung kann nicht zugleich auch das Subjekt der Aneignung sein und umgekehrt. Eine Tätigkeit, die notwendigerweise die Tätigkeit zweier unterschiedener Subjekte ist, nenne ich eine *bisubjektive Tätigkeit*. Die Erziehung ist eine solche, weil, ebenso wie die Teiltätigkeiten Vermitteln und Aneignen, auch ihre Subjekte aufeinander angewiesen sind und zusammenwirken müssen, damit das Werk der Erziehung gelingen kann.

Da Vermittlung ohne Aneignung sinnlos ist und deshalb zwischen den beiden Teiltätigkeiten der Erziehung keinerlei ‚Rangunterschied' bestehen kann, kommt auch den beiden Subjekten der Teiltätigkeiten *die gleiche gesellschaftliche Dignität* zu. Diese symmetrische Struktur wird keineswegs dadurch beeinträchtigt, dass das eine Subjekt im Besitz des Erbes ist, während das andere sich das Erbe erst aneignet; solche Asymmetrie ist nichts anderes als das die beiden Subjekte der Teiltätigkeiten unterscheidende Merkmal, welches zudem im Zuge gelingender Aneignung mehr und mehr schwindet.

Zusatz. Der Satz von der gleichen Dignität des Aneignungs- und des Vermittlungssubjekts ist kein Imperativ des Willens, sondern ein Theorem der Erkenntnis: Man muss nicht sagen, dass es so sein soll; es genügt zu sagen, dass es so ist. Ein Erzieher, der den Zögling nicht gleichrangig als Subjekt respektiert und behandelt, verstößt nicht gegen ein Gebot, sondern verfehlt eine Struktur: er handelt ‚falsch'. Zusätzlich gegebene ethische Begründungen wären redundant (sie können in der Praxis jedoch willkommen und hilfreich sein, besonders dann, wenn sie mangelnde theoretische Einsicht ersetzen müssen).

§ 19

Vermittelndes und aneignendes Subjekt können *in einer Person* vereinigt sein. Dann handelt es sich um das Phänomen der Selbsterziehung, das dadurch definiert ist, dass die zwei Teiltätigkeiten der Erziehung innerhalb desselben Individuums zusammenstoßen. Wer versucht, sich selbst zu erziehen (beispielsweise: von einer Sucht loszukommen), der macht die unmittelbare Erfahrung der Bisubjektivität des Erziehens am eigenen Leib und an der eigenen Seele und oft auf die schmerzhafteste Weise. Wenn das vermittelnde und das aneignende Subjekt in meiner Person vereinigt sind, dann habe ich den aufmerksamsten und klügsten Zögling, den nämlich, der alle pädagogischen Maßnahmen und Tricks sofort und vollständig als solche durchschaut und dementsprechend gekonnten Widerstand leistet, und ich habe einen ziemlich hilflosen Erzieher, der sehr viel Überzeugungsarbeit tun muss, um den Widerstand aufzulösen und die Aneignung in Gang zu setzen. Es ist leichter, einem Erzieher zu folgen – oder auf einen Zögling zu wirken, der man nicht selber ist.

§ 20

Auf der konkreten Ebene des Erziehens werden die gesellschaftlichen Subjekte der Teiltätigkeiten durch Personen repräsentiert; und die Teiltätigkeiten selbst erscheinen in individueller Form. Wenn nun Vermittlung und Aneignung als individuelle Tätigkeiten erkennbar sind, dann heißt das vermittelnde Subjekt *Erzieher* und das aneignende *Zögling*. Diese Ausdrücke sind als terminologische Bezeichnungen zu verstehen; von ihren umgangssprachlichen Konnotationen kann man leicht absehen.

Erster Zusatz. Besonders der Ausdruck ‚Zögling' hat immer wieder ein gewisses Unbehagen erregt; man kann an Waisenhäuser, man kann an Anstaltsuniformen denken usw. Die Versuche aber, ihn durch ganz- oder halblateinische Äquivalente zu ersetzen, machen die Sprache umständlich und schwerfällig. ‚Zögling' ist ein schlankes und griffiges Wort mit dem Vorzug, deutlich deklinierbar und leicht mit anderen Wörtern komponibel zu sein. Ich gebe ihm den Vorzug, weil ich lieber gutes Deutsch als schlechtes Latein schreibe. Die tiefere Befürchtung, der Ausdruck könnte zu technisch, zu objekthaft verstanden werden, ist im Kontext der Bisubjektivität des Erziehens gegenstandslos.

Zweiter Zusatz. Grammatisch gesehen sind ‚Erzieher' und ‚Zögling' zwar *masculini generis,* aus ihrer Bestimmung als Subjekte von Tätigkeiten geht aber deutlich hervor, dass kein reales Geschlecht gemeint sein kann. Auf die modische Manier, ständig beide Geschlechter auch sprachlich zum Ausdruck zu bringen, lasse ich mich nicht ein.

4. Kapitel: Die pädagogischen Generationen

§ 21

Die konkret-individuellen Subjekte der vermittelnden und die der aneignenden Teiltätigkeit lassen sich auf der gesellschaftlichen Ebene jeweils zusammenfassen und den natürlichen Generationen zuordnen.[1] Von der genealogischen, soziologischen und historischen Vielfalt gleichzeitig lebender Generationen muss dabei jedoch abgesehen werden; die Pädagogik kann nur zwei kennen, die vermittelnde und die aneignende, weil die Erziehung aus nur diesen zwei Teiltätigkeiten zusammengesetzt ist. Daraus ergibt sich die Zuordnung: Der erwachsenen Generation fällt die Aufgabe der Vermittlung, der heranwachsenden die der Aneignung des gesellschaftlich benötigten Wissens, Könnens und Wollens zu. In menschheitsgeschichtlich frühen und urtümlichen Gesellschaften ist diese Zuordnung total; der Initiationsritus markiert die Grenze und zugleich den Übergang zwischen den Generationen. Mit der Initiation wechseln die Individuen von der Aneignungs- zur Vermittlungsaufgabe. Mit anderen Worten: Unter diesen urtümlichen Bedingungen sind alle Erwachsenen Erzieher und alle Heranwachsenden Zöglinge.

Das gilt im Prinzip auch heute noch und in alle Zukunft. Auch in modernen Zivilisationen mit hochgradiger Arbeitsteilung gibt es immer einen umfangreichen Kernbestand von basalem Wissen, Können und Wollen, der allen Gesellschaftsgliedern abverlangt wird. Dieser Kernbestand muss in der Kindheit und Jugend erworben werden.

§ 22

Die vermittelnde Generation befindet sich aber nicht immer in der Position des vermittelnden Subjekts. Während die Hauptaufgabe der aneignenden Generation die Aneignung der jeweils vorhandenen Kenntnisse, Fertigkeiten und Motive ist, bildet bei der vermittelnden Generation die Vermittlung der Kenntnisse, Fertigkeiten und Motive keineswegs die Haupt-, sondern

1 Ich widerrufe früher gemachte Aussagen. Unter dem Titel „Generation als pädagogischer Begriff" (in: *E. Liebau* [Hg]: Das Generationenverhältnis, Weinheim und München: Juventa 1997, S. 195–204) versuchte ich, einen rein pädagogischen, d. h. allein aus dem Erziehungsbegriff abgeleiteten Generationenbegriff aufzustellen, der ausschließlich durch die Subjektpositionen im Erziehungsvorgang definiert sein sollte. Dieser Versuch ist in zweierlei Hinsicht fehlerhaft. Zum einen wird der Generationenbegriff zu einem bloßen Abstraktum entrückt, dem kein phänomenaler Bezug mehr entspricht; zum anderen ist die Ableitung insofern inkorrekt, als die natürliche Generationenabfolge bereits in dem anthropologischen Merkmal der Mortalität (§ 10) impliziert ist.

eher eine Nebenaufgabe. Denn die vermittelnde ist, wenn man sie außerpädagogisch betrachtet, zugleich die *arbeitende* Generation; dort liegt der Schwerpunkt ihrer gesellschaftlichen Tätigkeit: in der Naturbearbeitung und damit auch in der Erhaltung und Fortentwicklung des nichtgenetischen Erbes, wodurch zugleich das dazugehörige Ensemble der Kenntnisse, Fertigkeiten und Motive bearbeitet und verändert wird. Wie aber kommt es zur Differenzierung der Haupt- und Nebentätigkeit? Nun, zunächst ist da gar keine Differenz. In urtümlichen Gesellschaften wird es die Regel gewesen sein und auch in den heutigen hochdifferenzierten Gesellungsformen spielt sich das meiste Erziehungsgeschehen in undifferenzierter Form ab dergestalt, dass die erforderlichen Kenntnisse, Fertigkeiten und Motive von der aneignenden Generation durch *situative Teilnahme und Mitwirkung* an den entsprechenden Tätigkeiten angeeignet werden.

Zusatz. Eine neolithische Jägerhorde nimmt auf ihren Jagdausflug die älteren Knaben mit, die auf diese Weise die Jagdtechniken erwerben, indem sie den Jägern zuschauen und Hilfe leisten. Den Jägern selbst muss dabei gar nicht bewusst sein, dass sie, indem sie jagen, zugleich auch das Jagdwissen, das jägerische Können und den Jagdwillen an die Knaben vermitteln, und auch den Knaben muss nicht klar sein, dass ihre mitwirkende Tätigkeit zugleich eine Aneignung darstellt. Aber auch, wenn einer oder beiden Seiten dieses bewusst wird: der Zweck des Ausflugs ist und bleibt die Nahrungsbeschaffung und nicht das Erlernen der Nahrungsbeschaffung.

§ 23

Die Einheit von Arbeit und Vermittlung in der Tätigkeit der vermittelnden Generation löst sich auf, wenn Umstände, welcher Art auch immer, vorliegen, die eine gesonderte Vermittlungstätigkeit sinnvoll und zweckmäßig erscheinen lassen, sei es, dass die Arbeit durch die gleichzeitige Vermittlung gestört oder behindert wird, sei es, dass die erforderlichen Vermittlungen im Rahmen der Arbeitstätigkeit nicht umfassend und gründlich genug geleistet werden können. Dann entsteht in der vermittelnden Generation eine *Zeitstruktur;* Zeiten des Vermittelns unterbrechen die Zeiten des Arbeitens und der sonstigen gesellschaftlichen Tätigkeiten. Man kann sich eine Gesellschaft vorstellen, in der vormittags gearbeitet, nachmittags vermittelt und abends gefeiert wird. Dabei bleiben die individuellen Subjekte dieser Tätigkeiten dieselben; sie tun alles: arbeiten und vermitteln und feiern; sie tun es nur zu verschiedenen Zeiten.

§ 24

Diese Zeitverschiedenheit kann – das ist der nächste Schritt in der Differenzierung der vermittelnden Generation – institutionalisiert werden, indem man *bestimmte Vermittlungsaufgaben* an Personen delegiert, die ausschließlich mit diesen Vermittlungen befasst sein sollen. Hier kommen in erster

Linie die *Alten* in Frage, die nicht mehr arbeiten können, aber durch die Länge ihrer Erinnerung für die Vermittlungstätigkeit besonders geeignet sind.[2] Einen Schritt weiter geht die Differenzierung, wenn bestimmte Vermittlungsaufgaben solchen Individuen übertragen werden, die zu diesem Zweck von anderer Arbeit ganz freigestellt sind. So entsteht der *Beruf* des Erziehers. Dieser Vorgang der Professionalisierung des Vermittelns ist zuerst in einigen Bereichen des *Unterrichts* geschehen. Einige Jahrtausende lang ist der Lehrer der einzige pädagogische Beruf gewesen; erst im Lauf der letzten zweihundert Jahre haben sich auch auf anderen pädagogischen Feldern entsprechende Verhältnisse herausgebildet.

§ 25

Unter bestimmten Bedingungen kann die Subjektposition von der Generationenzuordnung abweichen.

a) In differenzierten Systemen gibt es Tätigkeiten, die nicht von allen Gesellschaftsgliedern gleichmäßig, sondern von einigen besonders ausgeübt werden. Hier kann offen bleiben, ob die zu diesen Tätigkeiten erforderlichen Kenntnisse, Fertigkeiten und Motive von heranwachsenden oder von erwachsenen Zöglingen angeeignet werden.
b) Im Zuge gesellschaftlicher Entwicklungen oder im Fall der Kulturenverschmelzung kann es im basalen Kernbereich des notwendigen Wissens, Könnens und Wollens zu Umstrukturierungen und Neuerungen kommen, die von Heranwachsenden leichter und schneller angeeignet und dann den Erwachsenen vermittelt werden können.
c) Im Fall, dass bestimmte Vermittlungsaufgaben von bestimmten Gesellschaftsgliedern *berufsmäßig* wahrgenommen werden, ist die Position des vermittelnden Subjekts ausschließlich professionell festgelegt und auch die des aneignenden ist unabhängig von seiner Generationenzuordnung. (Bei der sozialpädagogischen Altenbetreuung z. B. können zwischen Vermittler und Aneigner erhebliche Lebensalterdifferenzen auftreten.)
d) Bei dem *Unterricht* – und zwar unabhängig davon, ob er berufsmäßig oder nicht berufsmäßig erteilt wird – ist die Generationenzuordnung von Schüler und Lehrer gänzlich gleichgültig. Hier kann es auch zu Umkehrungen der Subjektpositionen kommen: Schüler werden zu Lehrern und Lehrer zu Schülern.

Zusatz. Die pädagogische Subjektposition (ob Erzieher, ob Zögling) ist also von der Generationenzuordnung streng zu unterscheiden. Das zeigt sich auch daran, dass beide Subjektpositionen, aber nicht gleichzeitig, derselben Person zukommen können: Wenn ich vermittle (z. B. Studenten bei der Erstellung ihrer Exa-

---

2 Diese Struktur ist ethnologisch gut belegt; vgl. *Uwe Krebs*: Erziehung in Traditionalen Kulturen, Berlin 2001, S. 501 f. – (Noch *Rousseau* hat ein solches System der polnischen Gesellschaft empfohlen!)

mensarbeit berate), bin ich als Erzieher tätig; wenn ich aneigne (z. B. mich vom Hausmeister in die Medientechnik eines neuen Hörsaals einweisen lasse), bin ich Zögling oder Schüler.

Episode 4

Friedrich Schleiermacher hat als erster in der neuzeitlichen Theoriegeschichte der Pädagogik den Erziehungsbegriff mit dem Generationenbegriff grundlegend verknüpft.

> Es muß also eine Theorie geben, die von dem Verhältnisse der älteren Generation zur jüngeren ausgehend sich die Frage stellt: Was will denn *eigentlich* die ältere Generation mit der jüngeren? *Wie wird die Thätigkeit dem Zweck, wie das Resultat der Thätigkeit entsprechen?* Auf diese Grundlage des Verhältnisses der älteren zur jüngeren Generation, *was der einen in Beziehung auf die andere obliegt,* bauen wir alles, was in das Gebiet dieser Theorie fällt.[3]

Das Zitat zeigt: *Schleiermacher* setzt das natürliche Generationenverhältnis voraus und leitet den Erziehungsbegriff daraus ab, indem er nur zwei gleichzeitig lebende Generationen, die ältere und die jüngere, postuliert, auf deren Verhältnis, genauer: auf der wechselseitigen Verbundenheit ihrer Aufgaben und der besonderen Verantwortung der älteren für die jüngere, er seinen Erziehungsbegriff und die ganze Systematik seiner Theorie aufbaut. Er gewinnt auf diese Weise zweierlei: er kann (1) den Erziehungsbegriff, indem er ihn an ein reales gesellschaftliches Verhältnis anknüpft, von der ihm früher anhaftenden abstrakten Normativität befreien; und er kann (2) demzufolge die Erziehung nicht als ein gesolltes, sondern als ein gegebenes gesellschaftliches Geschehen auffassen, das so, wie es gegeben (d. h. real) ist, auch verstanden werden muss. Der Ansatz fügt sich glatt zu *Schleiermachers* berühmtem Theorem von der „Dignität der Praxis", welches besagt, dass die Erziehung vor aller Theorie und unabhängig von ihr als Praxis existiert und einen bestimmten „Typus" von Tätigkeiten ausbildet, der, weil er der Erkenntnis als Gegenstand vorgegeben ist, sich auch beim Hinzutreten der Theorie nicht verändert, sondern lediglich „bewußter" wird.[4]

Seit *Ernst Lichtenstein* mir vor einem Halbjahrhundert das Dissertationsthema *Schleiermachers Begründung der Pädagogik als Wissenschaft* stellte, hat mich eine Bemerkung nicht losgelassen, die *Schleiermacher* eingangs der Pädagogikvorlesung von 1826 gemacht hat. Es heißt dort:

> Allein was in dieser Hinsicht geleistet werden kann, scheint nicht parallel gestellt werden zu können mit anderem, das in akademischen Vorlesungen vorge-

3 Schleiermachers Pädagogische Schriften, ed. C. Platz. Bibliothek Pädagogischer Klassiker, Langensalza [3]1902, S. 5 (Hervorhebung von mir, in Abweichung von Platz)

4 Schleiermacher, a. a. O. S. 7

tragen zu werden pflegt. Man geht nämlich bei solcher Erziehungslehre von Verhältnissen aus, die ganz zufällig sind.[5]

Ich las und lese die Stelle so: Die Pädagogik ist als *Universitätsfach* zwar erforderlich, weil Universitäten für den Lehr- und sonstige einschlägige Berufe ausbilden, aber inhaltlich und formal ist sie anderen akademischen Disziplinen nicht gleichgestellt insofern, als sie *keine Wissenschaft* ist. Um selber Wissenschaft zu sein, muss sie von Verhältnissen ausgehen, die nicht zufällig, sondern notwendig sind. Ein solches notwendiges Verhältnis findet *Schleiermacher* in der *Zeitdifferenz der Generationenabfolge,* auf der sich alles aufbaut, was er zur (wissenschaftlichen) Theorie der Erziehung rechnet. Für ihn ist deshalb der Ausgang vom Generationenverhältnis das den Anspruch der Pädagogik, als Wissenschaft gelten zu können, konstituierende Moment. Dieser Sachverhalt wird verdunkelt, wenn man seine Generationen, wie es meist geschieht, nur anthropologisch versteht.

Der von *Schleiermacher* 1826 eingeforderte Wissenschaftscharakter der Pädagogik hat sich bis heute nicht befestigen lassen. Als Universitätsfach freilich hat sie, vor allem in den letztvergangenen Jahrzehnten, eine kaum glaubliche Karriere gemacht und ist zu einem der ‚großen Fächer' avanciert, hat sich in einer Vielzahl von Teildisziplinen spezialisiert und eine große Zahl verschiedener Methoden und Modelle teils übernommen, teils hervorgebracht. Vielerorts schmückt sie sich mit dem Namen Erziehungswissenschaft.[6] Im Blick aber auf die Inhalte und auf die Weise ihrer Bearbeitung zeigt sich, dass man immer noch ausgeht von „Verhältnissen, die ganz zufällig sind". Die Erkenntnis ritzt die Oberflächen der pädagogischen Erscheinungen, ohne zu ihrem Wesenskern vordringen zu wollen, und beruhigt sich mit pragmatischen Auswertungen. Die Begriffe reichen selten über den Status hinaus, den die Mediziner ein ‚Syndrom' nennen (Ein Syndrom kann man diagnostizieren, behandeln, sogar heilen, auch ohne genau zu wissen, was es ist).

Niemand kann bestreiten, dass die Pädagogik *auf ihrem Wege zur Wissenschaft* seit *Schleiermacher*s Tagen erhebliche Fortschritte gemacht hat. Wir wissen viel mehr über die Erziehungswelt als er gewusst hat und wissen konnte (aber auch die Erziehungswelt hat sich seither ausgeweitet und vervielfältigt); auch die *curiositas* ist gut entwickelt und treibt die Forschung zu fruchtbaren Ergebnissen. Nur: diese Neugier erstreckt sich weniger auf den Bereich, der für *Schleiermacher* das *Fundament* des wissenschaftlichen Anspruchs war. Weder empirische noch pragmatische Neugier reichen aus; die entscheidende muss hinzutreten: die theoretische Neugier, die wissen

---

5 *Schleiermacher*, a. a. O. S. 3. – Mit den „zufälligen Verhältnissen" sind die äußerlichen Erscheinungen des Pädagogischen in den Formen des Schulunterrichts, des Hofmeistersystems und der Familienstrukturen gemeint.

6 Mir ist der Name gleichgültig. Meine Lehrstuhlbezeichnung lautete Pädagogik, meine *venia legendi* heißt Erziehungswissenschaft.

will, was „hinter den Dingen steckt". An ihr mangelt's, wie ein Beispiel illustrieren soll:[7] Schon 1885 hat *Friedrich Paulsen* den nach ihm benannten Effekt publiziert, wonach das Schulwesen der allgemeinen Kulturentwicklung immer mit einem charakteristischen Abstand gefolgt ist. Über hundert Jahre lang hat sich die Pädagogik mit diesem Befund zufrieden gegeben und nach einer zu Grunde liegenden Gesetzmäßigkeit nicht ernsthaft gesucht. Es war aber gar nicht besonders schwierig, die Berufsmäßigkeit des Lehrens als allgemeine Ursache des Paulseneffekts zu identifizieren und überdies die Einsicht zu gewinnen, dass er auf die gegenständliche Seite des Unterrichts begrenzt ist.[8]

Woher diese hundertjährige Erkenntnispause? Woher dieser unglaubliche Mangel an theoretischer Neugier? Der Grund ist ein weit verbreitetes Selbstmissverständnis unseres Faches. Man meint nämlich, die Pädagogik, als Wissenschaft von einem Handeln, müsse und dürfe sich nur auf die *Gestaltung* dieses Handelns richten. Die davon unabhängige Frage nach der *Gestalt* dieses Handelns ist unter dem Dogma der ‚Praxisrelevanz' pädagogischer Forschung obsolet: Fragen zu stellen, von deren Beantwortung ein praktischer Nutzen nicht unmittelbar zu erwarten ist, gilt für ungehörig, wird weder anerkannt noch gefördert. Glücklicherweise denken nicht alle so; das weckt Hoffnung. Solange jedoch das Vorurteil, nutzlose Forschung sei unnütz, das Fach beherrscht, beraubt sich die Pädagogik des wesentlichen Momentes einer „Parallelstellung" mit anderen, lange etablierten Wissenschaften: der Möglichkeit einer eigenen und eigenständigen *Grundlagenforschung*. Zu deren Voranbringung wollte die Phänomenologie des Unterrichts und will auch diese Allgemeine Theorie der Erziehung ihren Beitrag leisten: nicht „zurück zu *Schleiermacher*", sondern über ihn hinaus. Dem Einwand, solche Grundlagenforschung finde doch auf der metatheoretischen Ebene durchaus und ausreichend statt, begegne ich mit dem Hinweis, dass zwar der Sinn wissenschaftstheoretischer Arbeiten nicht bestritten werden kann, dass aber eine Wissenschaft durch Betrachtungen *über sie* keineswegs so gefördert wird wie durch Betrachtungen *in ihr,* nämlich durch die unablässige Bemühung, ihren Gegenstand adäquat zu verstehen.

7 Der Leser möge mir freundlich nachsehen, dass ich eine eigene Untersuchung heranziehe. Aber ist dieses Beispiel nicht schlagend?

8 Vgl. „Schule mit Verspätung" in: *W. Sünkel*, Im Blick auf Erziehung. Reden und Aufsätze, Bad Heilbrunn : Klinkhardt 1994, S. 87–95, und PhU §§ 27–29

Dritter Abschnitt: „Worum es geht.“ Der Dritte Faktor der Erziehung

5. Kapitel: Die Tätigkeitsdispositionen überhaupt

§ 26

Zu den beiden Subjekten, dem Erzieher und dem Zögling, tritt in der Grundstruktur der Erziehung ein dritter Faktor hinzu: der Erziehungsgegenstand oder Erziehungsinhalt, dasjenige also, *was* im Zusammenspiel von Vermittlung und Aneignung über die Mortalitätsschwelle hinweg erhalten und gesichert wird. Dies sind – so hatte ich in früheren Kapiteln formuliert – die jeweils erforderlichen Kenntnisse, Fertigkeiten und Motive: all das, was man wissen, können und wollen muss, um die gesellschaftlich geforderten Tätigkeiten sachgerecht und erfolgreich auszuüben. In einer anderen Formulierung sprach ich von den subjektiven Tätigkeitsvoraussetzungen, die im nichtgenetischen Erbe enthalten sind oder – anders gesagt – eine Teilmenge des Ensembles der anthropogenen Tätigkeitsvoraussetzungen darstellen. Diese bisherigen Kennzeichnungen sind umschreibender, nicht präzisierender Art. Deshalb soll *der Dritte Faktor der Erziehung* nun genauer bestimmt werden.

§ 27

Die allgemeine Bedeutung des Dritten Faktors der Erziehung besteht darin, dass von seinem Vorhandensein abhängt, ob es sich bei einer Beziehung zweier Subjekte um eine pädagogische handelt. Denn die Tätigkeiten des Vermittelns und Aneignens (und damit die gesellschaftliche Tätigkeit Erziehung im Ganzen) sind nur über den gemeinsamen Gegenstand, der vermittelt und angeeignet wird, identifizierbar. Durch den Dritten Faktor wird überdies die Koaktivität von Erzieher und Zögling der subjektiven Willkür entzogen und auf ein Objektives und ihre Beziehung Objektivierendes ausgerichtet. Dies gilt für *alle denkbaren* Erscheinungsformen von Erziehung, nicht nur für den Unterricht, dessen Objektivation durch den Dritten Faktor (die Unterrichtsgegenstände) offenkundig ist.

Zusatz. Der geläufige Versuch, den Erziehungsbegriff ohne dritten Faktor zu erfassen, indem man *Er*ziehung auf bloße *Be*ziehung reduziert, beschert und bescherte der Pädagogik immer die systematische Kalamität, den Ort des inhaltlichen Anspruchs innerhalb der Strukturen des Erziehungsverhältnisses und -prozesses nirgend anders bestimmen zu können als im Erziehungswillen des Erziehers oder in den Vorgaben der pädagogischen Institutionen.

§ 28

Die jeweiligen Voraussetzungen, die ein Subjekt ‚in sich' besitzen und ‚für sich' zur Verfügung haben muss, um eine Tätigkeit sachgerecht und erfolgreich auszuführen, bezeichne ich nun als seine *Tätigkeitsdisposition (TD).* Die Disposition ist von der Tätigkeit, die durch sie disponiert wird, unterschieden. Zu jeder Tätigkeit gehört eine Disposition; einige Dispositionen können auch mehrere Tätigkeiten disponieren.

Die Tätigkeitsdispositionen teilen sich auf in zwei Großgruppen. Die eine enthält diejenigen Dispositionen, die zu den *naturalen* Voraussetzungen menschlicher Tätigkeiten gehören. Sie werden mit dem Menschen geboren und – sei es als Resultate seiner biotischen Evolution, sei es als Resultate der zufälligen Zusammensetzung seines individuellen Genoms – auf genetischem Wege vererbt. Ich bezeichne sie als die *genetischen Tätigkeitsdispositionen.* Die andere Gruppe enthält diejenigen Dispositionen, die zu den *anthropogenen* (aus Tätigkeit hervorgegangenen) Voraussetzungen menschlicher Tätigkeiten gehören. Sie können – als Resultate kultureller Evolutionen oder individueller Errungenschaften – auf genetischem Wege nicht vererbt werden, sondern bedürfen der vermittelnden und aneignenden Tätigkeit. Ich bezeichne sie als die *nichtgenetischen Tätigkeitsdispositionen.*

Erster Zusatz. Da das Wort ‚Disposition' viele verschiedene Bedeutungen mit sich führt und ganz verschiedenartige Begriffe bezeichnen kann, ist eine Abgrenzung ratsam. Sie versteht sich von selbst gegenüber dem juristischen Begriff (eine den Erbgang festlegende Verfügung), dem rhetorischen (die gedankliche Gliederung eines Textes), dem kaufmännischen (die Regelung betrieblicher Abläufe) und ähnlichen Begriffen.

Nur scheinbar näher, in Wirklichkeit genauso weit entfernt, ist der medizinische und der (wohl daraus abgeleitete) psychologische Begriffsgebrauch. Ärzte und Psychologen bezeichnen damit eine *Inklination,* eine ‚Neigung' also, in dem einen Fall: des individuellen Organismus zu bestimmten Krankheiten, in dem anderen: einer Person, auf bestimmte Reize oder Situationen auf immer wieder ähnliche Weise zu reagieren.

Demgegenüber meint der in diesem Buch gebrauchte Begriff der (Tätigkeits-) Disposition (TD) das *Ensemble der* (ermöglichenden und begrenzenden) *Voraussetzungen,* über die ein Subjekt verfügen muss, um eine bestimmte Tätigkeit auszuführen. Die Tätigkeit kann also ohne diese ihre Voraussetzungen, ohne ihre Disposition, nicht existieren. Alte Handwerke z. B. sterben aus, sobald ihre Dispositionen nicht mehr vermittelt und angeeignet werden.

Zweiter Zusatz. Einer Verwechslungsgefahr ist vorzubeugen. Psychologisch akzentuierte Dispositionenbegriffe finden sich auch in der pädagogischen Literatur. Vor allem der einflussreiche *Wolfgang Brezinka* verwendet bei der viel zitierten Bestimmung seines Erziehungsbegriffs die Disposition in diesem Sinne („psychische Dispositionen“).[1] Abgesehen davon, dass sich die Pädagogik nicht ohne Not in die (terminologische wie sachliche) Abhängigkeit von einer anderen Wissenschaft begeben sollte, ist der Erkenntniswert fragwürdig. Schon der Ausdruck ‚psychisch‘ verschleiert mehr als er erhellt. Die Disposition des Radfahrens z. B ist hauptsächlich etwas Sensumotorisches und enthält kaum etwas Psychisches; in der Disposition des Lösens quadratischer Gleichungen findet sich wenig Psychisches, aber sehr viel Logisches;[2] und so könnte man fortfahren. Es mag ja in der Psychologie sinnvoll und förderlich sein, alle Inhalte des Bewusstseins als etwas Psychisches *zu betrachten,* doch in der Pädagogik ist das zu pauschal. Auch W. *Brezinka* ist – als erfahrener Pädagogiker – genötigt, über ‚Neigungen‘ und ‚Bereitschaften‘ hinauszugehen und „Fertigkeiten, Haltungen, Einstellungen, Gesinnungen, Überzeugungen, Tugenden, Wissen, Können *usw.*“[3] zu den ‚psychischen‘ Dispositionen hinzuzurechnen (obwohl doch – z. B. – Fertigkeiten und Kenntnisse ihre psychische Valenz, sofern sie denn überhaupt eine haben, erst zusammen mit ihrer Aneignung durch den Zögling erhalten).

§ 29

Obgleich nur die nichtgenetischen Tätigkeitsdispositionen als Dritter Faktor in der Struktur der Erziehung vorkommen, muss ich hier auch von den genetischen sprechen, weil sie die Möglichkeitsbedingungen der nichtgenetischen Dispositionen sind und ihnen insofern zu Grunde liegen. Deshalb hängt auch die Möglichkeit der *Aneignung* nichtgenetischer Tätigkeitsdispositionen vom Vorhandensein und vom Entfaltungsgrad der zugehörigen genetischen Dispositionen ab. Dabei bezieht sich diese Abhängigkeit sowohl auf die gattungsmäßigen (allen Menschen gemeinsamen) als auch auf die individuellen genetischen Grundlagen. Der letztere Zusammenhang erscheint in pädagogischer Sicht traditionell unter den Begriffen einerseits der ‚Begabung‘, andererseits der ‚Behinderung‘; man muss sich klar machen, dass es beide Male um dieselbe Struktur geht (weshalb zwischen beiden auch keine klare Grenze gezogen werden kann).

Das eigentliche Problem liegt aber nicht in der Abhängigkeit von genetischen Voraussetzungen, sondern in deren Erkennbarkeit. Das ist kein Problem hinsichtlich der gattungsmäßigen Dispositionen; die sind bekannt oder können anthropologisch erforscht werden. Man kann leicht feststellen, ob

---

1 Vgl. *W. Brezinka*: Metatheorie der Erziehung, München/Basel 1978, S. 45 und 141 sowie: Grundbegriffe der Erziehungswissenschaft, München/Basel ^{5}1990, S. 79–81

2 Auf das metaphysische Problem der psychischen Repräsentanz des Logischen lasse ich mich hier natürlich nicht ein.

3 *W. Brezinka*: Erziehungsziele, Erziehungsmittel, Erziehungserfolg, ^{2}1981, S. 11 (Hervorhebung von mir)

jemand die zehn Finger besitzt, die zum Musizieren auf dem Klavier vonnöten sind, aber ob er musikalisch ist und in welchem Grade, zeigt sich erst beim Musizieren. So ist es bei den meisten und den wichtigsten genetischen Dispositionen: Sie sind latent, bis sie, unter der Form der disponierten Tätigkeit selbst, aktiviert werden und in Erscheinung treten. Dann werden auch ihre Grenzen sichtbar. Aber ein genialer Tennisspieler, der nie ein Racket in die Hand bekommen hat, kennt weder selber noch erkennen andere seine hohe ‚Begabung' für das Tennisspiel; er wäre sozusagen ein „Raffael", zwar nicht „ohne Hände", aber doch ohne Pinsel und Farben: reine Potenz.

Durch die Latenz grundlegender und wichtiger genetischer Tätigkeitsdispositionen wird der Erzieher genötigt, dem Zögling ‚Begabungen' zu *unterstellen,* d. h. auszugehen davon, dass er sie habe, und ihn aufgrund dieser Unterstellung in entsprechende Tätigkeit zu setzen. Nur so kann er erkennen, ob die jeweilige ‚Begabung' vorhanden oder schon hinreichend herangereift ist. Hier entsteht aber sofort eine Komplikation. Denn der Zögling kann sich nicht ‚in Tätigkeit setzen', ohne zugleich mit der Aneignung der zu dieser Tätigkeit gehörenden *nichtgenetischen* Disposition zu beginnen. Genauer gesagt: Der Zögling erweist das Vorhandensein der genetischen durch die Aneignung der nichtgenetischen Disposition.

Insofern genetische Dispositionen nicht direkt erkannt werden können, ist es auch unmöglich, genau zu sagen, *welche* genetische Konstellation denn einer Aneignungstätigkeit *tatsächlich* zu Grunde liegt. Vorschnelle Behauptungen über Grenzen der Erziehbarkeit verbieten sich. Die Geschichte der *Behindertenpädagogik* in den letzten zwei Jahrhunderten zeigt, in welch großem Ausmaß man, durch methodische und technische Neuerungen, zuvor angenommene Grenzen der Erziehbarkeit hinausschieben konnte.

§ 30

Die genetischen Tätigkeitsdispositionen kann man auch danach unterscheiden, ob sie spezifisch oder unspezifisch sind. Die spezifischen sind unauflöslich mit *einer* besonderen Tätigkeit verbunden, während die unspezifischen mehrere, auch verschiedenartige Tätigkeiten ermöglichen.

Zusatz. Beispiel einer spezifischen genetischen Tätigkeitsdisposition ist die Fähigkeit, zwischen Luft- und Speiseröhre präzis zu unterscheiden; ohne diese Disposition wären Babys nicht überlebensfähig. Wir benutzen diese Fähigkeit aber nur dazu, Atmen und Schlucken zu trennen. Dass wir uns ‚verschlucken' können, zeigt, dass die Tätigkeit etwas anderes ist als ihre Disposition. – Als anderes Beispiel kann man an eine anatomische Anomalie der linken Hand *Paganini*s denken.
Beispiel einer unspezifischen genetischen Disposition wäre die Opponierbarkeit des Daumens der Primatenhand. Für unspezifische individuelle Dispositionen kann ich, wegen ihrer Latenz und Nichterkennbarkeit, nur ein *hypothetisches*

Beispiel bilden: Angenommen, es gäbe so etwas wie ‚strategische Intelligenz' (ob es sie wirklich gibt oder nur als psychologisches Konstrukt, muss und kann hier offen bleiben) und sie wäre angeboren, so wird es von den durch gesellschaftliche Verhältnisse, biographische Zufälle und individuelle Wahl bedingten Aneignungen nichtgenetischer Tätigkeitsdispositionen abhängen, ob ein Konzernmanager entsteht oder ein Gewerkschaftsführer, ein Gangsterboss oder ein Generalstabsoffizier, ein Schachspieler oder ein Naturforscher oder nichts von alledem und ganz etwas anderes.

§ 31

Auf zwei Fälle der Aktivierungsbedürftigkeit genetischer Tätigkeitsdispositionen lenke ich die besondere Aufmerksamkeit des Lesers.

1. In jedem Menschen schlummert von Natur aus die Disposition des *aufrechten Ganges,* aber aufrecht gehen lernt der Mensch nur von seinesgleichen; ‚Wolfskinder' können es nicht. Auch ist die Aktivierung dieser Disposition an eine bestimmte ‚sensible Phase' des individuellen Reifungsprozesses gebunden; Wolfskinder, die darüber hinaus sind, lernen es kaum noch. Wie aber aktiviert man bei einem Kind die Disposition des aufrechten Ganges? Ganz einfach: indem man aufrecht geht. Den richtigen Zeitpunkt der Aktivierung weiß und bestimmt das Kind selbst.
2. Ebenso schlummert in uns allen die Disposition des *Sprechens.* Auch hier gibt es eine sensible Phase, während der die Aktivierung beginnen muss. Auch hier aktiviert man die Disposition, indem man, mit dem Kind oder in seiner Gegenwart, spricht. Aber etwas ist anders als beim Gehen: Es gibt keine ‚Natursprache', keine ‚Sprache überhaupt'. Das Kind lernt *sprechen,* indem es eine *Sprache,* und zwar eine bestimmte Sprache lernt. Das bedeutet: Die *genetische* Disposition des Sprechens wird aktiviert im Prozess der Aneignung einer *nichtgenetischen* Tätigkeitsdisposition, nämlich der spezifischen Wortbildungs- und -verknüpfungsregeln seiner Erst- und Grundsprache.

6. Kapitel: Die nichtgenetischen Tätigkeitsdispositionen

§ 32

Immer dann, wenn, und überall, da, wo nichtgenetische Tätigkeitsdispositionen vermittelt und angeeignet werden, handelt es sich um Erziehung. Mit Hilfe dieses Kriteriums lassen sich pädagogische Phänomene von nichtpädagogischen unterscheiden und pädagogische Implikate nichtpädagogischer Phänomene identifizieren. Überdies enthalten die Bestimmungen der nichtgenetischen Tätigkeitsdispositionen Voraussetzungen und Grundlagen, die nötig sind, um die Strukturen der Tätigkeiten ihres Vermittelns und Aneignens näher zu bestimmen. – Aus der Umkehrung des Satzes ergibt sich die Begriffsbestimmung, die hier im Weiteren verwendet wird: *Erziehung ist die vermittelte Aneignung nicht-genetischer Tätigkeitsdispositionen.*

§ 33

Ähnlich wie bei den genetischen gibt es auch bei den nichtgenetischen Tätigkeitsdispositionen *spezifische* und *unspezifische.* Aber anders als dort verfließen hier die Grenzen, weil in den spezifischen Dispositionen immer auch solche Momente enthalten sind, die über die einzelne disponierte Tätigkeit hinaus auch in Dispositionen anderer Tätigkeiten eingehen können. Da die Aneignung sich immer auf die *ganze* Disposition bezieht, werden zusammen mit der spezifischen auch deren unspezifische Momente mitangeeignet. Ein Beispiel: Die Disposition des Flötespielens disponiert das Spiel dieses einen Instruments; sie enthält aber notwendig auch Unspezifisches, etwa die Kenntnis der Tongeschlechter und Tonarten. – Andererseits gibt es nichtgenetische Tätigkeitsdispositionen, die *nur als unspezifische* vorkommen können. Dahin gehören alle Dispositionen des ‚moralischen Charakters': es gibt keine Moralität für Einzelfälle.

Zusatz. Die „experimentelle Archäologie" ist ein Verfahren, aus überkommenen Resten der Tätigkeit früherer Menschen (aus Produkten, Geräten, Rohstoffen) die Tätigkeit selbst sowie deren Disposition zu *rekonstruieren.* So interessant die Ergebnisse solcher Experimente auch sein mögen, der Erkenntniswert ist begrenzt. In archäologischer Sicht ist er begrenzt, weil aus dem Gelingen der Rekonstruktion niemals mit Gewissheit geschlossen, sondern nur begründet vermutet werden kann, dass die früheren Menschen es genau so gemacht haben wie der Experimentator. In pädagogischer Sicht liegt die Grenze darin, dass auf diesem Wege *nur spezifische* Tätigkeitsdispositionen, und diese auch meist nur ohne ihre unspezifischen Anteile, erschlossen werden können.

§ 34

Nichtgenetische Tätigkeitsdispositionen, so war in früheren Kapiteln bereits ausgeführt, bestehen aus Kenntnissen, Fertigkeiten und Motiven (Willensstellungen). Wenngleich die einzelnen Kenntnisse, die einzelnen Fertigkeiten und die einzelnen Motive, aus denen sich eine bestimmte Disposition zusammensetzt, als die *Elemente* dieser Disposition bezeichnet werden können, so ist diese doch mehr als die Summe ihrer Elemente. Vielmehr stellt die Disposition eine *Struktur* dar, in welcher die einzelnen Elemente miteinander, aber auch die drei Elementenklassen untereinander, verbunden sind und ihre disponierende Kraft nur zusammen und in ebendieser Struktur entfalten können. Die *Aneignung* der Disposition bezieht sich daher immer unmittelbar und direkt auf die Struktur, in der die Elemente miteinander verknüpft sind, und nur insofern auch auf die einzelnen Elemente selbst.

Zusatz. Mit einem Beispiel will ich die Strukturiertheit nichtgenetischer Tätigkeitsdispositionen illustrieren. Ich wähle dazu den Vergleich zweier Tätigkeiten, die einander so ähnlich sind, dass man sie fast als *eine* Tätigkeit auffassen könnte: das Geldschrank-Knacken. Es kommt in zwei Varianten vor: Als Tätigkeit A ist es illegal und kriminell („besonders schwerer Diebstahl"), als Tätigkeit B ist es legal und stellt eine Dienstleistung dar, welche die Tresorfirma einem Kunden erweist, der den Schlüssel verloren oder den Code vergessen hat. Sowohl A als auch B denke man sich als berufsmäßige (professionelle) Tätigkeit.

Es liegt auf der Hand, dass die *Dispositionen* A und B einander recht ähnlich, streckenweise sogar identisch sind. Das gilt vor allem für die Elementenklassen der Kenntnisse und der Fertigkeiten. Bei der Klasse der Motive dürften die größten Unterschiede bestehen. Das in der Disposition A zentrale Motiv der Bereicherung, zum Beispiel, fehlt in der Disposition B ganz. Dagegen fehlt in A, was in B ein wichtiges Motiv sein kann: die Schonung des Tresors, der nach dem Knacken nach Möglichkeit reparabel und weiter benutzbar sein soll. Allerdings hängt dieses Motiv ‚Schonung' von einem in der Disposition B logisch übergeordneten Motivkonflikt ab: Kundeninteresse versus Firmeninteresse. – Das Motiv ‚Schonung' zeigt auch sehr schön den Zusammenhang der Motive mit den beiden anderen Elementenklassen, denn es verlangt bestimmte Kenntnisse und Fertigkeiten, die in A, wo es fehlt, überflüssig sind.

Die beiden Dispositionen sind also doch nicht ganz so ähnlich, wie es zunächst den Anschein hatte. Ein ganzer Kenntnisse-Fertigkeiten-Komplex ist für A charakteristisch, der in B völlig fehlt: alles, was mit der Eröffnung des Zugangs und der Sicherung des Abgangs zu tun hat. – Zwei Motive, die in B allenfalls marginale Bedeutung haben, sind in A zentral: die Raschheit und die Unauffälligkeit. Sie wiederum ziehen Modifikationen im Bereich der Fertigkeiten nach sich, usw. – Das beiden (weil allen) nichtgenetischen Tätigkeitsdispositionen gemeinsame Motiv der Perfektion ist in A mit zum Teil anderen Kenntnissen und Fertigkeiten verschwistert als in B, usw.

Ein ‚Berufswechsel' von der Tätigkeit A nach B oder umgekehrt verlangt also eine partielle Neuaneignung der entsprechenden Disposition.

§ 35

Von der Art und dem besonderen Charakter der jeweils disponierten Tätigkeit hängt ab, ob und wie die Disposition *akzentuiert* ist. Bei manchen Dispositionen überwiegen die Motive alles andere, bei anderen die Kenntnisse, bei wieder anderen die Fertigkeiten. Man wird schwerlich eine finden, in der sich die drei Elementenklassen in völligem Gleichgewicht befinden; ebenso schwerlich eine, in der eine der drei völlig fehlt.

Zusatz. Die Aussage dieses Paragraphen (wie auch des ganzen Kapitels) bezieht sich auf komplexe, strukturierte Dispositionen. Freilich gibt es auch einfache, unstrukturierte, winzige. Dass man beim Einschrauben eines Gewindes zuerst ein wenig rückwärts drehen muss um den Anfang zu finden, kann als spezifische Disposition des Gewindeeinschraubens verstanden werden; doch dies hat einem niemand gesagt oder gezeigt (*unvermittelte* Aneignung, also nicht Erziehung). Pädagogisch sind solche Minima erst dann relevant, wenn sie als Elemente komplexerer Dispositionen vorkommen.

§ 36

Tätigkeit des Menschen vollzieht sich niemals isoliert von anderen Tätigkeiten und von den Tätigkeiten anderer. So kann ein gesellschaftliches System als System der in ihm stattfindenden Tätigkeiten verstanden und beschrieben werden. Wenn aber in einer Gesellschaft alle Tätigkeiten miteinander zusammenhängen und aufeinander bezogen sind, dann muss dies auch bei den dazu gehörigen Dispositionen der Fall sein: Es gibt *gesellschaftliche Dispositionensysteme,* durch die sich Gesellschaften kulturell und strukturell ebenso unterscheiden wie durch ihre Tätigkeitensysteme. Auch innerhalb einer Gesellschaft, wenn sie denn einen gewissen Komplexitätsgrad ihres Tätigkeitensystems erreicht hat, können unterschiedliche dispositionelle Subsysteme unterschieden werden (schichten-, klassen-, geschlechts-, berufs-, landschaftsbezogen etc.). Die Aneignung des gesellschaftlichen Gefüges der Tätigkeitsdispositionen – und zwar hinsichtlich sowohl des Systems als auch der jeweiligen Subsysteme – kann man im weitesten Sinn des Wortes als ‚Sozialisation', das Resultat dieser Aneignungen als ‚Habitus' bezeichnen.[1]

§ 37

Von dem gesellschaftlichen muss das *persönliche Dispositionensystem* unterschieden werden. In seiner individuellen Gestalt wächst und verändert es sich mit jeder einzelnen dauerhaften Dispositionenaneignung (auch den un-

1 Vgl. *Eckart Liebau*: Gesellschaftliches Subjekt und Erziehung. Zur pädagogischen Bedeutung der Sozialisationstheorien von Pierre Bourdieu und Ulrich Oevermann, Weinheim und München: Juventa 1987

vermittelten); es ist die Grundlage des individuellen Zuschnitts der Gesamttätigkeit einer Person.

Das persönliche Dispositionensystem tritt aber auch in transindividueller Gestalt auf. In Gruppen oder Ensembles, in welchen die Individuen durch persönliche Beziehungen und Verhältnisse, welcher Art auch immer, verbunden sind, bildet sich ein Kernbestand gemeinsamer Tätigkeitsdispositionen heraus, an dem alle dort verbundenen Personen einen kleineren oder größeren Anteil haben. In diesem Kernbereich, wenn er hinreichend ausgeprägt ist, kann eine solche Gruppe durchaus als individuelles Subjekt agieren und reagieren.

Es ist von untergeordneter Bedeutung, ob eine Zöglingsgruppe durch spontanen Zusammenschluss (wie etwa eine Gang) oder durch gezielte thematische Zusammensetzung (wie etwa in der Offenen Jugendarbeit) oder durch institutionellen Zwang (wie etwa bei einer Schulklasse) oder auf andere Weise zustande kommt, konstitutiv ist in allen Fällen jener dispositionelle Kern: Er entsteht und entwickelt sich aus dem dynamischen System wechselseitiger Vermittlungen und Aneignungen der beteiligten Zöglingspersonen und bildet die Grundlage, auf der eine Zöglingsgruppe auch als Gesamtzögling (kollektiver Zögling) betrachtet und behandelt werden kann.

§ 38

Unter den unspezifischen Tätigkeitsdispositionen ist eine ganz besonders hervorzuheben, weil sie sich auf alle anderen bezieht. Es ist die Disposition für die Tätigkeit des Aneignens von Dispositionen. Diese *Aneignungsdisposition (AD)* besitzt eine generelle genetische Grundlage: Alle Menschen haben die Fähigkeit, sich nichtgenetische Tätigkeitsdispositionen anzueignen. Sie besitzt auch individuelle genetische Grundlagen, die bei jedem Individuum in unterschiedlicher Weise und unterschiedlichem Maße ausgeprägt sind (Begabung und Behinderung). Sie selber aber ist eine nichtgenetische Disposition, die angeeignet werden muss und vermittelt werden kann. Das geht freilich nicht auf direktem Wege; niemand kann Lernen lernen. Die Aneignungsdisposition wird angeeignet durch die Aneignung anderer nichtgenetischer Tätigkeitsdispositionen und zusammen mit ihr. Durch jede vollzogene TD-Aneignung verändert die AD ihre Struktur und wächst an Umfang, Elastizität und Leistungskraft im Rahmen der individuell-genetisch gegebenen Möglichkeiten.

Zusatz. Die fundamentale Bedeutung der Aneignungsdisposition wird auf dem Gebiet des Unterrichts besonders deutlich. Zum Beispiel ist die Disposition zur Aneignung der französischen Grammatik jeweils eine andere je nach dem, ob zuvor die lateinische Grammatik angeeignet wurde oder nicht oder zugleich angeeignet wird.[2]

Episode 5

Die Theoriegeschichte des Dritten Faktors ist lang, aber dürftig. Er ist bereits im „pädagogischen Ternar" der Sophisten angelegt; im Hinblick auf Unterricht ist er als ‚Unterrichtsgegenstand' (unter wechselnden Namen) etwas Selbstverständliches geworden, seit *Johannes Amos Comenius,* meines Wissens als Erster, im Jahr 1648 das später so genannte „didaktische Dreieck" formell aufgestellt hat:

> Ecce hîc *Docens, Discens, Doctrina. Docens est,* qvi scientiam tradit: *Discens,* qvi accipit: *Doctrina,* ipsa Scientiae traditio, & a Docente in Discentem transitus.[3]

Dabei, beim Didaktischen, ist es dann im Wesentlichen geblieben; die Frage, ob es eine entsprechende Struktur auch auf der allgemeinpädagogischen Ebene gebe, ist selten gestellt, eine Suche nach Gegenständen nichtunterrichtlich vermittelter Aneignung selten unternommen worden. Zwar findet man bei *Friedrich Fröbel* die Aussage:

> Zwischen beide, Erzieher und Zögling, … muss unsichtbar ein Drittes; – das aus den Bedingungen notwendig hervorgehende und willkürlos sich aussprechende Beste, Rechte walten, … welchem Erzieher und Zögling gleich und ganz ebenmäßig unterworfen sind.[4]

Es bleibt aber unklar, ob damit wirklich eine pädagogische Struktur oder doch eher ein metaphysisches Prinzip gemeint ist. – Die ‚geisteswissenschaftliche Pädagogik' des 20. Jahrhunderts hat – und das gilt von *Max Frischeisen-Köhler* 1919 bis *Josef Derbolav 1987*[5] – das Problem vernebelt, indem sie an die dritte Stelle das ‚Bildungsideal' und die ‚Bildungsgüter' gesetzt hat: Begriffe, deren Bedeutungsfeld eine Unterscheidung zwischen Erziehung und Unterricht nicht zulässt.

Am nächsten scheint, wenngleich auf indirekte Weise, *Johann Friedrich Herbart* dem *allgemeinen* Problem eines dritten Faktors gekommen zu sein.

---

2 Vgl. PhU §§ 47, 48 und 81. Die Aneignungsdisposition ist auch der entscheidende Faktor bei der Bestimmung des „erziehenden Unterrichts" (PhU § 55).

3 Methodus linguarum novissima, cap. X, § 12. – „Hier haben wir einen Lehrenden, einen Lernenden, eine Lehre. Lehrender ist, wer ein Wissen vermittelt, Lernender, wer es aneignet; Lehre ist die Vermittlung des Wissens selbst und sein Übergang vom Lehrenden zum Lernenden."

4 *Fried. Fröbel*: Ausgewählte Schriften, hg. v. Erika Hoffmann, 2. Bd. Die Menschenerziehung, Düsseldorf und München 1951, S. 15

5 Vgl. *M. Frischeisen-Köhler*, Über die Grenzen der Erziehung (1919), in: ders., Philosophie und Pädagogik, Langensalza o. J. (Kl. päd. Texte 20), S. 151–161, und *J. Derbolav*, Grundriß einer Gesamtpädagogik, hg. v. B. H. Reifenrath, Frankfurt/Main 1987.

Zur Erläuterung seiner Aussage, sich keinen Unterricht ohne Erziehung vorstellen zu können, beschreibt er kontrastierend das Gegenteil:

> Um aber den allgemeinen Gedanken „Erziehung durch Unterricht“ mehr hervorzuheben, verweilen wir bei dem Entgegengesetzten: Erziehung ohne Unterricht. Beispiele davon sieht man häufig. Die Erzieher sind überhaupt genommen nicht eben diejenigen, welche die meisten Kenntnisse haben. Aber es gibt deren (besonders unter den Erzieherinnen), die soviel wie gar nichts wissen oder, was sie wissen, soviel wie gar nicht pädagogisch zu brauchen verstehen und die dennoch mit großem Eifer an ihr Geschäft gehen. Was können sie tun? *Sie bemächtigen sich der Empfindungen des Zöglings; an diesem Bande halten sie ihn und erschüttern unaufhörlich das jugendliche Gemüt* dergestalt, daß es seiner selbst nicht inne wird. Wie kann sich nun ein Charakter bilden? Charakter ist innere Festigkeit; aber wie kann der Mensch in sich selbst wurzeln, wenn Ihr ihm nicht erlaubt, auf etwas zu zählen, ihm nicht einmal gestattet, seinem eigenen Willen Entschiedenheit zuzutrauen! Meistens geschieht es, daß die jugendliche Seele in ihrer Tiefe einen Winkel bewahrt, in den Ihr nicht dringt und in welchem sie trotz Eures Stürmens still für sich lebt, ahndet, hofft, Pläne entwirft, die bei der ersten Gelegenheit versucht werden und, wenn sie gelingen, nun gerade an der Stelle einen Charakter gründen, die Ihr nicht kanntet. Eben deswegen pflegen Absicht und Erfolg der Erziehung so wenig Zusammenhang zu haben. Manchmal freilich entsprechen sie auch einander, so daß der Erzogene sich im spätern Leben an die Stelle seines Erziehers setzt und seine Unterwürfigen genau ebendas leiden läßt, was er erleiden mußte. Der Gedankenkreis ist hier derselbe, den in der Jugend die tägliche Erfahrung gab; nur der unbequeme Platz ist mit dem bequemern vertauscht. Man lernt herrschen, indem man gehorcht, und schon kleine Kinder behandeln ihre Puppen, gerade wie man sie behandelt.[6]

Es kann kein Zweifel bestehen, dass *Herbart* Wahres zutreffend geschildert, aber auch daran nicht, dass er seine Beobachtung unzutreffend ausgewertet hat. Das Falsche an der geschilderten Situation ist ja nicht das Fehlen des Unterrichts. Erziehung geschieht meistens ohne Unterricht oder außerhalb seiner. Und lange, bevor der Unterricht in der Gattungsgeschichte des Menschen auftrat (PhU § 15), gab es die Erziehung. Nein, das Falsche ist das Fehlen *des Dritten Faktors,* den sich *Herbart* – unter den Bedingungen seiner Zeit und vor dem Hintergrund seiner Hofmeister-Erfahrungen – nicht anders denn *unter der Form des Unterrichtsgegenstandes* (als „erziehenden Unterricht“) vorstellen konnte. Ohne Dritten Faktor gibt es keine Erziehung, aber auch nicht ohne Erzieher. Die selbsttätige Charaktergründung, von der *Herbart* in diesem Text spricht, ist, sofern man sie als *unvermittelte* Aneignung auffassen wollte, nicht Erziehung; der unwissende Erzieher hat mit solcher Aneignung nichts zu tun. Aber: selbsttätige Charaktergründung ist ein pädagogisch höchst bedeutsamer Vorgang, der dem wissenden Erzieher ein äußerst behutsames Einwirken abverlangt, wenn er umzugehen versteht mit jenem personalen Zentrum, das – anderthalb Jahrhunderte nach

---

6 *Joh. Fried. Herbart*, Pädagogische Schriften, ed. Walter Asmus, Bd. 2, Stuttgart: Klett-Cotta ^{2}1982, S. 23 f. (Hervorhebung von mir)

Herbart – von *Martinus Langeveld* als „die geheime Stelle im Leben des Kindes“ bezeichnet worden ist.[7] Der Erzieher kann solche Charaktergründung *ermöglichen,* sogar situativ steuern; dann *ist* es Erziehung und die angeeigneten Charakterzüge sind ihr Dritter Faktor.

Auch *Friedrich Schleiermacher* ist in seiner Pädagogik-Vorlesung von 1826 einem allgemeinen Begriff des Vermittlungs-Aneignungs-Gegenstandes, also des Dritten Faktors der Erziehung, auf der Spur gewesen. Er unterschied die „Gesinnungen“, die er als komplexe Motivstrukturen verstand, und die „Fertigkeiten“, zu denen er auch die Kenntnisse rechnete. Allerdings muss man den systematischen Ort beachten, den diese Unterscheidung ausfüllt. Sie besitzt nicht den Charakter eines eigenen Theorems, sondern stellt eine Hilfskonstruktion dar, deren Argumentationszwecke andere sind und außerhalb ihrer liegen. In der ausführlichen „Einleitung“ des Kollegs kommt die Unterscheidung gar nicht vor; sie erscheint erst im „Allgemeinen Teil“ und dient dort zur Begründung der Lehre von den Einwirkungsrichtungen (gegenwirken, behüten, unterstützen). Noch einmal tritt sie an ganz anderer Stelle auf: am Anfang des „Besonderen Teils“. Dort dient sie der Periodisierung des Erziehungsprozesses. Zum Rang eines Zentraltheorems hat es die Unterscheidung von Gesinnungen und Fertigkeiten also nicht gebracht; aber der Dritte Faktor war immerhin im Blick.

Zusatz. Der Leser würde es mir verübeln, wenn ich ihm meinen eigenen Denkweg zum Dritten Faktor der Erziehung verschwiege. Dieser Weg ist sehr lang und ausgesprochen mäandrisch gewesen, sodass ich ihn im Einzelnen nicht nachzeichnen will, ja gar nicht könnte. Ich will vielmehr nur seine wesentlichen Stationen (die Basisfragen) namhaft machen, auf die Gefahr hin, dass er gerader und folgerichtiger erscheint, als er wirklich war.

Als jungem Vater, Träger väterlicher Gewalt und Verantwortung, drängte sich mir die Frage auf, was mir denn das Recht gebe, Bestimmtes von meinem Kinde zu verlangen und ihm anderes zu versagen. Machte ich es dadurch nicht zu einem Produkt *meines* Willens? Zwar band ich den Willen an allgemeine moralische und rechtliche Normen und an mein Verständnis des Kindeswohls, aber wer außer mir selbst zwang mich zu dieser Bindung? Was wäre, wenn ich anders gewollt hätte? – Zur selben Zeit war ich ein Anfänger in der pädagogischen Theorie. Aus *Locke* und *Rousseau, Campe* und *Salzmann, Pestalozzi* und *Jean Paul,* aber vor allem aus *Schleiermacher* und *Makarenko* hatte ich gelernt, dass das Erziehen eine *methodische* Tätigkeit sei, die man richtig, aber auch falsch ausführen könne und die nicht als Mittel zu beliebigen Zwecken, sondern nur ihrem eigenen Zweck gemäß zu gebrauchen sei. Welches aber war dieser eigene Zweck? – Daher stellte sich mir die *theoretische* Basisfrage folgendermaßen: Auf welche Weise, auf welcher Grundlage oder vor welchem Hintergrund kann der Zögling als unabhängig von der Willkür des Erziehers *gedacht* werden? Es muss ein Drittes geben, das zwischen Erzieher und Zögling steht und beide bin-

---

7 *M. J. Langeveld,* Die Schule als Weg des Kindes. Versuch einer Anthropologie der Schule, Braunschweig : Westermann ^{2}1963, S. 74 ff.

det. Das ist beim Unterricht offenkundig der Fall: Die Gegenstände unterrichtlicher Aneignung, sobald ausgewählt, sind der Willkür beider entzogen.
Zunächst suchte ich (wie es Theorieanfängern nahe liegt) das objektivierende Moment, das den Erzieher und den Zögling bindet und verbindet, in der Rationalität der Erziehungsziele, weil dort, auf der Zielebene, das Subjekt-sein des Zöglings begrifflich am leichtesten zu fassen ist. Ich untersuchte *Makarenko* als Beispiel einer hochmethodisierten und zugleich nichtschulischen Erziehungskonzeption.[8] Es zeigte sich, dass die Rationalität der Ziele nicht auf direktem Weg erfasst, sondern nur indirekt aus der Rationalität der Methode(n) erschlossen werden konnte; so wurde letztere zum eigentlichen Gegenstand der Untersuchung. Dass ich das Ergebnis dann doch wieder in Zielkategorien formuliert habe, tut mir heute noch weh! Denn das objektivierende Moment, wodurch das Tun der Zöglinge und Erzieher und damit der ganze Erziehungsprozess der Willkür der Handelnden entzogen wurde, waren das verfassungsähnliche Regelsystem der sozialen Beziehungen in der Kolonie und die sachlichen Notwendigkeiten der Zusammenarbeit der Zöglinge in der Produktion. Aber, fixiert auf die Zielebene, war ich lange blockiert. Erst als ich begann, systematische Vorlesungen über Allgemeine Pädagogik zu halten und *Schleiermachers* Ansatz beim Generationenverhältnis weiterzudenken, bildete ich mir den Ausdruck ‚dritter Faktor der Erziehung' als einen *Suchbegriff*. Das, was ich suchte, umschrieb ich zunächst, noch ungenau und ganz undifferenziert, als das ‚nichtgenetische Erbe' in der Generationenfolge; doch ahnte ich schon, dass es dabei vornehmlich um Wissen, Können und Wollen zu gehen habe, ohne aber davon einen genauen oder klaren Begriff zu besitzen.
Die Lösung ergab sich auf einem Umweg. Parallel zur ‚Theorie der Erziehung' entwickelte ich in jenen Jahren auch die Vorlesung zur ‚Theorie des Unterrichts' und griff die alte Lehre vom didaktischen Dreieck wieder auf. Sobald es gelungen war, die Frage zu beantworten, wodurch Gegenstände, die Unterrichtsgegenstände sein können, sich von solchen Gegenständen unterscheiden, die das nicht sein können; sobald also der „mögliche Unterrichtsgegenstand" als „objektivierte Tätigkeitsdisposition" entschlüsselt war,[9] zeigte sich, dass ebendiese rein didaktisch, d.h. bloß von der Seite des Unterrichts her, nicht vollständig bestimmt werden kann: der Begriff ‚objektiviert' behält einen offenen Rand.[10] Oder anders gesagt: Der Begriff des möglichen Unterrichtsgegenstandes kann *vollständig* nur im Rahmen einer *allgemeinen* Theorie des Dritten Faktors der Erziehung bestimmt werden. Das verlangt zugleich eine, die Didaktik transzendierende, Verallgemeinerung des Begriffs der Tätigkeitsdisposition.

---

8 „Zum Problem des Erziehungsziels bei Makarenko", in: Pädagogische Rundschau 19 (1965) S. 475–486. Wiederabdruck zuletzt in: *W. Sünkel*, Im Blick auf Erziehung. Reden und Aufsätze, Bad Heilbrunn: Klinkhardt 1994, S. 155–171 (Dort auch mein kritischer Selbstkommentar S. 232 ff.)

9 Vgl. PhU §§ 41 ff.

10 Der scharfsinnige Rezensent der „Phänomenologie des Unterrichts", *Ulrich Papenkort* (in: ZfPäd. 43 [1997] S. 173 ff.) hat diese ‚Schwäche' bemerkt und präzis bezeichnet, aber nicht als unvermeidlich erkannt.

7. Kapitel: Gestalten des Dritten Faktors

§ 39

‚Nichtgenetische Tätigkeitsdisposition': das ist zunächst ein hoch abstrakter Begriff und bezeichnet einen erschlossenen allgemeinsten Sachverhalt. Daher muss nach den *konkreten Erscheinungsweisen* dieses Sachverhalts gefragt werden, denn im Erziehungsgeschehen, im einzelnen Zusammenspiel von Vermittlung und Aneignung, geht es immer und nur um jeweils *bestimmte* Dispositionen. Zu fragen ist also: Wo, auf welche Weise oder in welchen Formen sind nichtgenetische Tätigkeitsdispositionen unabhängig von ihrer Aneignung real vorhanden? Oder anders gefragt: Wo sind die Dispositionen und wie sehen sie aus, *bevor* sie angeeignet werden? Und wie erkennt man sie?

§ 40

Es ist ratsam, die Evidenz des Trivialen zu nutzen und mit der einfachsten und selbstverständlichsten Feststellung zu beginnen: *Die Disposition ist real anwesend in jeder Ausführung der durch sie disponierten Tätigkeit.* Wenn ich einen Brief schreibe, dann ist meine Disposition für die Tätigkeit des Schreibens aktiv dabei. Wäre meine Aneignung dieser Disposition unvollständig oder gar, wie im Fall von Legasthenie, behindert gewesen, so würde man das an meinem Schreiben, vielleicht auch an meinem Geschriebenen, leicht feststellen. Es ergeben sich zwei Folgerungen. Die erste: Die Tätigkeit ist Ausdruck der ihr zugehörigen Disposition. Die zweite: Aus der Tätigkeit kann die zugehörige Disposition direkt erschlossen werden, indirekt manchmal auch aus dem Resultat der Tätigkeit.

Eine weitere Folgerung muss gesondert betrachtet werden, weil sie nicht für alle Tätigkeiten und Dispositionen gilt, sondern an Bedingungen gebunden ist. Diese dritte Folgerung lautet: Man erwirbt eine Disposition, indem man die durch sie disponierte Tätigkeit auszuführen versucht. Misslingt der Versuch, so offenbart sich die Disposition als fehlend oder mangelhaft; durch variierte Wiederholungen kann sie allmählich erworben oder verbessert werden. Man kann sich den Erwerb aber auch verkürzen und erleichtern, indem man sich beim Ausführungsversuch helfen lässt, sei es, dass ein Kundiger Anweisungen gibt, sei es, dass man die Tätigkeit des Kundigen nachahmt; in beiden Fällen entsteht die pädagogische Struktur: vermittelte Aneignung. – Der Disposition-Erwerb durch Ausführen der disponierten Tätigkeit ist aber an die Bedingung gebunden, dass in der Tätigkeit die *vollständige* Disposition auf sehr deutliche Weise zum Ausdruck kommt; das ist nur bei relativ einfach strukturierten Tätigkeiten mit entsprechend einfach strukturierten Dispositionen der Fall. Das Schwimmen kann ich lernen, indem ich zu schwimmen, aber nicht die Nierentransplantation, indem ich Nieren zu transplantieren versuche.

Zusatz. Eine allgemeine Regel, bis zu welchem Komplexitätsgrad der Disposition eine Aneignung durch Ausführung noch möglich ist und ab wann nicht mehr, kann nicht gegeben werden. Denn auch bei höchst komplexen Dispositionen ist es notwendig, Teilaneignungen – vor allem, aber nicht nur, im Bereich der Fertigkeiten – über die Ausführung der Tätigkeit zu erreichen. Für den Nieren-Chirurgen sind, vornehmlich in der letzten Phase der Dispositionaneignung, überwachte Nierenoperationen unentbehrlich. (Das Argument zielt auf Komplexität, nicht auf Ethik.)

§ 41

Der vorige Paragraph hat beschrieben, dass die Disposition in der durch sie disponierten Tätigkeit *verkörpert (inkorporiert)* ist. Disposition und Tätigkeit sind aber nicht dasselbe; deshalb voneinander trennbar. Ich besitze, z. B., die Disposition für die Tätigkeit des Lesens auch dann, wenn ich gerade nicht lese, sondern Staub sauge, Schnee räume oder Rosen schneide. Deshalb können Dispositionen auch außerhalb der disponierten Tätigkeit verkörpert sein. Die Tätigkeit selbst ist also nur *eine* der möglichen Verkörperungen von Dispositionen; nach anderen ist zu suchen. Dabei ergeben sich weitere denkbare ‚Gestalten' des Dritten Faktors der Erziehung.

§ 42

Es gibt Fälle, wo man sich nicht die komplette Disposition aneignet, die in der Tätigkeit eines anderen Subjekts inkorporiert ist, sondern nur einen Ausschnitt davon, den man in das eigene personale Dispositionensystem zu übernehmen sucht. Das bedeutet: Auch Teilbereiche oder besondere Aspekte einer fremden Tätigkeit können als Verkörperungen bestimmter Dispositionen angesehen werden. Man kann ‚Kunstgriffe' eines anderen herausgreifen oder sich besondere Wissensbestandteile oder bestimmte Einstellungen, Wertungen, ‚Tugenden' jenes tätigen Subjekts zu eigen machen wollen. In all solchen Fällen ist es immer das aneignende Subjekt, das den *dispositionellen Ausschnitt* wählt, den es aneignungswürdig findet, und seinen Umfang bestimmt. Dementsprechend ist die Zahl der möglichen Prinzipien, nach denen diese Ausschnittwahl getroffen wird, unbestimmt.

Ich will die zwei wichtigsten dieser möglichen Prinzipien näher behandeln, weil sie immer schon in der Pädagogik erwogen und erörtert worden sind. Man kann den dispositionellen Ausschnitt bestimmen entweder, indem man auf eine bestimmte, zuweilen sogar einmalige ‚Tat' abhebt, oder, indem man bestimmte konkrete Züge und Eigenschaften eines ‚Täters' isoliert. In dem ersten Fall spricht die Pädagogik herkömmlicherweise vom ‚Beispiel', im zweiten vom ‚Vorbild'.

Zusatz. ‚Beispiel' und ‚Vorbild' sind *idealtypische* Begriffsbildungen; d.h. ihre Unterscheidung kommt in der Realität nicht trennscharf vor. Gleichwohl ist der Unterschied zwischen einer Akzentuierung der Tat und einer Akzentuierung des Täters sinnvoll; daher behalte ich die Ausdrücke dort, wo sie nützen können, bei. In vielen Fällen jedoch ist es unmöglich, zwischen Vorbild und Beispiel exakt zu unterscheiden, so etwa bei dem in § 37 erwähnten System der wechselseitigen Vermittlungen und Aneignungen in einer Zöglingsgruppe.

§ 43

Bei der *Beispielnahme* handelt es sich nicht um die vollständige und detailgenaue Nachahmung einer bestimmten Tätigkeit, sondern um die Orientierung des aneignenden Subjekts an einem bestimmten und isolierbaren einzelnen Tätigkeitskomplex, einer ‚Tat'. Gegenstand der Aneignung ist dann nicht die Tätigkeitsdisposition des Beispielgebers im Ganzen, sondern nur insoweit, wie sie die speziellen Möglichkeitsbedingungen der beispielhaften ‚Tat' in sich enthält. So erwirbt der Aneigner die Voraussetzungen, die ihm ermöglichen, dem Beispiel zu folgen, also eine ‚Tat' des gleichen oder eines ähnlichen Typs zu vollbringen – oder zu vermeiden, wenn es sich um ein so genanntes „abschreckendes Beispiel" handelt.

Bei der Beispielwahl und Beispielnahme ist es unwesentlich, ob die beispielhafte ‚Tat' wirklich geschehen ist oder ob sie nur geglaubt wird und ob sie so geschehen ist, wie ihre Legende behauptet; es können auch fiktive Taten fiktiver Subjekte sein, die in Büchern, Filmen o.ä. dargestellt sind; auch Tiere (wie bei *Äsop*), Fabelwesen oder „aliens" können beispielgebende Subjekte sein. Die Beispielwahl hängt immer davon ab, dass die ‚Tat' als *Exempel eines Allgemeinen* angesehen werden kann.

Erster Zusatz. Was als ‚dispositioneller Ausschnitt' angeeignet wurde, bleibt auch beim Aneigner ein solcher, sodass sich das personale Dispositionensystem des Beispielnehmers durchaus von dem des Beispielgebers unterscheidet.

Zweiter Zusatz. Ich will die Beispielwahl und Beispielnahme mit zwei Bildern illustrieren. Das erste Bild ist der *Tyrannenmord.* Beispielgeber sind *Aristogeiton* und *Harmodios,* die im Jahr –512 den Mitherrscher *Hipparchos* töteten und deren Tat, was auch immer ihre Hintergründe gewesen sein mögen, von den Athenern als Symbol ihres bürgerlichen Freiheitswillens gepriesen und verehrt wurde. Aneigner gab es viele, erfolgreiche und erfolglose. Ich nenne nur *M. Junius Brutus* und die mitverschworenen *Caesar*-Attentäter (15.3. –44) und *Claus Graf Schenk von Stauffenberg* und seine Mitverschwörer gegen *Hitler (20.7. +1944).* Bei beiden hat sich die Aneignung vor allem auf den motivlichen Bereich der Disposition (Entschluss, Rechtfertigung) bezogen.
Das andere Bild ist die *Machtergreifung.* Beispielgeber ist *Benito Mussolini,* Aneigner *Adolf Hitler.* Dem erfolgreichen „Marsch auf Rom" (28.10.1922) sollte 1923 der „Marsch nach Berlin" folgen, der aber schon an der Münchner ‚Feldherrnhalle' (am 9.11.) schmählich endete. *Hitler* scheiterte nicht zuletzt daran, dass seine Putschdisposition ungenügend, also nicht zuverlässig angeeignet war:

sie ermangelte vor allem einer hinreichenden Kenntnis und zutreffenden Einschätzung der wahren Machtverhältnisse in Bayern und im Reich. *Hitler* folgte danach dem *Beispiel* des Italieners nicht mehr, sondern verlegte sich auf die „Machterschleichung" auf dem legalistischen Wege, unbeschadet dessen, dass *Mussolini* noch lange Jahre sein *Vorbild* blieb.[1]

§ 44

Wenn nicht einzelne spezielle Dispositionen, wie beim Beispiel, sondern basale Grundzüge einer Persönlichkeit angeeignet werden, spricht man vom *Vorbild.*

Zusatz. Auch hier sollen Vorbildwahl und Vorbildwirkung mit zwei Bildern illustriert werden. Das erste ist die *Periagoge,* die radikale Umwendung und Umstellung des bisherigen Lebens zugunsten einer Tätigkeit reiner Humanität. Vorbildgeber ist hier *Albert Schweitzer,* Aneigner sind alle, die ihm in dieser Periagoge folgten, folgen und folgen werden. Die neue Tätigkeit muss keine ärztliche sein. Allein entscheidend ist, dass der Entschluss zur Lebensumstellung auch durchgeführt, in Tätigkeit umgesetzt wird. Die Persönlichkeit *Schweitzer*s und sein Ethos im Allgemeinen sind wichtiger und entscheidender als irgendeine seiner Tätigkeiten oder Taten.

Das zweite Bild ist die radikale Einstellung und Haltung der *Gewaltlosigkeit in der Politik.* Das Vorbild ist hier *Mohandas Karamchand Gandhi*, der Aneigner heißt *Martin Luther King.* Zwischen den Tätigkeiten der beiden Männer gibt es keinerlei Ähnlichkeit; die koloniale Befreiung ist ein ganz anderes Programm als die Durchsetzung der Bürgerrechte; die Aktionsformen können verschiedener nicht sein; und zwischen *King*s aggressiver Bibel-Metaphorik und dem Spinnrad des Mahatma liegen Welten. Kein Beispiel also; aber bewusst gewähltes Vorbild.

§ 45

Eine weitere Gestalt des Dritten Faktors ist die Inkorporation von Tätigkeitsdispositionen in *Geräten:* das Gerät enthält in sich (a) die Disposition seines Gebrauchs, indem es andere Verwendungen ausschließt; mit einer Säge kann man nicht hämmern. Manche Geräte enthalten mehrere Gebrauchsdispositionen, wie der Tischlerhammer, der auch zum Herausziehen der Nägel taugt, oder die Kombizange, die die Verwendung einiger Spezialwerkzeuge erübrigt. – Außer der *Gebrauchsdisposition* ist im Gerät auch (b) die Disposition seiner Herstellung oder Reparatur inkorporiert; ich nenne sie die *konstruktive Disposition.* Je komplexer die Konstruktion eines Gerätes, desto weiter scheinen die konstruktive und die Gebrauchsdisposition auseinander zu treten.

---

1 War nicht auch *Mussolini* ein Beispielnehmer? Fast genau zweitausend Jahre zuvor (–86) hatte *L. Cornelius Sulla* den Marsch auf Rom gewagt und die Herrschaft errungen.

Erster Zusatz. Die Aneignung der Gebrauchsdisposition einfacher Geräte kann bei einigen durch bloßes Ausprobieren des Gebrauchs erreicht werden, bei anderen muss man sich den Gebrauch zeigen lassen, bei wieder anderen bedarf es der Einübung. Zur Aneignung ihrer konstruktiven Disposition ist in jedem Fall Einübung und in vielen Fällen auch unterrichtliche Vermittlung erforderlich.

Zweiter Zusatz. Warum sind die ‚Gebrauchsanweisungen' technischer Geräte oft so schlecht? Weil sie von Ingenieuren verfasst werden, in deren Bewusstsein die konstruktive und die Gebrauchsdisposition miteinander verschmolzen sind. Gebrauchsanweisungen aber dienen der Aneignung nur der Gebrauchsdisposition und können diese Aufgabe nur dann erfüllen, wenn sie in verständlicher Sprache die *reine* Gebrauchsdisposition enthalten. (Mein Vorschlag: Bei ihrer Abfassung müssen Techniker und Didaktiker zusammenwirken, wenn's was Ordentliches werden soll …)

§ 46

Nur scheinbar allerdings treten die konstruktive und die Gebrauchsdisposition bei komplex konstruierten Geräten und Maschinen auseinander. Denn die konstruktive Absicht, den Gebrauch zu vereinfachen und zu erleichtern, wird in der Regel dadurch erreicht, dass Elemente der Gebrauchsdisposition mehr und mehr in das Gerät selbst integriert werden, sodass die ausdrückliche Aneignung dieser Elemente durch den Benutzer nicht mehr erforderlich ist: das Gerät „weiß", was es zu tun hat, und „kann" es tun. Man spricht von *Mechanisierung*, in fortgeschrittenen Stadien dieser Evolution von *Automatisierung.* – Ein nächster Schritt dieser Entwicklung besteht darin, dass sich der gebrauchsdispositionelle Gerätbestandteil *(software)* von dem eigentlichen Gerät *(hardware)* technisch ablöst und von ihm unterschieden werden kann. Und nun wiederholt sich die Struktur: Die Benutzung einer *software* setzt wiederum eine spezifische Gebrauchsdisposition voraus, die sich der Nutzer aneignen muss.

Zusatz. Seitdem in der Automobiltechnik das voll synchronisierte Getriebe Standard ist, gehören die Kenntnis des ‚Zwischengases' und die Fertigkeit des ‚Zwischengasgebens' nicht mehr zur Disposition des Autofahrens. Dasselbe Schicksal erleidet die ‚Stotterbremse' in dem Maße, wie sich die automatischen Bremssysteme (ABS) durchsetzen. Ich wage eine Prognose (aber meine ich sie ernst?): Die Satellitennavigation im Straßenverkehr könnte dazu führen, dass die Fertigkeit, Straßenkarten zu lesen, aus der Disposition des Autofahrens verschwindet …

§ 47

Um *intentionale Inkorporationen* handelt es sich dann, wenn bestimmte Tätigkeitsdispositionen, deren Aneignung gewünscht wird oder gesollt ist, zum Zweck ihrer Aneignung eigens in Geräte oder in Sachen hineingearbeitet werden. Dieses Hineinarbeiten ist Erzieher- bzw. Lehrerarbeit. Sie kann so weit gehen, dass Geräte oder Sachen, die solche intentionalen Inkorporationen enthalten, zu ‚selbstlehrenden' Gegenständen werden, das heißt: Die darin verkörperte Disposition kann angeeignet werden, ohne dass eine zusätzliche Vermittlungstätigkeit erforderlich ist. Die klassischen Beispiele hierfür sind die Fröbel'schen Spielgaben und das Montessori-Material. Neuere Beispiele gibt es im Bereich der elektronischen Lernprogramme.

Intentionale Inkorporationen gibt es auch im Bereich des *Spielzeugs.* Wenn Spielzeug als „pädagogisch wertvoll" bezeichnet wird (und damit nicht nur „Holz statt Plastik" gemeint ist), dann kann dieses Werturteil nur damit begründet werden, dass im Entwurf und in der Form des Spielzeugs die Absicht erkennbar ist, bestimmte Tätigkeitsdispositionen aneignungsfähig zu machen; und zwar zusätzlich zu den Dispositionen, die im Spielzeug ohnehin, also absichtslos, inkorporiert sind. (Zu den letzteren gehört z. B. die Disposition für die Tätigkeit des Aufräumens …)

§ 48

Gestalten des Dritten Faktors sind auch diejenigen Tätigkeitsdispositionen, die zunächst gar keine Gestalt haben, sondern ihre Gestalt erst zugleich mit ihrer Aneignung und durch ihre Aneignung gewinnen. Ich nenne sie die *spontanen Tätigkeitsdispositionen.* Sie gründen im Subjekt, sie entstehen im Subjekt; und weil sie sich entfalten und verändern können im Zusammenhang mit den Tätigkeiten des Subjekts, sind sie auch der vermittelnden Tätigkeit des Erziehers zugänglich: sie lassen sich aus dem Subjekt heraus entwickeln. – Hierher gehören (a) die Dispositionen der emotionalen innerlichen Tätigkeiten: Liebe, Trauer, Freude, Empörung, Hass, Verzweiflung … Aneignung heißt hier, dass das Subjekt sich dieser eigenen dispositionellen Möglichkeiten und Grenzen inne wird so, dass es zu lieben etc. ‚versteht' und lieben etc. ‚kann'. Bei solchen Aneignungen können ‚Beispiele' und ‚Vorbilder' nützlich sein; sie können die Selbsthervorbringung der Disposition unterstützen, manchmal lenken, niemals ersetzen.

Zu den spontanen Tätigkeitsdispositionen gehören (b) diejenigen, durch die die Operationen des Verstandes und der Vernunft disponiert sind (*Herbart* würde auch die des moralischen Urteils dazurechnen): wie zum Beispiel der „logische Takt" (*Kant),* also die Fertigkeit, logisch richtig zu denken ohne jeweiliges Bewusstsein der logischen Regeln und Gesetze, denen man dabei folgt; auch die Fähigkeit, Evidenzen wahrzunehmen, und die anderen Dispositionen für Tätigkeiten der Intelligenz überhaupt.

Eine spontane Disposition ist selbstverständlich auch die AD (von der schon § 38 die Rede war), also die Disposition für die Tätigkeit des Aneignens von Dispositionen.

§ 49

Nichtgenetische Tätigkeitsdispositionen können nicht nur in Subjekten oder in deren Tätigkeiten und Produkten sowie in Geräten und Sachen, also außerhalb ihrer selbst, sie können auch *in sich selbst inkorporiert* sein; das meint, sie können die Gestalt eines „Textes" annehmen. Beispielsweise wird die Gebrauchsdisposition eines Gerätes oder einer Maschine in der Regel als Text (‚Gebrauchsanweisung') formuliert und wird in dieser Form, nämlich als Text, auch angeeignet. Entscheidend ist, dass die Disposition unabhängig von der durch sie disponierten Tätigkeit und getrennt von ihr formulierbar ist; nur so kann sie als Text verselbständigt, *objektiviert* werden. Dabei muss in dem Text die Disposition vollständig, das heißt: mit all ihren Elementen und deren strukturellen Verknüpfungen, enthalten, also ‚ausformuliert' sein oder sich ausformulieren lassen. Daraus folgt, dass der Situation der Ausübung der so disponierten Tätigkeit notwendigerweise eine davon unterschiedene und getrennte Situation der Aneignung dieser (in sich selbst inkorporierten) Disposition vorangehen muss: man studiert z. B. die Gebrauchsanweisung, bevor man das Gerät in Betrieb nehmen kann.

Zusatz. Das Wort Text ist in diesem Zusammenhang in einer sehr weiten Bedeutung zu nehmen: Text ist alles, was auf irgendeine Weise sprachlicher Formulierung zugänglich ist. Das muss nicht alltagssprachlich, es kann auch fachsprachlich oder formelsprachlich sein oder die Form eines elektronischen Programms besitzen. Auch ist unerheblich, ob es sich um schriftliche oder mündliche Sprachlichkeit handelt.

§ 50

Mit diesen in sich selbst inkorporierten Tätigkeitsdispositionen hat es eine eigene Bewandtnis. Sie definieren nämlich eine *besondere Erziehungssituation,* die unter allen definiten Erziehungssituationen eine herausgehobene Bedeutung besitzt, weil sie die wichtigste, verbreitetste und, alles in allem, auch die bislang am besten erforschte ist. Diese Erziehungssituation ist *der Unterricht.* Mit anderen Worten: Immer dann, wenn, und immer dort, wo eine solche als Text objektivierte Tätigkeitsdisposition zum gemeinsamen Gegenstand von Vermittlung und Aneignung genommen wird, handelt es sich um Unterricht.

An dieser Stelle also hängt die (theoretische) Didaktik mit der Allgemeinen Theorie der Erziehung sachlich und systematisch zusammen. Unter den Gestalten des Dritten Faktors der Erziehung nehmen die „möglichen Unterrichtsgegenstände" die ihnen gebührende hervorgehobene Position ein. Die didaktische Seite dieses Sachverhalts ist im 11. Kapitel der *Phänomenologie des Unterrichts* entfaltet worden; hier sei darauf verwiesen.

Erster Zusatz. Die im vorigen Paragraphen als Beispiel benutzte ‚Gebrauchsanweisung' ist also ein Unterrichtsgegenstand. Allerdings kommen diesem Unterrichtsgegenstand Merkmale zu, die nicht auf jeden Unterrichtsgegenstand zutreffen. Die Gebrauchsanweisung ist ein „selbstlehrender" Gegenstand; das heißt, dass seine Aneignung keiner zusätzlichen magistralen Vermittlung bedarf. Das ist möglich, weil Lehrerarbeit bereits in die Präsentation des Gegenstandes eingeflossen ist: die Disposition ist zum Zweck der Aneignung bereits didaktisch aufbereitet, sie ist unterrichtlich „artikuliert" worden. (Bei schlechter Artikulation braucht man dann doch noch einen zweiten Lehrer …)

Zweiter Zusatz. Die Bestimmung „*als Text* objektiviert" findet sich in PhU noch nicht; dort ist die Rede nur von objektivierten Tätigkeitsdispositionen. Das ist für die Zwecke der Didaktik systematisch hinreichend (sachlich aber wohl nicht ganz); die Bestimmung ‚als Text' ergibt sich erst aus dem Vergleich dieser mit den anderen Gestalten des Dritten Faktors, also erst auf der Ebene der Allgemeinen Theorie.
Es bleibt festzuhalten: Der Unterricht ist ein durch die Besonderheit seines Dritten Faktors abgegrenztes Teilgebiet der Erziehung; demzufolge ist die Didaktik eine darauf bezogene Teildisziplin der Pädagogik.

Vierter Abschnitt: Der allgemeine Begriff der Erziehung

8. Kapitel: Das Schema des allgemeinen Erziehungsbegriffs

§ 51

Die Fundamente sind jetzt gelegt, auf die eine Schematisierung des allgemeinen Erziehungsbegriffs gebaut werden kann. Dabei handelt es sich um eine erste Entfaltung dessen, was in der Aussage *„Erziehung ist die vermittelte Aneignung nichtgenetischer Tätigkeitsdispositionen“* impliziert ist. Ich stelle ein formales ‚Schema‘ auf, mit dessen Hilfe die bislang getroffenen Feststellungen miteinander in einen systematischen Zusammenhang gebracht werden können, der seinerseits wiederum die Grundlagen weiterer analytischer Differenzierung enthält. Die schematische Form bietet den Vorteil, dass sie auch als graphische Figur darstellbar ist und dem Leser gleichsam als *mind map* dienen kann.

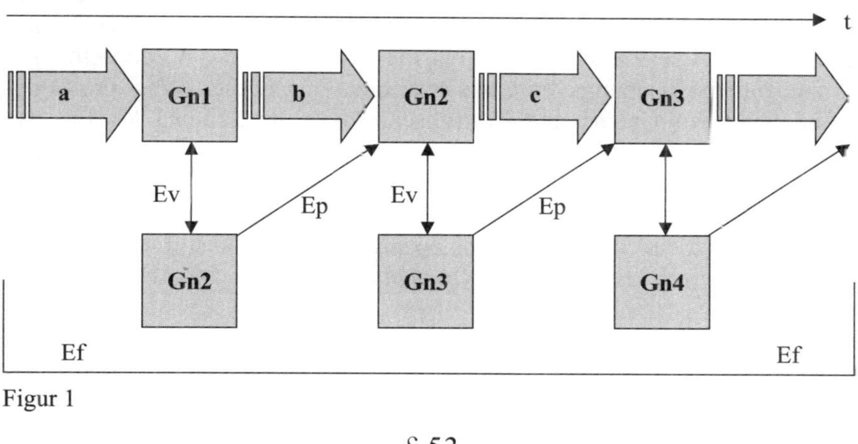

Figur 1

§ 52

Die Figur zeigt in ihrer oberen Horizontalen die Zeitdimension t, darunter die historische Abfolge der Generationen Gn als Substrat der kulturellen Evolution: Gn1 übernimmt das ihr a überkommene nicht-genetische Erbe und das darin enthaltene System der nicht-genetischen Tätigkeitsdispositionen als Grundlage möglicher weiterer Tätigkeiten. Sie verändert b dieses

Erbe durch Bearbeitung, verändert damit auch das darin enthaltene Dispositionensystem und gibt das Erbe in der neuen Gestalt an Gn2 weiter, die dieselbe ‚Arbeit‘ c mit dem ihr übergebenen Erbe durchführt und es, in wiederum erneuter Gestalt, der nächsten Generation Gn3 weitergibt.[1]

Generationen kommen aber nicht als fertige gesellschaftliche Subjekte auf die Welt. Deshalb muss jede Generation, bevor sie das Erbe antreten kann, auf die Erbübernahme vorbereitet, muss zu den gesellschaftlichen Tätigkeiten instand gesetzt werden und sich instand setzen, die ihr – als erwachsener – abverlangt werden. Die Dispositionen, die ihr bei der Geburt noch fehlen, die sie aber benötigt, um ein erwachsenes gesellschaftliches Subjekt zu sein, muss sie sich aneignen.[2] Dieser Prozess der Aneignung nimmt einen Teil sowohl der eigenen Lebenszeit als auch der historischen Zeit in Anspruch. Deshalb kommt in dem Schema die Generation Gn2 (und entsprechend auch Gn3) zweimal vor, an zwei verschiedenen Strukturstellen: als heranwachsende sowie als erwachsene, als aneignende sowie als arbeitende und vermittelnde Generation. – Die Abfolge der Generationen, im Wechsel von Vermittlung und Aneignung des Dritten Faktors, ist *das historische Zeitmaß der Erziehung.*

Gn1 als vermittelnde Generation befindet sich mit Gn2, solange diese die aneignende ist, in einem Verhältnis, das durch die Einheit der Tätigkeiten beider, nämlich von Aneignung und Vermittlung, konstituiert ist. Entsprechendes gilt für Gn2 mit Gn3 und für Gn3 mit Gn4, usw. Dieses Verhältnis ist im Schema als Ev, das meint: als ‚Erziehungsverhältnis‘ bezeichnet. – Inhalt und Aufgabe des Erziehungsverhältnisses ist jedoch der zeitliche Vorgang, dass sich die heranwachsende Gn2 in die erwachsene Gn2 wandelt, soweit diese Entwicklung durch die Tätigkeiten des Vermittelns und Aneignens im Erziehungsverhältnis bestimmt wird. Dieser ‚Weg‘ der Generation zwischen Geburt und Erwachsensein ist im Schema als Ep, das meint: als ‚Erziehungsprozess‘ bezeichnet. – Erziehung aber ist keine isolierte Tätigkeit, keine umzäunte ‚Provinz‘, sondern mit dem Gesamtsystem der gesellschaftlichen Tätigkeiten aufs Innigste verwoben, von diesen teils beeinflusst und bestimmt, teils diese beeinflussend und bestimmend. Das ist im graphischen Schema kaum angemessen auszudrücken; es wird angedeu-

---

1 Ich verzichte darauf, die Entwicklungsreihe a → b → c als im Umfang (quantitativ) zunehmend abzubilden, wie es nahe läge im Hinblick auf den von *Max Liedtke* (passim in den meisten seiner Schriften) gebrauchten Begriff der „Wissenskumulation". Entscheidend scheint mir nicht so sehr die „Häufung", sondern eher die Umstrukturierung des Erbes zu sein; und den Ausdruck ‚Wissen‘ möchte ich präziser gefasst auf die Kenntnisse beschränken und den von *Liedtke* mitgemeinten Fertigkeiten und Motiven eigene Bezeichnungen zuordnen. – Dankbar bekenne ich, von *Max Liedtkes* evolutionstheoretischer Denkart und durch den persönlichen Umgang mit ihm wertvolle Anregungen erhalten zu haben. Er schuf das Standardwerk „Evolution und Erziehung" (Göttingen 1971 u. ö.).

2 Vergleiche den Satz *Jean-Jacques Rousseaus*, der diesem Band als Motto vorangestellt ist.

tet in der unteren Horizontalen, die als Ef, das meint: als ‚Erziehungsfeld' bezeichnet ist.[3]

§ 53

Wie jedes Schema, so beruht auch dieses auf irrealen Vereinfachungen. Die abstrakte Darstellung der Generationen (ohne zeitliche Übergänge) ist die auffälligste. Eine Abstraktion höchsten Grades liegt aber auch darin, dass der Erziehungsprozess und das Erziehungsverhältnis getrennt voneinander abgebildet sind. In Wirklichkeit variiert das Erziehungsverhältnis prozessabhängig und der Prozess spielt sich nur im Rahmen der Strukturen des Erziehungsverhältnisses ab, sodass beide nicht ohne einander zu denken sind. Deshalb finden sich in der pädagogischen Literatur auch keine klaren Abgrenzungen der beiden Begriffe. Denn für das konkrete Denken des Erziehers – und das ist das Denken *in* der Erziehung – ist es so ungeheuer wichtig, Beziehungsstrukturen und Verlaufsstrukturen pädagogischer Phänomene *zugleich* in den Blick nehmen zu können; der Erfolg des erzieherischen Handelns hängt davon ab, in welchem Maße dies dem Erzieher gelingt. Anders ist es jedoch bei dem analytischen Denken des Pädagogikers – und das ist ein Denken *über* die Erziehung –, das genötigt ist, die partiellen *Aspekte* des identischen Gegenstandes Erziehung, nämlich den Beziehungs- und den Verlaufsaspekt, getrennt ins Auge zu fassen und jeden für sich zu analysieren, denn nur so und nur dann kann man sich der beide umgreifenden Identität des Gegenstandes Erziehung auch *begrifflich* nähern. Und der dritte, der Aspekt der gesellschaftlichen Einbettung des gesamten Erziehungsgeschehens, tritt zu den beiden anderen auf dieselbe Weise und mit denselben logischen Komplikationen noch hinzu.

§ 54

Ungeachtet dessen, dass es immer um den einen und denselben Erkenntnisgegenstand geht, um die Erziehung in ihrer ganzen und einheitlichen Phänomenalität, ist es doch, angesichts der begrenzten Leistungsfähigkeit des analytischen Verstandes, erforderlich und unvermeidlich, die drei Grundaspekte (Betrachtungsweisen) der Erziehung getrennt voneinander und jeden

3 Auffällig ist die prinzipielle Übereinstimmung dieses Schemas mit dem der Kognitionsevolution, das *Michael Tomasello* aufgestellt hat (Die kulturelle Entwicklung des menschlichen Denkens. Zur Evolution der Kognition, dt. von J. Schröder, Frankfurt/Main: Suhrkamp 2002, S. 51.) Die beiden Schemata sind unabhängig voneinander entwickelt und können einander bestätigen. Unterschiede erklären sich aus der Verschiedenheit des Erkenntnisinteresse: Der Psychologe achtet in erster Linie auf die Evolution der kognitiven Fähigkeiten des Menschen; dabei gilt ihm die Erziehung – die in seiner Sprache „kulturelles Lernen" heißt – nur als der „Wagenheber", der ein „Zurückrutschen" verhindert. Das Interesse des Pädagogikers ist dagegen hauptsächlich auf die Erziehung selbst gerichtet, die deshalb hier auch differenzierter schematisiert ist.

für sich zu thematisieren, sodass sich an diesen Grundaspekten entlang die drei theoretischen Richtungen ergeben, in die der allgemeine Begriff der Erziehung zu entfalten ist. Dem entspricht die Gliederung dieses Werkes, das in seinem zweiten Teil die Theorie des Erziehungsverhältnisses, in seinem dritten die des Erziehungsprozesses und in seinem vierten die des Erziehungsfeldes abhandelt. Die Reihenfolge, in der die drei Aspekte erörtert werden, beruht aber keineswegs auf einer Hierarchie unter ihnen, die es nicht gibt, sondern allein auf darstellungspragmatischen Entscheidungen.

§ 55

Eine weitere Abstraktion ist die dem Schema implizite Unterscheidung zwischen den *Binnenstrukturen* und den *Außenstrukturen* der Erziehung. Bei den Beziehungsstrukturen des Erziehungsverhältnisses und den Zeitdifferenzstrukturen des Erziehungsprozesses handelt es sich um Binnenstrukturen; sie geben an, wie das Phänomen Erziehung *in sich selbst* strukturiert ist. Die meisten der Strukturen des Erziehungsfeldes dagegen sind Außenstrukturen; sie geben an, wie das Phänomen Erziehung mit dem jeweiligen gesamtgesellschaftlichen System, worin es eingebettet ist, strukturell verknüpft und in gegenseitiger Abhängigkeit verwoben ist. In der historisch-konkreten Wirklichkeit kommen die Binnenstrukturen der Erziehung also niemals in ihrer reinen logischen Gestalt vor, sondern immer in einer ‚verunreinigten', nämlich durch ihre feldspezifische Einbettung modifizierten Gestalt. Man kann aber diese Modifikationen nur dann erkennen und beschreiben, wenn man sie isolieren kann, und das kann man nur, wenn man weiß, *was* da verunreinigt und modifiziert ist; deshalb geht die binnenstrukturelle Analyse der außenstrukturellen methodisch voraus.

Zusatz. Auch das Schema als ganzes stellt eine logische Struktur dar, die sich in reiner Form in der Realität nicht findet. Man füge z. B. nur ein einziges *historisches Merkmal* (d. i. ein Merkmal, das nicht der menschlichen Gattungsexistenz, sondern nur einzelnen gesellschaftlichen Formationen zukommt) hinzu, so ergeben sich deutliche Modifizierungen und Komplikationen des Schemas. Zur Illustration wähle ich das Merkmal ‚extreme Klassengesellschaft', weil es recht häufig auftritt und von den Hierarchien der Alten Geschichte bis zu den Drittweltgesellschaften der Gegenwart in verschiedenartigsten Ausformungen vorkommt. Hier gilt das reine Schema nur für die Generationen der jeweils herrschenden Klasse, während denen der beherrschten Klassen nur ein rudimentärer Anteil an der kulturellen Kontinuität gewährt wird. Erst dann, wenn es den Beherrschten gelingt, für sich eine eigene Kulturalität und einen eigenen pädagogischen Zusammenhang in der Generationenabfolge herzustellen, sodass sich ‚Klassenbewusstsein' entwickelt, entsteht die historische Möglichkeit eines sei es revolutionären, sei es evolutionären Umbaus der gesellschaftlichen Verhältnisse.

9. Kapitel: „Erziehung bei Tieren?“ Extrahumane Erziehungsanaloga

§ 56

Dass das Phänomen der vermittelten Aneignung nichtgenetischer Tätigkeitsdispositionen, die Erziehung also, ein notwendiges Merkmal der menschlichen Gattungsexistenz ist, muss nicht bedeuten, dass es allein und ausschließlich der Gattung *Homo* zukommt. In unwissenschaftlicher Rede wird ja auch bei Tieren in einer eher metaphorischen Redeweise von Erziehung, ja sogar von Unterricht gesprochen. Es ist zu prüfen, ob im Bereich des außermenschlichen Lebens (subhuman, wenn man ontologisch, prähuman, wenn man evolutionistisch denkt) Erziehung oder erziehungsähnliche Sachverhalte vorkommen. Erziehung im strengen Sinne des Begriffs ist freilich an das Vorhandensein nichtgenetischer Tätigkeitsdispositionen, also an *Kulturalität* gebunden. Davon gibt es aber im Tierreich, sogar bei den höheren Primaten, nur mehr oder minder entwickelte Ansätze und Teilbereiche des Lebens, sodass sich das extrahumane Vorkommen echter Erziehung in recht engen Grenzen hält.

Zusatz. Ein viel zitiertes Beispiel sind jene japanischen Makaken, die gelernt haben, ihre Speise mit Meerwasser zu reinigen und zu salzen, und diese Disposition intergenerativ weitergeben, wodurch sie sich von anderen Populationen derselben Spezies ‚kulturell‘ unterscheiden. Kulturelle Verschiedenheit, etwa bei der Technik des Nüsseöffnens oder des Nestbaus, ist auch bei anderen wild lebenden Primaten beobachtet worden. Bei einigen Singvögeln gibt es regionale ‚Dialekte‘ ihres Gesangs, die nicht genetisch disponiert sein können; z.B ist es bei der Goldammer (Emberiza citrinella) offen, ob das Schlussintervall ihrer Strophe aufwärts oder abwärts gesungen wird.

§ 57

Von der vermittelten Aneignung nichtgenetischer Tätigkeitsdispositionen sind diejenigen Phänomene zu unterscheiden, die der Erziehung nur *ähnlich* sind, sei es, dass sie eine analoge Struktur aufweisen, sei es, eine analoge Funktion erfüllen. Dazu gehören alle Fälle, wo (aktivierungsbedürftige) *genetische* Dispositionen durch quasi-vermittelnde Tätigkeit aktiviert werden. Beim Menschen habe ich in diesem Zusammenhang von der Disposition des aufrechten Ganges gesprochen, die durch das Beispiel des Aufrechtgehens aktiviert wird (vgl. § 31). Derartige Strukturen sind in der Fauna weit verbreitet; sie sorgen dafür, dass der Nachwuchs lebenstüchtig wird, und erfüllen somit eine erziehungsanaloge Funktion.

Zusatz. Junge Katzen lernen das Mäusefangen von ihrer Mutter; werden sie zu früh von ihr getrennt und einzeln gehalten, lernen sie es nur unter Schwierigkeiten und brauchen unendliche Erfahrung, um damit zurechtzukommen. Aber überall auf der Welt, wo Katzen mausen, tun sie das auf dieselbe Art und Weise, ohne auch nur die geringste ‚kulturelle' Verschiedenheit. Bei der Tätigkeit der Katzenmutter handelt es sich demnach um das Aktivieren einer *genetischen* Disposition, also nicht um Erziehung im strengen Sinn des Begriffs.

§ 58

Die Frage nach den extrahumanen Erziehungsanaloga lässt sich freilich auch ganz anders stellen, als hier in den letzten zwei Paragraphen geschehen ist. Ich habe, gleichsam von der Plattform des *menschlichen* Erziehungsphänomens aus, zurückgeblickt und im Tierreich dasselbe oder Ähnliches aufzufinden gesucht. Aber auch die umgekehrte Blickrichtung ist möglich; ich kann, gleichsam am Strom der Evolution entlang, auf das menschliche Erziehungsphänomen *hinblicken* und fragen, welches seine stammesgeschichtlichen Grundlagen, Bedingungen und Vorstufen sind. Das aber ist keine pädagogische Frage mehr, sondern eine zoologische, und zur Beantwortung bedarf es eines Zoologen oder wenigstens eines zoologisch ausgewiesenen Pädagogikers. Da ich kein solcher bin, beschränke ich mich auf wenige, mir plausibel scheinende Aussagen.[1] Die Erziehung hat sich herausdifferenziert aus dem größeren Komplex der auf den Nachwuchs bezogenen Tätigkeiten. Davon sind drei Hauptrichtungen zu nennen:

- die Nachwuchsvorsorge,
- die Nachwuchspflege,
- die Nachwuchsvertreibung.

Zusatz. Nachwuchsvorsorge meint alle Maßnahmen, die zu Gunsten der Nachkommen getroffen werden, ohne dass es zu einem späteren direkten Kontakt zwischen Eltern und Kindern kommen muss. – Nachwuchspflege sind die Tätigkeiten des direkten intergenerativen Umgangs (schützen, füttern, säubern etc.) – Von den dreien scheint die *Nachwuchsvertreibung* die größte Nähe zur Erziehung und die größte evolutive Potenz in Richtung auf Erziehung zu besitzen; hier steht das ‚Selbständigmachen' ganz im Vordergrund. – Wer Amseleltern beobachtet, die ihre fast ausgewachsenen Jungen über den Rasen führen, und sieht, wie der Altvogel dem Jungtier den gefangenen Regenwurm zeigt, hinhält, dann aber doch nicht übergibt, sondern selber auffrisst: der muss lachen. Er erblickt so etwas wie eine Karikatur menschlichen Erziehens.

---

1 … und danke *Uwe Krebs* (Nürnberg) für seine freundlich gewährte Bereitschaft, dieses Kapitel kritisch durchzusehen.

§ 59

Das ontologisch erstaunlichste Phänomen, das bei Betrachtung der extrahumanen Erziehungsanaloga sichtbar wird, ist folgendes. Bei manchen (nicht nur höheren) Tieren geht die *Fähigkeit,* Dispositionen zu erwerben, spürbar oder erheblich *über das Maß hinaus, von dem die Natur* (derzeit) *Gebrauch macht.* Sichtbar wird diese ‚überschießende Kapazität' allerdings erst dann, wenn der Mensch – als Quasi-Erzieher – die Dispositionen an Individuen anderer als seiner eigenen Spezies vermittelt. Voraussetzung dessen ist, dass die Tätigkeiten der Tiere von ihrem Lebenszweck abgelöst und sozusagen verselbständigt werden. Das ist nur unter menschlicher Betreuung möglich. Ich unterscheide dabei drei Stufen.

Erste Stufe: Die Dressur oder Abrichtung. Hier bleibt die ‚vermittelnde' Tätigkeit des Menschen noch ganz im Bereich der Aktivierung genetischer Dispositionen. Die Tätigkeiten der Tiere werden zu reinen Verkörperungen ihrer Disposition abstrahiert: das Tier lernt darzustellen, was es kann. Der Tiger würde auch in der Wildbahn durch das Feuer springen, wenn er keinen anderen Ausweg sieht; im Zirkus tut er es ohne diese Bedingung. Das Dressurpferd lernt, den natürlichen Ablauf seiner Bewegungen in Tritt und Sprung zu ‚elementarisieren', die ‚Elemente' einzeln auszuführen und sie in einer ‚unnatürlichen', von Menschen als „hohe Schule" stilisierten Form und Reihenfolge neu anzuordnen. Und schließlich können Tiere lernen, eine ihrer natürlichen Tätigkeitsdispositionen zu unterdrücken zugunsten einer anderen, die eben dadurch fast schon einen nichtgenetischen Charakter annimmt: der Floh springt nicht, wenn er ein Wägelchen zu ziehen hat, und das Traberpferd macht Tempo in der „falschen" Gangart.

Zweite Stufe: Die Ausbildung. Hier geht es nun wirklich um die Aneignung nichtgenetischer Tätigkeitsdispositionen durch Tiere. Die Erziehungsanalogie wird hier ganz eng. Bestimmte Individuen aus hochorganisierten Arten können und müssen lernen, selbständig und gleichsam in eigener Verantwortung Dinge zu tun, die ihrer natürlichen Lebenswelt fremd sind. Ich nehme meine Beispiele nicht von den Kampfdelfinen der Navy, auch nicht von den liebenswerten Rhesus, die bei behinderten Menschen als Haushaltshilfe arbeiten, sondern von den Gebrauchshunden; sie liefern die evidentesten. So muss ein Lawinenhund den Verschütteten nicht nur finden und gegebenenfalls ausgraben – das würde er auch natürlicherweise machen – er muss ihn vor allem *melden.* Ein Blindenhund muss Hindernisse wahrnehmen, interpretieren und anzeigen, unter denen er selber unbeschadet hindurch laufen könnte, und auf das Kommando „Such Weg!" muss er entscheiden, nicht wie er selbst, sondern wie sein Mensch das Hindernis am besten umgeht.

Dritte Stufe: Die höhere Ausbildung. Damit meine ich die Aneignung komplexer Symbolsysteme (so genannter ‚Sprachen') durch Schimpansen, Bonobos und Gorillas. Das ist derzeit noch experimentelle Grundlagenforschung; ein praktischer Nutzen entsteht weder für den Menschen noch für den Affen. Aber es wiederholt sich eine Struktur der ersten Stufe: die „subjects" stellen rein dar, was ihr Hirn in dieser Hinsicht zu leisten imstande ist.

Zusatz. Also doch, hier auf der zweiten und dritten Stufe, Erziehung im strengen Sinn? Nein; es fehlt die intergenerative Kontinuität: die Mortalitätsschwelle *im Leben der Spezies* wird, anders als bei den Japan-Makaken, nicht überwunden. Kein Blindenhund, und sei er noch so gut, kann Blindenhunde ausbilden (aber vielleicht kann ein erfahrener Schäferhund bei der Ausbildung eines jungen ‚Kollegen' *mitwirken?*) – Warten wir, bis ein Schimpanse etc. seine erlernte ‚Sprache' erfolgreich an den Nachwuchs weitergegeben hat und den Nachwuchs *in* der erlernten Sprache weiter belehrt; dann stellt sich die Frage neu.[2] Vermutlich müsste dem Schimpansen etc. erst einmal ein vernünftiger Grund einfallen, warum er solches tun sollte …

§ 60

Ein weiteres extrahumanes Erziehungsanalogon mit menschlichem ‚Erzieher' tritt in den Blick, das ästhetisch befriedigend ist, weil nicht der Mensch, sondern das Tier selbst davon profitiert, und das außerdem, wenn es wissenschaftlich genutzt wird, besonders fruchtbar zu sein scheint. Es ist das Phänomen der *Auswilderung*. Von Menschen aufgezogene, an menschlichen Umgang gewöhnte und von Menschen abhängige Jungtiere höherer Arten müssen, bevor man sie ihrem natürlichen Lebensraum überlässt, damit sie ihn neu besiedeln sollen, für ihr ‚wildes' Leben erst instand gesetzt und tüchtig gemacht werden. Sie müssen unter menschlicher Anleitung die Dispositionen bestimmter, ihr erfolgreiches Überleben sichernder Tätigkeiten aktivieren oder sich gegebenenfalls aneignen. Das bedeutet: Der menschliche ‚Erzieher' muss dasselbe bewirken, was unter natürlichen Verhältnissen das erwachsene Tier, z. B. die Mutter, bei dem Jungen bewirkt; er muss, soweit dies möglich ist, die Praxis des tierischen ‚Erziehers' imitie-

---

2 Dem im Wesentlichen gleichlautenden Tenor des Psychologen *David Premack*, dessen Berühmtheit nicht zuletzt auf seiner jahrzehntelangen Primatenforschung beruht, kann ich zustimmen; vgl. *David Premack/Ann James Premack*: „Why Animals Lack Pedagogy and Some Cultures Have More of It Than Others". In: D. R. Olson/N. Torrance [eds.]: The Handbook of Education and Human Development. New Models of Learning, Teaching and Schooling, Cambridge, Mass. 1996, p. 302–323. – Seine verhaltenswissenschaftliche Argumentation hat jedoch, weil punktförmig und unsystematisch, für mich nur wenig Plausibilität. Ich finde es aber höchst anerkennenswert, dass Premack sich bemüht, unter dem Namen „Pädagogie" (pedagogy: als Sammelbegriff, der assisted learning, education und teaching umfasst) genuin pädagogische Verhaltensstrukturen in den Blick zu nehmen und sie von anderem Verhalten zu unterscheiden. Allerdings muss festgehalten werden, dass sein Begriff der Pädagogie, weil unisubjektiv konstituiert, mit meinem bi-subjektiv konstituierten Erziehungsbegriff logisch nicht verträglich ist.

ren. So werden jungen Schimpansen die *Kenntnisse* des Essbaren und des Nichtessbaren vermittelt, und zwar ganz gezielt speziell auf den Biotop hin, in den sie ausgewildert werden sollen. Hier auf Erfahrungslernen zu setzen, wäre kontraproduktiv, wenn nicht gar tödlich.

Die wissenschaftliche Fruchtbarkeit des Auswilderungsphänomens sehe ich darin, dass experimentelle Möglichkeiten eröffnet werden, unser Wissen über extrahumane Erziehungsanaloga erheblich zu erweitern und zu vertiefen. Zum Beispiel könnten wir besser zwischen (aktivierungsbedürftigen) genetischen und (vermittlungsbedürftigen) nichtgenetischen Dispositionen bei der betreffenden Tierart zu unterscheiden und die Zusammenhänge und Verknüpfungen beider besser zu verstehen lernen; das könnte auch zoologisch von Nutzen sein.

Fünfter Abschnitt: „Erziehung ist nicht immer sichtbar." Protopädie und Pädeutik

10. Kapitel: Funktionen und Intentionen der Erziehung

§ 61

Die Rede ist von dem traditionellen Begriffspaar: intentionale vs. funktionale Erziehung. Mit diesen Wörtern hat es aber eine recht merkwürdige Bewandtnis. Zwar sind sie – irgendwie – in pädagogischen Reflexionen allgegenwärtig, weil niemand leugnen kann, dass es nicht nur absichtliche, sondern auch unabsichtliche Erziehungsakte und -verläufe gibt und ihre Unterscheidung deshalb sinnvoll ist. Aber häufig sind es nicht diese Wörter selbst, die in solchem Zusammenhang benutzt werden, sondern andersartige Umschreibungen; und sehr oft ist all dies nur unausgedrückter Gedankenhintergrund, theoretisches Phantom und kritisch nicht zu greifen. So ist es nicht verwunderlich, dass diesem Begriffspaar ein terminologischer Status und eine dem entsprechende lexigraphische Präsenz verweigert wird.[1] Der Grund dürfte darin zu suchen sein, dass die pädagogische Theoriebildung bis heute im Übermaß personenfixiert ist: *Ernst Krieck,* der das Begriffspaar aufgestellt hat, gilt, weil er später zu einem der führenden Vertreter der Nazi-Pädagogik wurde, als Unperson.

Es ist nicht meine Absicht, *Krieck* zu ‚entnazifizieren'. Ebenso wenig will ich seinem Begriffspaar zu terminologischen Ehren verhelfen, im Gegenteil: Ich halte die Begriffe, jeden für sich und beide zusammen, für ungenau und irreführend und deshalb zur wissenschaftlichen Beschreibung und Zergliederung des hier in Frage stehenden *wirklichen Sachverhalts* für unbrauchbar. Eine Kritik der Begriffe soll den Zugang zum Sachverhalt öffnen.

---

1 Ausnahme: *Josef Dolch,* Grundbegriffe der pädagogischen Fachsprache, München ^{6}1965, s.v. funktionale Erziehung

§ 62

Der Ausdruck „intentionale Erziehung" meint zunächst ganz trivial, dass bestimmte Erziehungsakte absichtlich getätigt, bestimmte Erziehungssituationen absichtlich arrangiert, bestimmte Erziehungsprozesse absichtlich in Gang gesetzt werden. Sinnvoll ist solche Rede freilich nur im Hinweis darauf, dass all dies auch unabsichtlich geschehen kann und zu geschehen pflegt. Unausgesprochen bleibt, auf *wessen* Intentionen abgehoben wird: meistens doch auf die des Erziehers, selten die des Zöglings. Entscheidend aber ist, welche theoretische Bedeutung, welches systematische Gewicht man dem Unterschied des Absichtlichen und Unabsichtlichen zuschreibt. Nach meiner Ansicht spielt dieser Unterschied, so folgenreich er in der pädagogischen Praxis auch sein mag, hinsichtlich der theoretischen Erkenntnis nur eine marginale Rolle, weil Erziehungsakte, -situationen und -prozesse *vor* dem Bewusstsein davon und unabhängig von ihm geschehen und auch beim Hinzutreten von Absicht und Bewusstsein in ihrer Struktur (*Schleiermacher* sagt: ihrem Typus nach) dieselben bleiben.

Anders sieht es aus, wenn pädagogische Autoren die Intentionalität (Absichtlichkeit oder Zielgerichtetheit) der Erziehung – und immer nur auf der Erzieherseite – zum *Definitionsmerkmal* des Erziehungsbegriffs erheben. Solchen Autoren gilt dann als Erziehung nur die vermittelnde Tätigkeit und innerhalb ihrer nur dasjenige, was mit bewusster Absicht getan wird. Mit solchem Verfahren kann man durchaus einen in gewisser Hinsicht präzisierten und operationalisierten Erziehungsbegriff gewinnen, doch lassen sich dagegen zwei logische (d. i. auf den Begriffsgebrauch zielende) und ein substanzieller (d. i. auf die Sache selbst gestützter) Einwand erheben. Die zwei logischen sind diese:

- Der Begriff ist – so eng gefasst – unproduktiv, weil er den größten Teil aller Erziehungswirklichkeit aus seinem Gegenstandsbereich ausschließt.
- Der Begriff fußt auf einer reinen Nominaldefinition, weil willkürlich nur ein einziges Merkmal der Erziehung zum definitionsbestimmenden genommen wird.

§ 63

Mein substanzieller Einwand ist dieser: Zwar regeln Nominaldefinitionen lediglich die Weise, wie ein Begriff gebraucht werden soll, und sagen gar nichts aus über die gemeinte Sache selbst. Es kommt aber nicht selten vor, dass Nominaldefinitionen gleichsam ‚ideologisch' werden, indem sie sachliche Missverständnisse zulassen oder provozieren. Dies scheint mir bei allen auf das Intentionale reduzierten Erziehungsbegriffen der Fall zu sein. Sie legen nahe, oder unterstellen, jedenfalls verbieten sie nicht die Annahme, dass die Erziehungsabsicht des Erziehers das bestimmende Moment der Erziehung selbst sei. An dieser Stelle hat die Kritik einzusetzen. Wollen wir es denn ernsthaft auf eine Definition hinauslaufen lassen, die da sagt: „Erziehung ist, was man will, dass sie sei“? Oder: Soll das Fach wieder, wie in den Zeiten der geisteswissenschaftlichen Pädagogik, die Wissenschaft von den Richtungen des Erziehungswillens sein und nicht die Wissenschaft von der Erziehung selbst? Das *factum brutum* vor unseren Augen ist, dass Intentionen scheitern; dass die Zöglinge sich anders entwickeln und andere Wege gehen als vom Erzieher beabsichtigt. Das bedeutet aber keineswegs ein Scheitern der Erziehung selbst; es bedeutet nur, dass es zwischen den erzieherischen Absichten und dem tatsächlichen Erziehungsgeschehen keinen direkten oder notwendigen Zusammenhang gibt. Die meisten Erziehungsfehler werden aus gutem Willen begangen. Der ‚Erfolg‘ eines Erziehers beruht nicht auf dem, was er will, sondern auf dem, was er kann und tut.

Erster Zusatz. Manche, vornehmlich verhaltenswissenschaftlich argumentierende Autoren weisen in diesem Zusammenhang darauf hin, dass die Ergebnisse (Resultate) der Erziehung von den Zielvorstellungen der Erzieher, oft nicht unerheblich, abweichen. Das ist in dieser Sache jedoch kein zutreffendes Argument, denn der als abweichend von den Intentionen erkannte ‚Endzustand‘ kann andere Ursachen haben als die Erziehung. Um dies aber entscheiden zu können, muss das Phänomen Erziehung selbst klar vor Augen stehen: Die Erziehung will aus sich selbst heraus verstanden werden, nicht aus ihrem *prae* (dem Willen) noch aus ihrem *post* (dem Resultat).

Zweiter Zusatz. Die politische Geschichte des 20. Jahrhunderts liefert das klassische Beispiel einer intentional gänzlich gescheiterten Erziehung. Der faschistische Diktator Spaniens, *Francisco Franco,* verfügte, dass nach seinem Tode die Monarchie wieder eingeführt werde, bestimmte den Prinzen *Juán Carlos* zum künftigen König, ließ ihn aus der Emigration heimholen, im franquistischen Geist erziehen und zu seinem politischen Nachfolger ausbilden. Als *Juán Carlos* jedoch König geworden war, war sein erstes und erfolgreiches Bestreben, den Franquismus zu beseitigen und in Spanien demokratische Strukturen entstehen und sich festigen zu lassen. Der klare und tapfere Anteil des jungen Königs an der Niederschlagung eines faschistischen Putschversuchs ist mir noch in deutlicher Erinnerung. – Über Erziehungssituation und -prozess kann ich leider nur spekulieren, weil die wenigen mir bekannten Daten aus der Biographie des Königs keine pädagogische Analyse zulassen. In einem Punkt jedoch bin ich ganz sicher: ‚Spanischer Patriotismus‘ hat, als in Anspruch genommener Rechtfertigungsgrund der Politik *Franco*s, zu den wichtigen Vermittlungs- und Aneignungsgegenständen gehört; aber der ist älter als *Franco*s Bewegung, die ihn missbraucht hat, und konnte durchaus auch die politische Modernisierung Spaniens rechtfertigen. Aber was veranlasste den König (oder schon den Prinzen?), diese Möglichkeit ergreifen *zu wollen?* Und woher hatte er die Kraft es *zu tun?*

§ 64

Abgesehen davon, dass es immer eine missliche Sache ist, von mathematischen Begriffen einen analogischen oder metaphorischen Gebrauch zu machen, ließe sich im Rahmen der hier vorgetragenen Theorie der Erziehung widerspruchsfrei eine allgemeine Funktionsformel aufstellen: Erziehung ist eine notwendige Funktion der menschlichen Gattungsexistenz. Auf gleiche Weise wären auch spezielle Funktionsformeln möglich; z.B.: Vermittlung und Aneignung sind Funktionen des Dritten Faktors der Erziehung. Da derartige Formeln jedoch nicht imstande wären, irgendetwas in dieser Theorie sonst Unsagbares sagbar zu machen, sind sie überflüssig und ist ein Begriff *funktionaler Erziehung* ganz abwegig.

Aber dies ist auch nicht die Bedeutung, in welcher der Ausdruck (oder seine Äquivalente und Umschreibungen) gemeinhin gebraucht wird. Meistens versteht man darunter erzieherische *Wirkungen,* die als von nicht erzieherisch gemeinten Tätigkeiten ausgehend gedacht werden (engerer Funktionsbegriff), oder vermehrt um solche, die man auf die Einflüsse natürlicher (z.B. Klima) oder gesellschaftlicher Gegebenheiten (z.B. politische Ordnungssysteme; wirtschaftliche Verhältnisse; Mentalitäten; Sitten und Gebräuche) zurückzuführen sucht (erweiterter Funktionsbegriff). Das Missliche daran ist, dass solche Zuordnungen erst *ex post* getroffen werden können, wenn die Wirkung eingetreten und feststellbar ist, sofern denn, angesichts der Kontingenz und Diffusität pädagogischer Kausalverhältnisse, im Einzelnen oder gar in konkret-individuellen Fällen eine plausible Zuordnung von Ursache und Wirkung überhaupt möglich ist. Deshalb ist die Versuchung groß, zu bloßen *Behauptungen* Zuflucht zu nehmen oder zu inhaltsleeren All-Aussagen zu kommen wie z.B. *Krieck*s berühmter Zuspitzung: dass alle jederzeit alle erziehen. – Ein vernünftiger, die Erkenntnis fördernder Begriffsgebrauch ist also auch auf diesem Wege nicht zu gewinnen.

§ 65

Dasselbe gilt auch für das Begriffspaar *intentional und funktional* im Ganzen. Es gibt keine logische Korrespondenz der beiden Begriffe, weil der eine auf den Erziehungs*willen* und der andere auf die Erziehungs*wirkung* abhebt. Deshalb ist es unzulässig, sie als Bezeichnung eines sachlichen oder oft sogar eines ausschließenden sachlichen Gegensatzes (‚entweder – oder') zu verwenden.[2] Wenn man das aber tut, dann behindert man die Erkennbarkeit wesentlicher Sachverhalte. Es gibt nämlich – verbleiben wir einstweilen noch in diesem Sprachgebrauch – die *Intentionalität des Funktionalen;* das meint alle Erscheinungsformen der so genannten ‚indirekten' oder ‚negativen' Erziehung bis hin zur Utopie des totalen Erziehungsstaates; und es gibt die *Funktionalität des Intentionalen;* das meint die Tätigkeit von ‚Er-

---

2 Man vergleiche hier auch die Unterscheidung von „Handlungsbegriffen" und „Geschehensbegriffen" der Erziehung bei *Wolfgang Brezinka*: Grundbegriffe der Erziehungswissenschaft, München und Basel [5]1990, S. 64–69. Seine Wortwahl ist freilich recht unglücklich. Er meint den Unterschied von zielorientierten und wirkungsorientierten Begriffen. „Handlung" und „Geschehen" wollen hier gar nicht passen. Wenn ich ein Handeln beobachte und beschreibe, dann beobachte und beschreibe ich ein Geschehen.

ziehungsfunktionären' welcher Couleur auch immer (was auch die beamteten Lehrer mit staatlichem Erziehungsauftrag einschließt); sie sind Agenten funktionaler Strukturen, die den Strukturzweck in ihren individuellen Willen übernommen haben.

§ 66

Es ist an der Zeit, den hinter der Begriffsverwirrung verborgenen *wirklichen Sachverhalt* zu bestimmen. Was wie ein Erziehungsresultat aussieht, nämlich eine vollzogene TD-Aneignung, kann immer auch eine *unvermittelte* Aneignung (direkte Erfahrung; Forschung) sein und hat als solche mit Erziehung nichts zu tun. Und dass der Erziehungswille des Erziehers das tatsächliche Erziehungsgeschehen nicht konstituieren kann, ist schon dargetan worden. Der wirkliche Unterschied, dem sich *Krieck* und seine funktionalistischen Nachfolger begrifflich zu nähern versucht haben, kann also nur in besonderen Merkmalen der *Tätigkeit* Erziehung selbst, und das heißt auch ihrer zwei Teiltätigkeiten Vermittlung und Aneignung, gesucht und gefunden werden.

11. Kapitel: Protopädische und pädeutische Erziehungsstrukturen

§ 67

Der Sachverhalt ist an früheren Stellen, unter anderen bei der Behandlung des Generationenproblems in § 22 und der Gestalten des Dritten Faktors in § 40, andeutungsweise bereits zur Sprache gekommen. Ich kann mir eine TD aneignen, indem ich die durch sie disponierte Tätigkeit eines anderen nachahme *(mimetische Aneignung)*. Wenn ich z.B. sehe, dass mein Nachbar über eine mir nicht geläufige, aber offensichtlich viel effektivere Methode des Schneeräumens verfügt, so kann ich mir diese Methode zu eigen machen, indem ich seine Tätigkeit nachzuahmen suche. Die ‚Intentionalität' besteht dabei bloß in der Aneignungsabsicht, also allein auf meiner, der Zöglings- oder Aneignungsseite. Die Tätigkeit des Nachbarn dagegen ist allein darauf gerichtet, rasch und gründlich den Schnee wegzuräumen; dass sie zugleich mir die TD vermittelt, muss ihn nicht interessieren, er muss es nicht einmal bemerken. Die Vermittlungstätigkeit des Nachbarn ist also von der bloßen Ausführung der Tätigkeit, deren Disposition vermittelt wird, nicht unterschieden und *nicht unterscheidbar*. Auch die Aneignungsabsicht ist nicht konstitutiv: ich tue, was ich einen anderen tun sehe, ohne zu merken oder darauf zu achten, dass ich mir dadurch zugleich die TD dieser Tätigkeit zu eigen mache; vor allem Kinder lernen Vieles auf diese Weise.

Gleiches und Ähnliches wie über die mimetische Aneignung kann über *alle* Vermittlungs-Aneignungs-Vorgänge ausgesagt werden, die sich in der Form der *situativen Teilnahme und Mitwirkung* abspielen, wie im Beispiel des neolithischen Jagdausflugs (in § 22 Zusatz) gezeigt.

Zusatz. Wie fundamental solche Erziehungsstrukturen der situativen Teilnahme und Mitwirkung sein können, zeigt das Beispiel der *systemischen Aneignung* beim Erstspracherwerb. Die Kinder lernen dadurch sprechen, dass mit ihnen und vor ihren Ohren gesprochen wird (vgl. § 31). Maßnahmen zur Verbesserung des Sprachgebrauchs (Korrekturen) sind meist überflüssig; sie können die TD-Aneignung sogar behindern.

§ 68

Ich bleibe noch beim Beispiel der mimetischen Aneignung und bei dem dafür herangezogenen Fall des Schneeräumens. Statt dem Nachbarn bei seiner Tätigkeit heimlich zuzuschauen, kann ich zu ihm hingehen mit der Bitte, mir zu *zeigen,* wie er Schnee räumt. Wenn er die Bitte erfüllt, dann tut er nichts anderes und auf keine andere Weise, als er es auch ohne mein Dazutreten getan hätte: er räumt Schnee. Dass er das jetzt in der *Absicht* tut, mir seine Methode beizubringen, ändert an seiner Tätigkeit nichts; die TD-

Vermittlung ist von ihr immer noch ununterscheidbar; und auch ein paar eingeflochtene Erklärungen oder Begründungen ändern daran kaum etwas. Erst wenn er *mich* zum Schneeräumen veranlassen würde (natürlich vor *meinem* Grundstück) und meine Tätigkeit mit seinen Hinweisen und Korrekturen unterstützt, dann haben wir, als zwei gleichzeitige Tätigkeiten, mein Schneeräumen und seine Supervision. Was er tut, nämlich mir die TD zu vermitteln, ist nun von *seinem* Schneeräumen verschieden und unterscheidbar; die vermittelnde Tätigkeit tritt ‚*diskret*' und ‚*explizit*' auf. Nur das, was *ich* tue, ist immer noch – ununterscheidbar – Schneeräumen und TD-Aneignung zugleich.

Zusatz. Angenommen, mein Nachbar wäre, wie ich, ein Theoretiker. Der würde vielleicht, statt mir seine Methode zu *zeigen,* das Gerät beiseite stellen und mich verbal mit den Prinzipien und Feinheiten des Schneeräumens vertraut machen. Gesetzt, ich verstehe ihn, so wäre jetzt auch meine TD-Aneignung eine ‚diskrete' Tätigkeit (ich räume Schnee ja erst später!). Und weil die TD selbst, unter diesen Bedingungen, in Textgestalt (vgl. §§ 49 f.) auftritt, ist die so entstandene Erziehungssituation ein *Unterricht.*

§ 69

Verallgemeinerung: Es lassen sich also zwei Formen unterscheiden, in denen Vermittlungs-Aneignungs-Vorgänge ablaufen können. In der einen Form zeigen sie sich als jeweils ‚diskrete' und ‚explizite', d. h. eigene, von anderen unterschiedene und unterscheidbare Tätigkeiten; in der zweiten Form treten sie, ununterscheidbar mit Tätigkeiten anderer Art verschmolzen, als ‚nicht-diskrete' und ‚implizite' Tätigkeiten auf. Es liegt auf der Hand, dass es recht leicht ist, pädagogische Strukturen wahrzunehmen und zu erkennen, wenn diese in der Form ‚diskreter' Tätigkeiten sichtbar sind. Aber recht schwer fällt solche Wahrnehmung und Erkenntnis, wenn sich pädagogische Strukturen in und hinter anderen Tätigkeitsstrukturen in einer Gesellschaft verstecken. Pädagogischen Laien ist solche Sicht oft unmöglich; so erklärt es sich, dass ethnographische Forschungsreisende früherer Jahrhunderte zuweilen behauptet haben, bei diesem oder jenem „Naturvolk" gebe es keine Erziehung. Sie konnten nur keine sehen.

§ 70

Die Rede von diskret-expliziten und indiskret-impliziten Tätigkeiten ist umständlich und sprachlich recht hässlich. Statt ihrer habe ich ein griffiges und einprägsames Begriffspaar vorgeschlagen[1] (für das ich in Zukunft ei-

1 An versteckter Stelle und noch theorielos, nur zur Wahrung der Priorität. Vgl. *W. Sünkel*: „Generation als pädagogischer Begriff", in: *Eckart Liebau* (Hg.): Das Generationenverhältnis. Über das Zusammenleben in Familie und Gesellschaft, Weinheim

nen terminologischen Status beanspruche). Diejenige Erziehung, die, in Aneignung oder Vermittlung oder in beiden, nicht als gesonderte Tätigkeit in Erscheinung tritt, sondern sich gleichsam auf dem Rücken anderer Tätigkeiten mitvollzieht, nenne ich *Protopädie;* diejenige Erziehung aber, die sich, in Aneignung oder Vermittlung oder in beiden, als eigene unterscheidbare Tätigkeit zu erkennen gibt, soll *Pädeutik* heißen.

Indem ich das Phänomen Erziehung *nach der Form,* in der diese Tätigkeit im Menschenleben vorkommt, gliedere, gewinne ich ein klares und taugliches Kriterium der Unterscheidung, das insofern nicht nur formal ist, als es das Phänomen innerhalb der jeweiligen Gestalt des Generationenverhältnisses positioniert.

Zusatz. Wie fundamental der Unterschied zwischen protopädischen und pädeutischen Erziehungsstrukturen ist, zeigt eine didaktische, d. h. auf den Unterricht, eine pädeutische Struktur, bezogene Überlegung. Man hat des öfteren versucht, den Unterricht in Fremdsprachen, unter dem Vorwand der Erleichterung durch angeblich ‚natürliches Lernen', so zu gestalten, dass er den protopädischen Strukturen des Erstspracherwerbs möglichst gleichkomme. Da dieser Versuch aber darauf hinausläuft, den Unterricht als solchen – und gar den schulischen Klassenunterricht – verschwinden zu machen, ist sein unterrichtliches Scheitern unvermeidlich.

§ 71

Protopädie und Pädeutik stehen nicht im Verhältnis eines statischen Gegensatzes, sondern der wechselseitigen Ergänzung und des dynamischen Übergangs. Sie ergänzen einander (a) insofern, als protopädischen Vorgängen dann, wenn sie nicht hinreichend sicher und rasch die TD-Aneignung leisten, pädeutische zu Hilfe kommen können; (b) insofern, als pädeutische Arrangements so gestaltet werden können, dass protopädische Vorgänge die Chance erhalten wirksam zu werden; und (c) insofern, als protopädische Momente in pädeutische Strukturen methodisch einbezogen werden können. Aber es gibt auch (d) ‚negative Ergänzungen', wenn ich so sagen darf, nämlich Reibungen und Störungen, und zwar dann, wenn pädeutische Strukturen mit den sie umspülenden protopädischen in inhaltliche Differenz, in tendenziellen Gegensatz oder gar in Widerspruch geraten und sie einander wechselseitig beschädigen.

Zusatz. *Claude Adrien Helvétius,* der nicht meine Begriffe, aber den in Frage stehenden Sachverhalt kannte (er argumentierte aus ihm gegen *Jean-Jacques Rousseau*s Drei-Faktoren-Lehre), hat den Fall, dass Protopädie und Pädeutik einander widersprechen, behandelt. Er sah ihn jedoch nicht als einen Fall dialek-

---

und München: Juventa 1997 (Beiträge zur pädagogischen Grundlagenforschung), S. 201

tischer Dynamik an, sondern als ausschließenden Gegensatz: „Wie schon gesagt, erhält der Mensch zwei Erziehungen: die der Kindheit; er bekommt sie von seinen Erziehern: und die der Jugend; er bekommt sie von der politischen Verfassung, unter der er lebt, und von den Sitten und Gebräuchen seines Volkes. Sollten die Anweisungen dieser zwei Erziehungsbereiche einander widersprechen, so sind die des ersteren null und nichtig.“[2]

§ 72

Protopädische und pädeutische Strukturen können ineinander übergehen. Es gibt Zwischenformen, wenn z.B. eine der zwei Teiltätigkeiten der Erziehung protopädische und die andere pädeutische Form besitzt oder wenn eine davon oder beide mit der anderen Tätigkeit, *deren TD* vermittelt und angeeignet werden soll, auf engste Weise parallel laufen; das wäre bei der Mimese etwa der Fall des erklärten und begründeten Vormachens bzw. der fragenden Nachahmung.

Übergänge sind in beiden Richtungen möglich. Pädeutische Strukturen können aus protopädischen hervorgehen und sich auch wieder in sie auflösen; dabei muss die protopädische Seite als relativ konstant vorgestellt werden. – Es gibt gute Gründe, anzunehmen, dass in frühesten Zeiten der Menschwerdung und in Gesellschaften der menschlichen Frühgeschichte *das ganze Erziehungswerk in protopädischer Form* geleistet wurde. Später, wann immer erforderlich, haben sich pädeutische Strukturen aus der protopädischen ‚Ursuppe‘ herausdifferenziert und sind, wenn nicht mehr erforderlich, in sie zurückgetaucht. Erst in der Moderne, also in den letzten drei Jahrhunderten, hat sich die Vermehrung und Vergewichtigung der pädeutischen Strukturen als vorherrschende Tendenz der Erziehungsgeschichte herausgebildet. Sie bleiben jedoch immer eingebettet in die nach wie vor umfassende und allgegenwärtige Protopädie.

Zusatz. Dass protopädische Strukturen ungleich seltener als pädeutische wissenschaftlich behandelt wurden und dass sie ungleich schwerer als diese zu identifizieren, zu beschreiben und zu zergliedern sind, liegt auf der Hand. Auch diese Allgemeine Theorie der Erziehung sieht sich vor der Aufgabe, vornehmlich die Pädeutik zu untersuchen. Sowohl die *Beziehungsstrukturen* des Erziehungs*verhältnisses*, die im zweiten, als auch die *Zeitdifferenzstrukturen* des Erziehungs*prozesses*, die im dritten Theorieteil behandelt werden, sind vorwiegend pädeutische Strukturen und als solche zu bearbeiten. Nur dürfen ihre protopädischen Ränder und Hintergründe dabei nicht vernachlässigt werden. Erst die Bearbei-

---

2 „Je l’ai déjà dit, l'homme reçoit deux éducations: Celle de l’enfance; elle est donnée par les Maîtres: Celle de l’adolescence; elle est donnée par la forme du gouvernement où l’on vit, et les mœurs de sa Nation. Les préceptes de ces deux parties de l’éducation sont-ils contradictoires, ceux de la premiere sont nuls.“ – *C. A. Helvétius*: De l’homme, de ses facultés intellectuelles et de son éducation, X 9, London 1773, Nachdruck Librairie Arthème-Fayard 1989, S. 917

tung der *Dependenzstrukturen* des Erziehungsfeldes im vierten Theorieteil öffnet einen direkten Blick und Zugriff auf protopädische Strukturen, teils insofern sie die historische Variabilität der pädeutischen verursachen und bestimmen, teils insofern sie ‚selber erziehen' in Phänomenen wie der mimetischen, der systemischen, der symbolischen Aneignung sowie der Vermittlung durch Erwartung und Sanktion.

Abschließender Zusatz. *Am Ende des begriffstheoretischen Teils will ich der freundlichen Helfer gedenken, die an seiner Entstehung beteiligt waren, indem sie als kundige Testleser die Rohfassung Stück für Stück unter die kritische Lupe gelegt, Missverständliches aufgedeckt, Ungenaues gerügt und mich durch Einwände und Ergänzungen vor manchem Fehler bewahrt haben. Mein herzlicher Dank gilt den* Kolleginnen Dr. Johanna Hopfner, Dr. Eva Matthes, Dr. Caroline Hopf *und dem hochgeschätzten Mitherausgeber dieser Schriftenreihe* Dr. Hans-Walter Leonhard. *Ich erinnere mich mit Freude an die ernsthaft-fröhlichen Gesprächsrunden bei unserer Zusammenarbeit.*

Teil II:
Das Erziehungsverhältnis

Sechster Abschnitt: Das Verhältnis von Vermittlung und Aneignung

12. Kapitel: Begriffliches

§ 73

Das Wort „Erziehungsverhältnis" bezeichnet in diesem Buch – *abweichend von dem in der Pädagogik bisher üblichen Gebrauch* – das strukturelle Verhältnis der beiden Teiltätigkeiten der Erziehung zueinander und das Prinzip ihrer Integration zur Gesamttätigkeit Erziehung.

Deshalb muss ich dreierlei erklären: (a) warum ich die traditionelle Fassung des Begriffs für irreführend und unfruchtbar halte, (b) warum meine Fassung die wissenschaftlich genauere und treffendere ist und (c) warum ich trotzdem an der herkömmlichen Begriffsbezeichnung (dem Wort Erziehungsverhältnis) festhalte.

§ 74

(a) In der Literatur findet man verschiedene Namen: Außer dem Erziehungsverhältnis stößt man auf das pädagogische Verhältnis, die pädagogische Beziehung, *den pädagogischen Bezug,* die dialogische Beziehung, die pädagogische Atmosphäre, die einseitige Umfassung u. ä. Ich unterstelle, dass sich diese Namen alle, zwar mit unterschiedlichen Akzentuierungen, aber doch auf denselben grundlegenden Sachverhalt, auf denselben Begriff beziehen. Denn es geht ihnen allen um die Bestimmung des Verhältnisses von Erzieher und Zögling *als Personen* und um den Versuch, soweit wie möglich das Ganze der Erziehung, ihr Wesen und ihren Sinn in einem einzigen Begriff zusammenzufassen. In diesen zwei Momenten ist auch die wissenschaftliche Untauglichkeit des traditionellen Begriffsgebrauchs begründet: Er ist vage und undeutlich, weil mit zu viel Inhalt befrachtet. Außerdem soll das ganze Spektrum des Personseins erfasst *und zugleich* der spezifische Charakter herausgestellt werden, der diese von anderen Personenbeziehungen wie Liebe oder Freundschaft unterscheidet. Und schließlich: er kann disziplinär nicht klar zugeordnet werden; Religion und Metaphysik, Anthropologie und Ethik, Psychologie und Psychoanalyse, Soziologie und Politologie usw. mischen und verschränken darin ihre jeweiligen Sichtweisen und Aussageebenen, sodass willkürliche Akzentuierungen und die Beliebigkeit der Systematisierung unvermeidlich sind.

Zusatz. Weil die Erzieher-Zögling-Dyade das auffälligste Merkmal pädeutischer Strukturen ist, hat sie immer schon die besondere Aufmerksamkeit der Pädagogiker auf sich gezogen. Gipfelnd im reinen Modell Jean-Jacques – Émile ist sie, vornehmlich über *Herbart*, zum bevorzugten Paradigma erziehungstheoretischer Systematisierungen avanciert. *Wilhelm Dilthey* fasste dies zusammen, als er in seiner zwischen 1884 und 1894 mehrmals gehaltenen Berliner Pädagogikvorlesung die wissenschaftliche Aufgabe als „Deskription des Erziehers in seinem Verhältnis zum Zögling“ bestimmte.[1] Auf *Diltheys* Ansicht fußen die späteren Weiterungen.
Das Auffälligste muss nicht das in Wahrheit Bedeutendste sein. Durch den *Dilthey*'schen Kontext keineswegs ausgeschlossen, hätte sich auch eine ganz andere Rezeptionslinie ergeben können: die Deskription *der Tätigkeiten* des Erziehers in ihrem Verhältnis zu denen des Zöglings; diese Linie ziehe jetzt ich. – Die *personale* Verbindung zwischen Erzieher und Zögling ist keineswegs eine unwichtige, aber sie verliert ihre fundamentale und herausgehobene Systemstelle und erscheint als eine unter anderen situativen Beziehungen des Zöglings. Unter dem schlichten (weil bloß zählenden) Namen der gamma-Beziehung wird von ihr später die Rede sein.

§ 75

(b) Ein Seismologe wäre schlecht beraten, wenn er die Druckwellen eines Bebens als tatsächlich von jenem Punkte ausgehend ansehen würde, von dem sie auf der Erdoberfläche auszugehen *scheinen*: er wird statt dessen ihren wirklichen Ausgangspunkt im Erdinneren lokalisieren und diesen zur Grundlage seiner Berechnungen nehmen. Das ‚Epizentrum‘ des Bebens ist ihm dann nur insofern wichtig, als an dieser (geographisch beschreibbaren) Stelle die Druckwellen zuerst die Erdoberfläche erreichen. – Allgemein gesprochen: Wissenschaftliche Erkenntnis soll sich von den ‚Epiphänomenen‘ lösen und die Grundphänomene zu ermitteln suchen, um diese zu beschreiben und zur Grundlage der Systematik zu nehmen. Das geschieht hier mit der Um- und Neudefinition des Begriffs Erziehungsverhältnis.

Im ersten Theorieteil habe ich begründet und erläutert, dass die Erziehung eine gesellschaftliche Tätigkeit ist, die sich aus zwei Teiltätigkeiten, der Vermittlung und der Aneignung des Dritten Faktors, zusammensetzt. Nichts liegt nun näher, als nach dem Verhältnis zu fragen, in welchem sich die beiden Teiltätigkeiten zueinander befinden und wie sie sich zur Gesamttä-

---

1 Gesammelte Schriften Bd. IX, Pädagogik – Geschichte und Grundlinien des Systems, Leipzig und Berlin: Teubner 1934, S. 190

tigkeit Erziehung zusammenfügen. Ganz natürlich und zwanglos ergibt sich dafür die Bezeichnung Erziehungsverhältnis.

So verstanden und gefasst ist das Erziehungsverhältnis eine *rationale Struktur,* die mit Hilfe der HPSA (der Handlungsproblemstruktur-Analyse; man sehe § 17 Zusatz) beschrieben und zergliedert werden kann. Auf dieser Grundlage lassen sich dann auch die den Epiphänomenen eigenen rationalen Strukturen erfassen und der Erkenntnis zuführen. Die Erzieher-Zögling-Beziehung z. B. wird beschreibbar als das Verhältnis der Subjekte der beiden Teiltätigkeiten zueinander. Metabasen in andere Wissenschaften sind dann entbehrlich.

§ 76

Es ist (c) nicht ganz unproblematisch, an einer überkommenen Begriffsbezeichnung festzuhalten, wenn sich der Begriffsinhalt ändert: man setzt sich der Gefahr von Missverständnissen aus. Andererseits soll man lang gebrauchte Begriffe nicht ohne Not verstoßen; vor allem dann nicht, wenn der herkömmliche überreiche und vage Begriffsinhalt durch einen präzise gefassten ersetzt werden kann. Der Name erleichtert in solchem Falle den gedanklichen Übergang von den Epiphänomenen zum Phänomen selbst.

Zusatz. Dass Begriffe auch bei veränderter Bedeutung weiter benutzt werden, ist in der Geschichte der Wissenschaften nichts Ungewöhnliches. Von Atomen reden wir immer noch, obgleich wir wissen, dass ihre Kerne spaltbar sind. Ein anderes schönes Beispiel ist die Ekliptik: In der alten Astronomie bezeichnete das Wort die gedachte *Linie* am Himmel, auf der sich die Eklipsen, das sind die Verfinsterungen von Mond und Sonne, abspielen; in der neuen bezeichnet es das Grundphänomen: die *Ebene* der Erdbahn.

13. Kapitel:
Die Fundamental-Struktur des Erziehungsverhältnisses

§ 77

„Vorschreibende“ oder „nachgehende“, „autoritative“ oder „partnerschaftliche“, „positive“ oder „negative“ Erziehung; „vom Erzieher aus“ oder „vom Kinde aus“; „führen“ oder „wachsen lassen“: das ist eine Auswahl der Stichwörter, mit denen die Pädagogik immer wieder versucht hat und versucht, das sogenannte Grundproblem der Erziehung zu fassen und zu bezeichnen. Ich nenne es das Problem der pädagogischen Fundamental-Alternative, weil es in der Tat grundlegend ist und weil es allermeist in der Form von Handlungsoptionen des Erziehers gestellt zu werden pflegt. Dieser hat dann zu entscheiden, an welcher der jeweils einander entgegenstehenden Erziehungsweisen oder an welcher Mischung ihrer Elemente er die eigene Praxis ausrichten will. Die Pädagogik zeigt ihm Gründe und Argumente, die er abzuwägen und auf seine jeweils gegebene besondere oder konkret-individuelle Praxissituation zu beziehen habe. Dass viele Pädagogiker dies mit einer entschiedenen Empfehlung verbinden, zugunsten der einen oder der anderen Wahl oder des Mittelweges, bedarf nur der Erwähnung; es soll als entschuldigt gelten.

Erster Zusatz. Oft wird dies mit der Wahl zwischen ‚Strenge‘ und ‚Milde‘ des Erziehers verwechselt; keine Red’ davon! – Milde und Konsequenz sind keine Gegensätze, sie vertragen sich gut miteinander. Nachgehende Erziehung kann ‚streng‘ und vorschreibende ‚mild‘ sein, und so ist es auch bei den anderen im Paragraphen erwähnten Alternativansätzen. Und selbstverständlich können Fehlformen der Einwirkung, und zwar sowohl die misshandelnden als auch die verwöhnenden, auf beiden Seiten der jeweiligen Alternative vorkommen.

Zweiter Zusatz. Einzig *Jean-Jacques Rousseau*, der Unvergleichliche, hat den Optionscharakter der Alternative hinter sich gelassen, indem er in struktureller Klarheit die „negative Erziehung“ der ersten, mit der Pubertät des Zöglings zu Ende gehenden, und die „positive“ der zweiten, mit der Pubertät beginnenden Phase des Erziehungsprozesses zwingend zugeordnet hat. Dies ist in der Tat eine Überwindung der Fundamentalalternative, aber leider nur im Rahmen seines speziellen Theoriemodells.

§ 78

Einwand: Die Frage, *wie* man erziehen *soll,* ob vorschreibend oder nachgehend, ob autoritativ oder partnerschaftlich usw., ist doch eine rein pragmatische Frage. In der theoretischen Pädagogik, die nur danach fragt, *was* Erziehung *ist,* hat sie nichts zu suchen. Die pädagogische Fundamentalalternative kann hier also gar kein Thema sein!

Zurückweisung: Insofern sie Alternative ist, also wählbare Grundentscheidung des pädagogischen Handelns, ist sie selbstverständlich kein Thema der theoretischen Pädagogik. Deren notwendige Selbstbeschränkung erlaubt allenfalls, die Alternativen beschreibend vor Augen zu stellen; dem Erzieher Empfehlung oder gar Anweisung zu geben, überschreitet ihre Kompetenz. Und erst recht wie man einem Zögling Vorschriften macht und welche oder wie man der Entwicklung des Zöglings nachgeht und wie weit, das und ähnliches wird in diesem Buch auch nicht erörtert, weil es außerhalb des theoretischen Interesse an der Erziehung liegt. Was aber keinesfalls außerhalb dieses Interesse liegt und liegen kann, ist das Fundamentale der Alternative. Wenn allerseits und allenthalben hier ein Grundkonflikt des pädagogischen Denkens gesehen wird, wenn man hinsichtlich der Alternative gar nicht argumentieren kann, ohne Bezug zu nehmen auf grundsätzliche Merkmale der Erziehung selbst, und wenn ein Denker vom Rang *Theodor Litts* hier nicht ein, sondern geradezu „das pädagogische Grundproblem" zu erörtern meinte[1] – dann deutet all dies darauf hin, dass sich hinter den Gestalten der Alternative eine prinzipiellere Struktur verbirgt, von der man annehmen muss, dass sie unmittelbar und direkt etwas mit dem Wesen, mit dem allgemeinen Begriff der Erziehung zu tun hat. Diese verborgene Struktur ein Stück weit ans Licht zu ziehen: gibt es eine schönere, eine genuinere Aufgabe für die theoretische Pädagogik?

§ 79

Man eröffnet den Erkenntnisweg, indem man die gegebene Alternative in eine zu suchende Struktur verwandelt; d. h. indem man die pragmatische in die theoretische Fragestellung umformt. Nicht mehr der Wahl zwischen möglichen Handlungsmaximen gilt die Aufmerksamkeit des Interesses, sondern dem sachlichen, strukturgesetzlichen Zusammenhang der *als wählbar erscheinenden* Handlungsmöglichkeiten. Anders gesagt: Die Frage ist die nach den Möglichkeitsbedingungen der Option selbst; also: *woran es liegt,* dass die verschiedenen, manchmal gegensätzlichen Maximen tatsächlich gewählt werden *können.* – Die Untersuchung verlässt somit den Bereich der „Richtungen des Erziehungswillens"[2] und wendet sich dem des faktischen Erziehungsgeschehens zu.

§ 80

Gefragt wird also nach dem Verhältnis der vermittelnden und der aneignenden Tätigkeit zueinander und dem Prinzip ihrer Integration zur Gesamttätigkeit Erziehung. Der HPSA-Methode (§ 17 Zusatz) folgend ist zunächst

---

1 *Th. Litt:* Führen oder Wachsenlassen. Eine Erörterung des pädagogischen Grundproblems (1927), Stuttgart [4]1949 u. ö.
2 *Th. Litt*, a. a. O. passim

zu klären, wie sich die Teiltätigkeiten *zu dem Problem* verhalten, dessen *Lösung* die Gesamttätigkeit ist. Es ergeben sich folgende Aussagen:

- Satz 1: Die intergenerative Kontinuität nichtgenetischer Tätigkeitsdispositionen (das ist das Problem) kann nur gelingen (das ist die Problemlösung) bei erfolgreicher Aneignung und ist *allein* von dieser abhängig.
- Satz 2: Die aneignende Tätigkeit kann nur dann erfolgreich sein, wenn ihr die vermittelnde zu Hilfe kommt, indem sie sie in Gang setzt, in Gang hält, lenkt, leitet, berichtigt, antreibt und überprüft.

Die Aussagen zeigen, dass die Teiltätigkeiten unauflöslich aufeinander angewiesen sind; sie zeigen aber auch – und das ist der entscheidende Hinweis auf die Grundstruktur des Erziehungsverhältnisses – eine *gestufte Abhängigkeit* dergestalt, dass die Aneignung des Dritten Faktors auf direkte, seine Vermittlung aber auf indirekte Weise die Lösung des Problems herbeiführen. Dieser Unterschied hat seinen Grund in den voneinander verschiedenen Handlungszielen der beiden Teiltätigkeiten. Das Handlungsziel der aneignenden Tätigkeit ist der Dritte Faktor, nämlich die jeweils anzueignende Tätigkeitsdisposition (oder der Dispositionenkomplex); die Zöglingstätigkeit ist auf den Dritten Faktor gerichtet. Das Handlungsziel der Vermittlung dagegen ist die Aneignung; das bedeutet: die Erziehertätigkeit ist primär weder auf den Dritten Faktor noch auf den Zögling gerichtet, sondern auf die Tätigkeit des Zöglings bei der Aneignung des Dritten Faktors.

§ 81

Die Tätigkeit des Zöglings ist demnach ein gegenstandsorientiertes, die des Erziehers aber ein handlungsorientiertes Handeln: das Handlungsziel des Erziehers ist das Aneignungshandeln des Zöglings. Solches handlungsorientiertes Handeln kann auch als *organisatorisches Handeln* bezeichnet werden: dieser Typ von Tätigkeiten liegt immer dann vor, wenn jemand andere oder einen anderen *handeln macht.* Die Figur 2 a drückt diesen Sachverhalt bildlich aus:

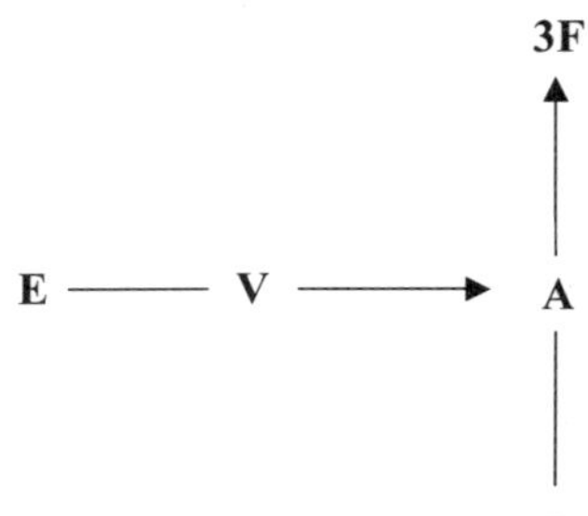

Figur 2 a

§ 82

Das Zusammenspiel von gegenstandsorientiertem Zöglings- und handlungsorientiertem Erzieherhandeln: das ist die Fundamental-Struktur des Erziehungsverhältnisses.

Diese Aussage ist als ein streng theoretischer Satz zu verstehen. Er beschreibt keine Norm und kein Ideal, sondern einen *allgemeinen Sachverhalt.* Das meint: Vermittlungshandeln (das Handeln des Erziehers) ist *immer* auf das Aneignungshandeln des Zöglings ausgerichtet und an ihm orientiert, und zwar auch dann, wenn der als Erzieher Handelnde in seinem jeweiligen Bewusstsein eine ganz andere Vorstellung davon hat, sei es, dass er in Richtung auf den Aneignungsgegenstand, sei es, dass er in Richtung auf den Zögling zu handeln vermeint. Das sind Selbsttäuschungen des Erziehers, die aber dann schadlos sein können, wenn sein Handeln die Struktur nicht verfehlt. Verfehlt jedoch sein Handeln die Struktur, dann wird es scheitern.

Zusatz. Es ist einer Verwechslung vorzubeugen. Seit längerem werden in der Schulpädagogik Konzepte eines so genannten „handlungsorientierten Unterrichts" diskutiert. Es handelt sich dabei um Wiederaufnahmen und Weiterentwicklungen des reformpädagogischen Programms der ‚Arbeitsschule'. Der handlungsorientierte Unterricht in diesem Sinne ist selbstverständlich als Angebot an den Lehrer, als wählbare Möglichkeit unter anderen konzipiert, also als pragmatische Option. Als solche hat er mit der in diesem Paragraphen aufgestellten Strukturaussage, die überdies nicht nur den Unterricht, sondern die Erziehung im Ganzen betrifft, gar nichts zu tun. Im Übrigen kann ich darauf verweisen, dass ich das Theorem des handlungsbezogenen Erzieherhandelns entwickelt habe, als vom ‚handlungsorientierten Unterricht' noch lange keine Rede war.[3]

---

3 Vgl. *Ferdinand Klein*: Die häusliche Früherziehung des entwicklungsbehinderten Kindes. Ein Beitrag zur pädagogischen Praxis, Bad Heilbrunn: Klinkhardt 1979 (erlanger pädagogische studien), S. 69, Fußnote 43

Siebter Abschnitt: Einwirkung. Das Problem der pädagogischen Kausalität

14. Kapitel: Nichtlineare Kausalität

§ 83

Das Handlungs*ziel* der vermittelnden Tätigkeit ist – wie dargestellt – immer die aneignende Tätigkeit. Daher ist das Handlungs*feld* der Vermittlung jener ‚Ort', wo die beiden Teiltätigkeiten der Erziehung zusammentreffen

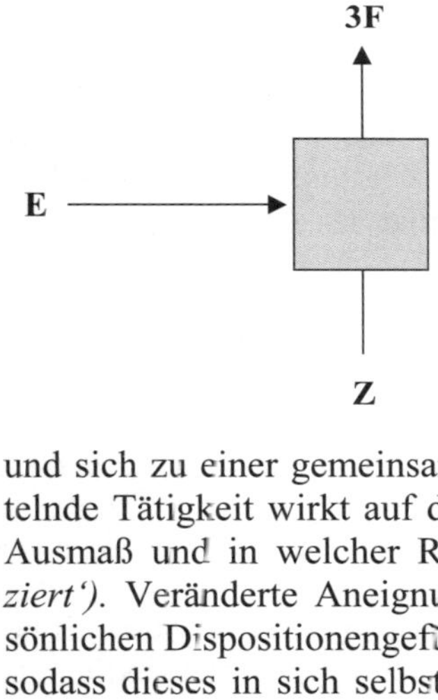

Figur 2 b

und sich zu einer gemeinsamen Handlungsstruktur vereinigen. Die vermittelnde Tätigkeit wirkt auf die aneignende ein, indem sie sie – in welchem Ausmaß und in welcher Richtung auch immer – verändert (sie *‚modifiziert')*. Veränderte Aneignung bringt ihrerseits eine Veränderung im persönlichen Dispositionengefüge (vgl. § 37) des aneignenden Subjekts hervor, sodass dieses in sich selbst eine neue, von der vorherigen unterschiedene dispositionelle Verfasstheit (einen neuen *‚modus'*) verwirklichen kann.[1]

Unbeschadet dessen, dass das Subjekt der Aneignung selbstverständlich auch das Subjekt der veränderten Aneignung und damit der dispositionellen Selbstveränderung ist, so kommt doch der vermittelnden Tätigkeit die Rolle eines *Verursachers* dieser Veränderungen insofern zu, als diese ohne jene nicht eintreten würden, sondern vielleicht keine oder andere an ihrer Stelle.

1 ‚Modus' und ‚Modifikation' sind in meiner Theoriesprache *prozesstheoretische* Zentralbegriffe; sie werden später, im dritten Theorieteil, ein- und ausgeführt.

Deshalb wird man zu der Annahme genötigt, dass es so etwas wie eine pädagogische Kausalität geben muss, die die Einwirkung der einen auf die andere Tätigkeit beschreibt.

Zusatz. *Joh. Fried. Herbart* hat als erster die grundlegende Bedeutung des Kausalitätsproblems für die erziehungswissenschaftliche Theoriebildung herausgearbeitet. In seiner frühen Schrift über „die ästhetische Darstellung der Welt als Hauptgeschäft der Erziehung" von 1804 führte er – in Abweisung der transzendentalen Freiheitslehren *Kant*s und *Fichte*s – den Nachweis, dass ohne die Annahme einer empirischen Erzieherkausalität der Erziehungsbegriff selbst undenkbar würde. Im Spätwerk „Umriss pädagogischer Vorlesungen" von 1835 § 1 hat er dies unter dem „Grundbegriff" der „Bildsamkeit" zusammengefasst (und damit auch Missverständnisse und Fehldeutungen ausgelöst).

§ 84

Das Handeln des Erziehers – wie jedes andere Handeln auch – setzt Ursachen und erwartet Wirkungen. Aber der Erzieher muss in dem Rahmen und unter den Bedingungen der bisubjektiven Komplexität seines Handlungsfeldes handeln; und da verliert die Ursache-Wirkung-(Mittel-Zweck-)Relation ihre Eindeutigkeit. Zwar mag ein Erzieher das Scheitern einer Maßnahme auf die Wahl des falschen Mittels zurückführen – und oft hätte er auch recht damit – doch muss er wissen, dass es das „richtige" Mittel nur gibt in der jeweiligen Situation des jeweiligen Zöglings, und nicht selten gibt es gar keins und man muss auf die Spontaneität des Zöglings setzen.

Die pädagogische Kausalität ist also ein Sachverhalt eigener Art, nicht zu verwechseln mit den eindeutigen und berechenbaren Zuordnungen mechanischer Naturkausalität oder technischer Produktionsverfahren, von denen beiden sie sich durch zwei Hauptmerkmale unterscheidet: durch ihre Kontingenz und durch ihre Diffusität.

§ 85

Die pädagogische Kausalität ist (erstens) *kontingent*. Das bedeutet: Eine zwingende Verknüpfung, wonach dieselbe Ursache bei gleichen Bedingungen immer dieselbe Wirkung zeitigt, existiert in der Erziehung nicht. Derselbe Tadel des Lehrers lässt den einen Schüler resignieren und spornt den anderen an; dieselbe Belohnung macht den einen fleißig und den anderen faul; den dritten lässt sie unberührt. Die Kontingenz beruht in diesen Fällen auf der *Individualität* des aneignenden Subjekts. Aber auch derselbe Zögling kann, je nach Stimmung und Laune, je nach seiner vorgängigen Erfahrung, je nach den begleitenden Umständen so oder anders auf dieselbe Maßnahme des Erziehers reagieren, und eine allzu oft wiederholte Maßnahme nutzt sich ab. In diesen Fällen beruht die Kontingenz der Einwirkung auf der *Subjektivität* (dem Subjektsein) des aneignenden Subjekts. Zusammengefasst: Dass die pädagogische Kausalität kontingent ist, hat seine Ursache in der allgemeinen und der individuellen Subjektivität des Zöglings.

Ein Sonderfall der Kontingenz soll, wegen seiner pragmatischen Bedeutung, noch erwähnt werden. In der Erziehung gibt es auch keine notwendige Äquivalenz oder Proportionalität von Ursache und Wirkung (‚Je tiefer ich das Gaspedal drücke, desto schneller fährt mein Auto.'). Kleinste Ursachen können die größte Wirkung hervorrufen, und ein methodischer Riesenaufwand kann ergebnislos verpuffen. Eine Ermahnung kann einen Tadel überflüssig machen, ein Lob mächtiger sein als eine Belohnung. Auf dieser Struktur beruht die Gültigkeit einer der wichtigsten Maximen pädagogischer Pragmatik: das Prinzip der Einwirkungsminimierung mit all seinen methodischen Konsequenzen.

§ 86

Die pädagogische Kausalität ist (zweitens) *diffus*. Zwar ist es in manchen Fällen durchaus möglich, eine bestimmte Wirkung auf eine bestimmte Ursache zurückzuführen, aber nur mit Wahrscheinlichkeit, nicht mit Gewissheit. In anderen Fällen bleibt es ganz im Dunkeln, welche Maßnahme, welcher Umstand oder welche spontane Regung eine bestimmte Wirkung hervorgebracht hat; und in den allermeisten Fällen ist es ein ganzes Bündel zusammenwirkender Ursachen, die einzeln schwer zu identifizieren und noch schwerer nach Grad und Art ihrer Wirksamkeit zu unterscheiden sind.

Aussagen über pädagogische Kausalitätsverhältnisse können, soweit überhaupt möglich, nur in nachträglicher Überlegung getroffen werden. Der sein Handeln entwerfende und planende Erzieher muss von *vermuteten* Kausalitäten ausgehen: eine Herausforderung kreativer, erfahrungsgestützter Erziehungskunst. Gleichwohl kann auch aus dem Merkmal der Diffusität eine pragmatische Maxime abgeleitet werden: das Prinzip der Einwirkungsmultiplikation. Ein Ensemble minimierter Einwirkungen bietet mehr Aussicht auf Erfolg als eine Einzelmaßnahme mit hoch eingeschätzter Intensität.

Zusatz. Aus der Kontingenz und Diffusität folgt, dass Erziehungsergebnisse nur als wahrscheinliche vorausgesagt werden können. Man hat deshalb gerne die Wetterprognose zum Vergleich herangezogen; doch die Analogie gilt nur zur Hälfte, denn die meteorologische Kausalität ist zwar diffus, aber nicht kontingent.

§ 87

In den letzten vier Paragraphen habe ich von den Einwirkungen gesprochen, die *vom Erzieher* auf die Aneignungstätigkeit des Zöglings gerichtet werden und dort beabsichtigte oder unbeabsichtigte Wirkungen hervorrufen. Damit ist aber der tatsächliche Umfang pädagogischer Kausalverhältnisse nur partiell beschrieben. Denn die Aneignungstätigkeit des Zöglings wird von einer Unzahl von Einwirkungen getroffen und gegebenenfalls modifiziert, die nicht vom Erzieher gesetzt sind und teilweise ganz an ihm vorbei laufen. Sie stammen von anderen Personen (mit erzieherischer Absicht oder ohne sie), von Institutionen und Machtverhältnissen, von Gebräuchen und Moden, von Geräten und Programmen etc., kurz: aus dem großen gesellschaftlichen Umfeld der Erziehung, welches ich später (im vierten Theorieteil) unter dem Namen des Erziehungsfeldes thematisieren werde. Diese fremdstämmigen Einwirkungen könnten aufgrund ihrer Vielfalt und Stärke geeignet erscheinen, jeden Erzieher und jede erzieherische Einrichtung in die Knie zu zwingen, wenn es sich nicht – auch bei ihnen um Erscheinungen der pädagogischen Kausalität handelte; wenn nicht auch sie den Merkmalen der Kontingenz und Diffusität genügen müssten. Durch diesen (theoretisch zwar selbstverständlichen, in pragmatischer Hinsicht jedoch hocherfreulichen) Umstand wird die vermittelnde Tätigkeit in den Stand gesetzt, auf ihrem Handlungsfeld die eigenen Einwirkungen mit den fremdstämmigen – ihre Kenntnis vorausgesetzt – abzustimmen und einige davon sogar in ihrer Wirksamkeit zu beeinflussen.

15. Kapitel: Der Einwirkungskreis (in drei Gestalten)

§ 88

In der Gesamtheit der Einwirkungen, die auf die Aneignungstätigkeit des Zöglings gerichtet sind und sie zu modifizieren suchen, lassen sich drei Einwirkungstypen unterscheiden, deren mögliche Verteilung durch ein Tortendiagramm abgebildet werden kann. Dieses Diagramm bildet den Einwirkungskreis ab, und zwar in seiner ersten Gestalt (es folgen noch zwei weitere).

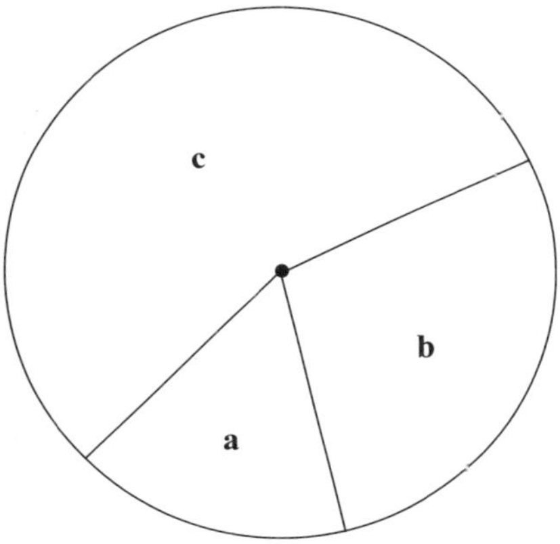

Figur 3: Der Einwirkungskreis I

Typ a sind die vom Erzieher bewusst oder unbewusst, absichtlich oder versehentlich gesetzten Einwirkungen. Dass der Sektor a im Diagramm als der kleinste dargestellt ist, ist zwar eine willkürliche Annahme, dürfte aber dem Regelfall der Erfahrung entsprechen. Typ b sind die nicht vom Erzieher gesetzten Einwirkungen, die aber von ihm beeinflusst (gehemmt, verstärkt, umgeleitet, kommentiert, manchmal sogar abgeblockt) werden können. In der Verteilungsannahme des Diagramms ist der Sektor b umfangreicher als a, aber kleiner als c. Typ c schließlich fasst alle Einwirkungen zusammen, die der Erzieher hinzunehmen hat. Soweit er sie erkennt, kann er sie in den Sektoren a und b wenigstens berücksichtigen; doch dürfte eine vollständige Kenntnis in keinem Falle möglich sein.

§ 89

Die Anteile der drei Sektoren im Einwirkungskreis I sind variabel. Sie hängen von den Umständen ab, unter denen Erziehung geschieht. In der Steinzeit sind sie anders verteilt als im Mittelalter, auf dem Lande anders als in der Großstadt etc. Aber neben solcher vorgegebenen Verteilung gibt es auch eine willkürliche Variabilität. Pädagogische Pragmatik verfolgt nämlich notwendigerweise die Tendenz, die a- und b-Anteile zu Schaden des Anteils c auszuweiten; jeder Erzieher, der sein Amt, und jede Erziehungsinstitution, die ihren Auftrag ernst nimmt, wird das versuchen. Eltern, die keinen Fernseher betreiben, solange die Kinder klein sind, tun es, und Lehrerkollegien tun es, wenn sie den Schulhof vor außerschulischen Einflussnahmen zu schützen bemüht sind. Überdies ist die pädagogische Literatur voll von teils utopisch imaginierten, teils tatsächlich realisierten Organisationsformen der Erziehung, die eine Minimierung oder gar Ausschaltung des c-Sektors auf dem Wege der Isolation zu erreichen suchen. Der Wald von Montmorency, wo der kleine Émile aufwachsen muss, ist ein solcher isolierter Ort. Man findet pädagogische Inseln, pädagogische Provinzen, Internate, Jugendrepubliken, Kolonien und Kommunen. Aber immer wieder gibt die Literatur auch Hinweise darauf, dass eine extreme Isolation die „Welthaltigkeit" der Erziehung beschädige; in Theoriesprache übersetzt: Bei Minimierung des c-Sektors schrumpft die Zahl der möglichen Aneignungsgegenstände.

§ 90

Während der Einwirkungskreis in seiner ersten Gestalt die quantitative Verteilung der drei Einwirkungstypen thematisiert, illustriert er in seiner zweiten Gestalt ihre qualitative Unterscheidung und ihr Verhältnis zueinander. Der Kreismittelpunkt symbolisiert die mögliche (d. h. nicht aktivierte) Aneignungstätigkeit des Zöglings. Die ‚Herkunft' der Einwirkungen muss unbestimmt bleiben, mit Ausnahme der vom Erzieher gesetzten, deren Herkunft als E abgebildet ist.

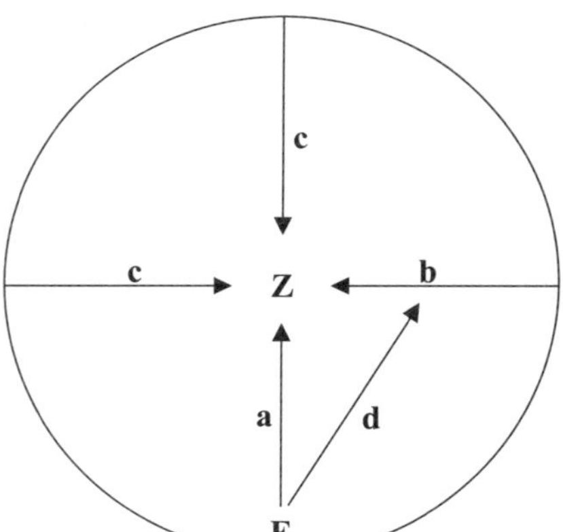

Figur 4: Der Einwirkungskreis II

Bemerkenswert ist, dass jetzt ein vierter Einwirkungstyp sichtbar wird (d), der wie a dem Erzieher zugeordnet ist: die Einwirkung auf Einwirkung oder die *indirekte* Einwirkung. Ihr kommt in pragmatischer Hinsicht größte Bedeutung zu. Untersucht man nämlich die Praxis der großen Erzieher (*Salzmann, Pestalozzi, Fröbel* etc., ganz besonders *Makarenko*), so stellt man eine deutliche Tendenz fest, die direkten Einwirkungen des Sektors a zugunsten der indirekten zu verringern. Und als extremes theoretisches Modell findet man bei *Rousseau* die „negative“ Erziehung, die ausschließlich auf dem Einwirkungstyp d, der indirekten Einwirkung, aufgebaut ist, sodass dort, weil c durch Isolation getilgt ist, der Sektor b den ganzen Einwirkungskreis I ausfüllt.

§ 91

Von Einwirkungen kann man sinnvoll nur dort sprechen, wo es Auswirkungen gibt; im hiesigen Zusammenhang also dort, wo tatsächlich eine Dispositionaneignung initiiert oder eine schon begonnene Aneignungstätigkeit modifiziert wird. Der entscheidende Anteil wird sichtbar, den *das aneignende Subjekt* zum Zustandekommen der Kausalbeziehung beiträgt.

Es ist nun aber so, dass sich der Aneignungsvorgang selbst, als ein in seinem Kern intrasubjektives Ereignis, der erziehungswissenschaftlichen Erkenntnis entzieht. Was wirklich mit dem Subjekt und in dem Subjekt geschieht, wenn es eine Tätigkeitsdisposition „sich zu eigen macht“, muss einer Disziplin, die nur ein bisubjektives Tätigsein zum Gegenstand hat, verborgen bleiben. Vielleicht sind es hochindividuelle Ereignisse; doch wenn sie auch allgemeine Bestimmungen enthalten sollten, so stehen zu deren Klärung dafür möglicherweise kompetente Disziplinen bereit: die psychologische, letztlich die physiologische Lernforschung. Der theoretischen Pädagogik bleibt zu leisten, was im Rahmen ihrer Methodologie zu leisten möglich, zur Klärung der pädagogischen Sachverhalte aber auch hinreichend ist: nämlich das Aneignungs*problem* zu beschreiben und zu zergliedern. Dazu muss aber jene „leere Stelle“ gleichsam aufgefüllt werden, indem man die Existenz einer *unspezifischen Spontaneität des aneignenden Subjekts* annimmt. Diese Annahme besitzt den logischen Status eines Postulats, weil sie selbst nicht demonstrabel ist, aber ohne sie das Aneignungsproblem weder gestellt noch verstanden werden könnte.

Zusatz. Die Annahme der unspezifischen Spontaneität des aneignenden Subjekts ist zwar theoretisch nicht beweisbar, sie findet aber eine eindrucksvolle phänomenale Stütze in dem schon von *John Locke* und *Friedrich Fröbel* bemerkten, aber erst von *Maria Montessori* in seiner Bedeutung gewürdigten und deshalb nach ihr benannten Phänomen der „polarisierten Aufmerksamkeit“. Man ist immer wieder fasziniert und begeistert, wenn man es, in den verschiedensten Varianten, gelegentlich zu sehen bekommt.

§ 92

Damit eine Kausalbeziehung von Ein- und Auswirkung zustande komme und somit eine TD-Aneignung in Gang gesetzt werde, sind spontane Akte des aneignenden Subjekts erforderlich. Diese Akte müssen weder bewusst noch gar absichtlich sein. Sie beziehen sich (erstens) auf die Wahrnehmung: Der Zögling empfindet, dass etwas auf ihn zukommt, was seine Tätigkeit affizieren und ihn zur Aneignung veranlassen könnte. – Sie beziehen sich (zweitens) auf die *Auswahl* derjenigen Einwirkungen, denen der Zögling eine Wirksamkeit zugestehen will. Das setzt ein Urteil – es muss kein bewusstes sein – über die Qualität der Einwirkung voraus. Bietet sie mir etwas, was ich können, wissen, wollen möchte? – Und schließlich ist (drittens) die *Bereitschaft* des Zöglings erforderlich, mit der Aneignungstätigkeit zu beginnen.

Ist ein Aneignungshandeln in Gang gekommen, so ist es Sache der Zöglingsspontaneität, ob es fortgeführt oder abgebrochen wird, ob und welche Hilfen eines Erziehers in Anspruch genommen oder zurückgewiesen werden usw. Aufgrund der Zöglingsspontaneität gewinnt der Einwirkungskreis seine *dritte Gestalt:*

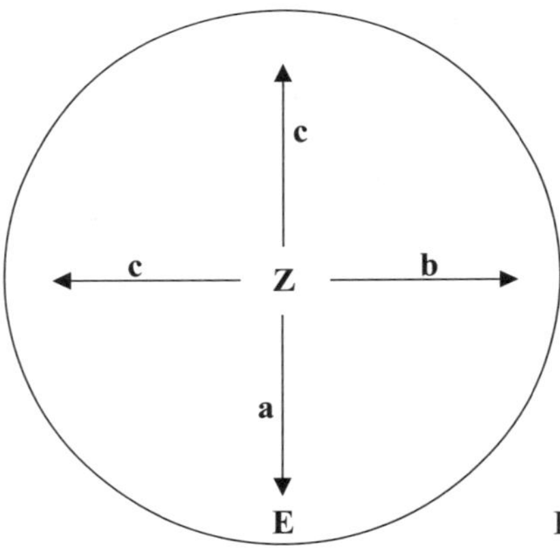

Figur 5: Der Einwirkungskreis III

§ 93

Die Figur 5 zeigt nicht mehr die Einwirkungen als auf die Aneignungstätigkeit des Zöglings gerichtet, sondern umgekehrt die Aneignungstätigkeit als auf die Einwirkungen antwortend. Die Aneignungstätigkeit *orientiert sich* und *wird orientiert* an den auf sie treffenden Einwirkungen. Beide Abbildungen (die zweite und die dritte Gestalt des Einwirkungskreises) sind ‚wahr', aber nicht jede für sich, sondern nur beide zusammen; sie stellen nicht zwei verschiedene Sachverhalte dar, sondern denselben Sachverhalt in verschiedener Ansicht. *Dieser identische Sachverhalt ist nichts anderes als die pädagogische Kausalität selbst.* Sie ließ sich zunächst (im 14. Kapitel) nur negativ bestimmen als das, was sie nicht ist; aus der Abgrenzung gegen die lineare Naturkausalität und ihre technologische Umkehrung ergaben sich die zwei Merkmale Kontingenz und Diffusität. Nunmehr lässt sie sich auch positiv bestimmen als das, was sie ist: der Orientierungsrahmen der Aneignungstätigkeit. Der kann allerdings nicht mit positiv-eindeutigen Merkmalen beschrieben werden, weil die Kontingenz und die Diffusität nicht aufgehoben sind, sodass eine begriffliche Unschärfe bestehen bleibt, die der bisubjektiven Natur der Erziehung geschuldet ist. Ein formalisierter Ausdruck der pädagogischen Kausalität kann gleichwohl gegeben werden. Er lautet: *Einwirkungen sind mögliche Orientierungen der Aneignung;* oder (auch im Singular):

$$\mathrm{Ew} = \mathrm{mOA}$$

Ich bezeichne diese Formel als die *situative Gleichung,* weil auf ihr mein Begriff der Erziehungssituation fußt, der später, im achten Abschnitt dieses Buches, entfaltet wird.

16. Kapitel: Kategorien der Einwirkung (Einwirkungsrichtungen, -weisen, -formen, -mittel)

§ 94

Dieses Kapitel widmet sich, ebenso wie das folgende, vornehmlich denjenigen Einwirkungen, die vom Erzieher ausgehen, sei es, dass er sie selber setzt, sei es, dass er sie beeinflusst und sich ihrer bedient (Sektoren a und b des Einwirkungskreises I). Ich nenne zunächst die unterscheidenden Bestimmungen, die ein kategoriales System möglicher Aussagen über Einwirkungen entstehen lassen.

Die allgemeinste Unterscheidung betrifft die *Einwirkungsrichtungen.* Alle Einwirkungen zielen, wie dargetan, auf die Aneignungstätigkeit des Zöglings. Es gibt zwei Richtungen, in denen das geschehen kann: die Einwirkung kann entweder mit der Aneignungstätigkeit gleichgerichtet oder aber ihr zuwiderlaufend sein; in dem einen Fall ist die Aneignung, in dem anderen die Nichtaneignung das Einwirkungsziel. Strukturell kommt dieser Unterschied im ganzen Einwirkungskreis vor; von besonderer Bedeutung ist er für den Erzieher, der von Fall zu Fall entscheiden muss, in welcher Richtung er einzuwirken hat. Zur Benennung der Einwirkungsrichtungen gebrauche ich die von *Schleiermacher* geerbten Ausdrücke *Unterstützen* und *Gegenwirken.*

Auf der Ebene darunter findet man die *Einwirkungsweisen.* Es gibt zwei. Bei der Unterstützung wird auf die eine Weise die Aneignungstätigkeit dadurch in Gang gesetzt und in Gang gehalten, dass die ihr entgegenstehenden oder sie beeinträchtigenden Hindernisse aus dem Wege geräumt werden. Auf die andere Weise wird die Aneignungstätigkeit angestoßen und angeleitet. Zur Benennung benutze ich die (auf *Herbart*[1] gestützten) Termini *Ermöglichen* und *Veranlassen.* Die gegenwirkenden Einwirkungsweisen sind gleichsam nur das Negativbild der unterstützenden; ich bezeichne sie als *Verhindern* und *Unterbinden.* Allerdings werden Gegenwirkungen häufiger und sicherer auf ermöglichende und veranlassende Weise erzielt.

Auf der dritten Ebene befinden sich die *Einwirkungsformen.* Das sind die Aktionsgestalten, mit deren Hilfe und in deren Einkleidung der Erzieher seine Einwirkungen organisiert: ob er die Stirn runzelt, ob er nickt oder den Kopf schüttelt … Lob und Tadel gehören ebenso hierher wie Belohnung und Strafe, Spiel und Arbeit und vieles mehr; kurzum: all das, was in der

1 Eine Nebenbemerkung in der „Ästhetischen Darstellung". Aus Herbarts Jugendschriften, ed. *Heinrich Döpp-Vorwald*, Weinheim 1962 (= Kl. Päd. Texte 22), S. 61 (Der Eigenwert dieser Edition beruht auf dem exzellenten Kommentar des Herausgebers. Auf die von mir hier benutzte terminologische Anwendung geht er freilich nicht ein.)

herkömmlichen Pädagogensprache unter der falschen Flagge der „Erziehungsmittel" segelt.

Auf der vierten Ebene endet jede Systematik. Als *Einwirkungsmittel* kann schlechterdings alles gebraucht werden, was es gibt: eine Taschenlampe ebenso wie eine Waschmaschine oder ein Kletterbaum, eine Satzung ebenso wie ein Ritus ...

Zusatz. Auf die vierte Ebene gehört natürlich auch das über Jahrtausende übliche, geradezu ‚klassische Erziehungsmittel': der Stock (und seine Derivate Bakel und Rute). Dazu ist zu bemerken, dass dieses Mittel nicht nur in gegenwirkender Richtung (etwa zum Strafen) gebraucht wurde, sondern auch in unterstützend *gemeinter;* so las man vor dreitausend Jahren in einem ägyptischen Papyrus von den Ohren, die dem Schüler am Rücken gewachsen sind; er hört nur zu, wenn man ihn schlägt.[2] (Das heißt: Er wird geschlagen, *damit* er zuhöre!)[3]

§ 95

Um die beiden *Einwirkungsrichtungen* Unterstützen und Gegenwirken genauer zu unterscheiden, ist es erforderlich, den Aneignungsgegenstand (den Dritten Faktor der Erziehung) in die Betrachtung hereinzunehmen. Aneignung ist immer die Aneignung einer bestimmten spezifischen oder unspezifischen Tätigkeitsdisposition (TD), die aus dem Einwirkungskreis dem Zögling zugetragen und ihm zur Aneignung angeboten wird. Der Zögling wählt spontan, ob er das Angebot annimmt oder nicht. Der Aneignungsvorgang ist nicht störungsfrei. Es können TDs im Spiel sein, die untereinander unverträglich sind; oder die Aneignungsakte können miteinander dermaßen interferieren, dass keine dieser Aneignungen oder nur eine von ihnen zustande kommt. So entstehen Gegenwirkungen, auch ohne bewusstes Zutun eines Erziehers (protopädische Gegenwirkungen).

Im pädeutischen Bereich kommt nun der vermittelnden Tätigkeit die Aufgabe zu, ‚das Angebot zu prüfen' und, soweit möglich, dafür zu sorgen, dass nur die ‚richtigen' TDs, das sind die TDs der personverträglichen und sozialverträglichen Tätigkeiten, angeeignet werden, die der unverträglichen

---

2 *Hans W. Fischer-Elfert*: „Gegen ein taubes Ohr hilft nur das Rohr – Das harte Brot altägyptischer und sumerischer Schreibschüler" in: *U. Krebs/J. Forster* (Hgg.), Vom Opfer zum Täter? Gewalt in Schule und Erziehung, Bad Heilbrunn: Klinkhardt 2003 (= Schriften zum Bayer. Schulmuseum Bd. 22), S. 40. – Ich bin natürlich weit davon entfernt, den Gebrauch dieses Einwirkungsmittels rechtfertigen oder gar empfehlen zu wollen. Man vergleiche in demselben Band meine Ausführungen über „Das Problem der Körperstrafe in der neuzeitlichen Pädagogik", S. 89–97.

3 Die Repräsentativität dieser Aussage ist jedoch zweifelhaft; es könnte sich um den zufällig erhalten gebliebenen Stoßseufzer eines frustrierten Pädagogen handeln. Jedenfalls ist die hohe Kulturleistung der Hieroglyphenschrift, insbesondere hinsichtlich ihrer über Jahrtausende identischen Grundstruktur, aus der Anwendung des Stockes sicherlich nicht erklärbar.

aber nicht. Im ersten Fall wird die Vermittlung die unterstützende Richtung einschlagen. Im zweiten Fall entsteht eine Komplikation daraus, dass der Zögling ja schon bereit ist zur Aneignung der ‚falschen' TD und dass der Erzieher diese Bereitschaft erst dann wahrnehmen kann, wenn die ‚falsche' Aneignung bereits im Gange ist. Daher der unvermeidliche Konflikt zwischen dem spontanen Aneignungswillen des Zöglings und dem ihm entgegenstehenden Vermittlungswillen des Erziehers. Dieser muss seine Einwirkungen so setzen, dass die ‚falsche' Aneignung abgebrochen und ihre bis dato erreichten Ergebnisse – weil ‚Enteignung' unmöglich ist – unschädlich gemacht werden.

Erster Zusatz. Das Problem der so genannten Umerziehung verschärft sich, wenn eine Aneignung bekämpft werden muss, die *der Erzieher selbst,* aus Unkenntnis oder Laune, versehentlich oder auf Befehl, zuvor angeregt oder sogar gefördert hat. (Jener Junglehrer, der die fäkale Ausdrucksweise seiner Schüler kommentierte: „Keine Ahnung, woher die Arschlöcher das haben", kann als Beispiel einer – hier versehentlichen – Fehlvermittlung dienen.)

Zweiter Zusatz. Dass es nur zwei Einwirkungsrichtungen gebe, könnte bezweifelt werden, weil *Schleiermacher* bekanntlich noch eine dritte konstatiert hat: das *Ver-* oder *Behüten.* Selbstverständlich setzt man aufwachsende Personen keinen Gefahren an Leib und Leben aus; das hat aber mit Erziehung noch nichts zu tun. Sobald es jedoch darum geht, den Zögling instand zu setzen, sich selber vor Gefahren in Acht zu nehmen, kommen gegenwirkende und unterstützende Maßnahmen zum Zuge; *Schleiermacher* selbst hat diesen raschen Übergang und die Gefahr der Überbehütung beschrieben. Ich vermag deshalb keine kategoriale Notwendigkeit einer dritten Einwirkungsrichtung zu sehen. Allenfalls könnte man an die Sektor-c-Minimierung im Einwirkungskreis I (§ 89) denken; doch auch sie kann ohne die Annahme einer dritten Richtungskategorie beschrieben und verstanden werden (nicht „behüten", sondern „verhindern").

§ 96

Um jeweils die richtige Wahl zwischen Unterstützen und Gegenwirken zu treffen, braucht der Erzieher Entscheidungsgründe. Es wird ihm ein Urteil abverlangt, ob eine bestimmte Tätigkeitsdisposition oder eine bestimmte Form ihrer Aneignung für den Zögling in seiner Situation ‚gut' oder ‚schlecht' ist, ob sie als nützlich, förderlich und aufbauend oder als untunlich, schädlich oder zerstörerisch eingestuft werden muss. Die meisten dieser Urteile und der darauf fußenden Entscheidungsgründe lassen sich im Rahmen der pädagogischen Pragmatik durch Zweckmäßigkeitserwägungen klären, einige davon auch auf theoretische Struktureinsichten stützen; das bedarf hier keiner weiteren Erörterung.

Anders, wenn Entscheidungsgründe ins Spiel kommen, die auf normativen Urteilen ethischer und weltanschaulicher Natur fußen. Betroffen sind dabei vornehmlich, aber nicht nur, die motivlichen Bestandteile der jeweiligen

TD. Hier hilft keine Pragmatik, hier kann auch theoretisch nichts entschieden werden. Deskriptive Wissenschaft kann weder absolute noch relative Aussagen über ‚Gut' und ‚Böse' machen, das ist selbstverständlich. Aber sie kann und muss feststellen, dass weltanschauliche Interpretationen der Wirklichkeit (deren Weltsicht für den erkennenden Verstand der Wissenschaft unverbindlich sein muss) sehr häufig in den konkreten erzieherischen Entscheidungen der vermittelnden Subjekte anwesend sind und insofern der Wirklichkeit des Erziehens angehören. Deshalb sind sie erziehungswissenschaftlich beschreib- und analysierbar, empirisch und historisch, und zwar vor allem dann, wenn es um solche Erscheinungsformen der Erziehung geht, deren Besonderheit eben in ihrer weltanschaulichen Bindung begründet ist. Eine weltanschauliche Wertung ist damit nicht verbunden; sie überschritte die Grenze des wissenschaftlich Zulässigen.

Die Allgemeine Theorie der Erziehung freilich kann, weil sie nicht besondere Erziehungen, sondern die Erziehung überhaupt zum Gegenstand hat, angesichts der raum-zeitlichen Vielfalt der in der Menschheit vorkommenden weltanschaulichen Orientierungen keinerlei *inhaltliche* Bestimmungen der Normativität erzieherischer Entscheidungen aufstellen, sondern nur *formale,* die sich aus der Entscheidungssituation selbst ergeben: Der Erzieher richtet sich 1. nach Normen, von denen er, bewusst oder unbewusst, voraussetzt, dass sie gelten, oder 2. nach Normen, von denen er vermutet, dass sie gelten könnten, oder 3. nach Normen, von denen er meint, dass sie gelten sollen. Die Orientierung kann ausschließend oder kombinierend sein, und in vielen Fällen ist sie widersprüchlich.

Episode 6

Der Richtungsstreit in der Erziehung und um die Erziehung ist eine notwendige Folge der weltanschaulichen Pluralität moderner Gesellschaften. Insofern gehört er der Erziehungswirklichkeit an und kann wissenschaftlich beschrieben und analysiert werden. Aber Wissenschaft ist nicht alles. Es gibt das Bedürfnis nach *Kritik* (es kann ein leidenschaftliches sein); es gibt den Wunsch, im Streit der pädagogischen Programme und Richtungen Stellung zu nehmen oder Partei zu ergreifen. Das ist möglich, wenn man sich auch weltanschaulich auf eine der Seiten schlägt und ihre Position einnimmt; denn Positionen können wechselseitig kritisiert werden, die eine von der Basis der anderen aus, freundlich, wenn es einen gemeinsamen weltanschaulichen Kern gibt, feindlich, wenn die Positionen einander ausschließen. Eine Position kann auch ‚intern', von innen heraus, kritisiert werden, auf der Basis ihrer eigenen Grundvoraussetzungen. So weit, so gut. Wer auf diese Weise verfährt, wird sich darauf einlassen müssen, dass das Pädagogische, worum es ihm ja eigentlich geht, zu einem Anhängsel wird im Positionenstreit. Die gleiche Folge ist zu erwarten, wenn man nicht die einzelne Position, sondern die weltanschauliche Denkebene insgesamt und als solche in die Kritik zieht, etwa als „gesellschaftlich notwendiges falsches Bewusstsein" im Sinne des klassischen Ideologiebegriffs. Für eine *pädagogische* Kritik weltanschaulich geprägter Erziehungspraxis ist also auf diesen Wegen nicht viel zu gewinnen. Das ist bedauerlich, denn vor jedermanns Augen liegt, wie viel pädagogischer Unsinn, wie viele Absonderlichkeiten und letztlich wie viel Kinderleid durch weltanschauliche Parteilichkeit in die Erziehung hineingetragen worden ist und hineingetragen wird. Daher erschallt der Ruf nach der Wissenschaft. Sie, als ‚neutrale' und autoritative Instanz, soll ordnen und klären, soll zuverlässig sagen, was ‚richtig' ist in der Erziehung und was ‚falsch', soll die Basis sein, das feste Fundament, von dem aus die Praxis kritisiert und reformiert werden könne. Kann die Erziehungswissenschaft solch hohem Anspruch genügen? Kann sie leisten, was von ihr in dieser Hinsicht verlangt und erwartet wird? Sie kann es, und sie kann es auch wieder nicht! Um es weniger paradox zu sagen: Sie kann es zwar, aber nur ein bisschen.

Was ich damit meine, will ich an einem Beispiel erläutern. Ich werde zunächst eine bestimmte (historisch-fiktive) Praxis skizzieren, sie sodann einer wissenschaftlichen Kurzanalyse unterziehen und danach wieder zu der Frage nach der Möglichkeit wissenschaftlicher Praxiskritik zurückkehren.

Eine Zeitmaschine steht bereit, meinen teilnehmenden Leser und mich in eine kleine Provinz des protestantischen Deutschlands und in die 1920er Jahre reisen zu lassen. Da diese Provinz durchaus fiktiv ist, bekommt sie auch einen fiktiven Namen: das Fromberger Land. Wir studieren die dortige Praxis der Kleinkindererziehung und stellen anerkennend fest, dass die Landeskirche in vielen Ortschaften gut ausgestattete Kindergärten betreibt. Auch im Volk scheint man die Erziehungsaufgabe sehr ernst zu nehmen. Allerdings werden wir zunehmend irritiert, als wir erfahren, dass die Aufnahme eines Kindes in den Kindergarten von der Bejahung der Frage „Ist der Wille schon gebrochen?" abhängig gemacht wird. Damit ist gemeint, ob das Kind bereits zu unbedingtem Gehorsam gebracht wäre, sozusagen als Bedingung seiner Erziehbarkeit. Die Mütter wetteifern dort im Willenbrechen, und diejenigen genießen die höchste Anerkennung, die diese Leistung ohne den Stock oder mit nur sparsamem Gebrauch desselben erbringen.

Hier regt sich Empörung, meine und – ich bin dessen sicher – auch die des mich begleitenden Lesers; eine gerechte Empörung, wie wir beide finden. Aber Empörung, auch gerechte, ist kein kritisches Argument; und deshalb suchen wir den in der Kirchenverwaltung für die Pädagogik zuständigen Menschen auf, einen Pastor namens Dr. Krummbiegler, stellen ihn zur Rede und halten ihm den schlimmen Erziehungsfehler vor. Seine Antwort: „Nein, kein Fehler, denn das muss so sein." Und er kann das auch begründen: Kinder seien, von Adam her, von sündhaften Neigungen getrieben, und nur durch ihren absoluten Gehorsam den Erziehern gegenüber könnten sie davon befreit und der Erlösung und Gnade durch Jesum Christum geöffnet werden. – Da sag' einer noch was!

Ich muss also unsere Empörung unterdrücken und die fragliche Praxis erst einmal zu verstehen suchen. Dazu hier die Kurzanalyse.[4] Das Fromberger Land ist fast zwei Jahrhunderte lang kirchlich durch den Hallischen Pietismus geprägt worden, eine besondere Variante des Luthertums, die auch insofern etwas Besonderes war, als sie eine eigene Pädagogik hervorgebracht hat, die im Waisenhaus zu Halle an der Saale ihre erste Praxis entwickelte. Dort sind demnach die Grundlagen zu suchen. Und tatsächlich findet man den Prototyp jener Kindergartenfrage in dem Gründungsdokument der pietistischen Pädagogik, in *August Hermann Francke*s „Kurzem Unterricht" von 1702. Dort liest man unter der Ziffer III:

> Die wahre Gemütspflege geht auf den Willen und Verstand. Wo man nur auf einen unter beiden sein Absehen hat, ist nichts Gutes zu hoffen. *Am meisten ist wohl daran gelegen, daß der natürliche Eigenwille gebrochen werde. Daher am allermeisten hierauf zu sehen.* Wer nur deswegen die Jugend unterrichtet, daß er sie gelehrter mache, sieht zwar auf die Pflege des Verstandes, welches gut, aber nicht genug ist. Denn er vergißt das Beste, nämlich den Willen unter den Gehorsam zu bringen, und wird deswegen endlich befinden, daß er ohne wahre Frucht gearbeitet. Hingegen muß auch der Verstand heilsame Lehren fassen, wenn der Wille ohne Zwang folgen soll.[5]

Man kann also eine klare und langwährende normative Kontinuität feststellen. Zur Begründung der Norm wird im Zitat nichts gesagt. Es ist eine theologische Begründung, die ich kurz zu rekonstruieren versuche. Christliche Theologie hat – über alle konfessionellen Unterschiede hinweg – ein heikles anthropologisches Problem zu lösen: nämlich die Spannung zwischen der Verderbtheit des Menschen und seiner Erlösung, die Spannung zwischen dem Sündenfall Adams und dem Opfertod Jesu, so auszutarieren, dass sich ein einigermaßen stimmiges Menschenbild ergibt. Davon, wie in diesem Spannungsverhältnis die Akzente gesetzt werden, hängt insbesondere das Bild der Kindheit ab. *Francke* setzt hier ganz auf die heilsgeschichtliche Reihenfolge: Adam war früher als Christus. Das Kind wird demnach als ‚Adam' geboren, erbsündig von Natur aus und mit dem sündhaften „natürlichen Eigenwillen" ausgestattet; erst durch die Erziehung wird es in den Stand versetzt, die Gnade der Rechtfertigung zu empfangen. Deshalb ist der Eigenwille pädagogisch auszumerzen.

Zweifellos ist die Francke'sche Anthropologie theologisch nicht zwingend. Besonders die Berufung auf die heilsgeschichtliche Reihenfolge ist anfechtbar: Christus ist früher als das Kind. Andere christliche Theologen – unter ihnen an erster Stelle die Evangelisten *Markus* und *Matthäus* – sehen deshalb das Kind als ursprünglich von Gott angenommen an, das noch kei-

4 Kenner werden gebeten, mir gewisse Verkürzungen und Überspitzungen freundlich nachsehen zu wollen.

5 *Albert Reble*, Geschichte der Pädagogik, Dokumentationsband, Stuttgart: Klett 1971 u. ö., S. 140 (Hervorhebung von mir)

ne Gelegenheit gehabt hat, einen sündigen Eigenwillen zu entwickeln. Selbst *Johannes Amos Comenius,* der doch ein geistlicher Ahnherr des Hallischen Pietismus war, wäre nie („absit violentia“) auf den Gedanken verfallen, man müsse den Gehorsam durch Brechung des Willens erzwingen.

Mag *Francke*s Norm auch anfechtbar sein, für die Frombergische Erziehungspraxis ist sie bindend und deshalb als real existierend anzusehen. Eine Kritikmöglichkeit ist noch nicht in Sicht; der Erziehungswissenschaft steht es nicht zu, eine Theologie zu verwerfen und eine andere zu favorisieren. Allenfalls, wenn es gelänge, den Zusammenhang von Norm und wirklicher Praxis aufzubrechen, könnte man weiterkommen. Vielleicht hat *Francke* es gar nicht so gemeint, wie seine späteren Anhänger es praktiziert haben? Sein Text immerhin lässt zwei Deutungen zu. Die Ausdrücke „den natürlichen Eigenwillen brechen“ und „den Willen unter den Gehorsam bringen“ könnten gleichbedeutend sein. Dann wäre die Praxis durch die Norm gedeckt und *Francke* für alles verantwortlich. Es könnte aber auch mit dem zweiten Ausdruck das Einwirkungsziel gemeint sein und mit dem ersten eine dahin führen sollende Einwirkungsform. Dafür spricht die dritte im Zitat enthaltene Wendung, dass der Wille den „heilsamen Lehren“ „ohne Zwang folgen soll“. Bei dieser Deutung bekäme der Ausdruck „brechen“ einen milderen, sozusagen sublimierten Sinn insofern, als nicht der Wille als solcher und insgesamt zerstört, sondern nur seine eigennützige, sündhafte Richtung überwunden und Platz geschaffen werden soll für die An- und Übernahme des göttlichen Willens. Eine sorgfältige Kontextanalyse macht diese zweite Deutung zur wahrscheinlichen.[6] Dann aber ist die Kindergartenfrage nicht mehr durch die Francke'sche Norm gedeckt, sondern folgt einer anderen. Und dieser Krummbiegler, der unseren Protest so kühl zurückgewiesen hat, ist genötigt, sich auf die Diskussion des ‚Erziehungsfehlers‘ einzulassen.

Wissenschaftlich aber können wir ihm allenfalls vorhalten, dass die Praxis des absolut verstandenen Willenbrechens ein Erziehungsfehler nur im Sinne der wohlverstandenen Pädagogik *Franckes* ist. Er könnte das einräumen und gleichwohl, nun gegen *Francke* oder anders als dieser argumentieren müssend, diese Praxis weiterhin rechtfertigen. Wir aber wollen sie als Erziehungsfehler überhaupt kritisieren, und das können wir mithilfe *Francke*s nicht leisten und mithilfe anderer Normensysteme ebenso wenig. Das Problem der Möglichkeit wissenschaftlicher Praxiskritik verlagert sich so auf eine Ebene jenseits oder oberhalb der weltanschaulichen Normationen, das heißt in einen Bereich, für dessen Analyse die Allgemeine Theorie zuständig ist, sofern sie sich – wie die hier vorliegende – als deskriptive Theorie versteht. *Als Erziehungsfehler gilt auf dieser Ebene nicht das, was gegen*

6 Vgl. *Peter Menck*: Die Erziehung der Jugend zur Ehre Gottes und zum Nutzen des Nächsten. Begründung und Intentionen der Pädagogik August Hermann Franckes, Wuppertal: Henn 1969, S. 29–32

eine Norm verstößt, sondern das, was eine Struktur verfehlt. Damit ist folgendes gemeint: Der Erzieher (als vermittelndes Subjekt im weitesten Sinne: ob Person, ob Institution, ob Erziehungspolitik einer ganzen Gesellschaft) bringt die Gesetzmäßigkeiten und Regeln des Erziehens nicht selbst hervor. Sie sind ihm vielmehr vorgegeben als die von seinem Wissen und Wollen unabhängig existierenden und geltenden immanenten Strukturen des Erziehungsphänomens selbst. Das Erzieherhandeln ist um so ‚richtiger', je klarer und deutlicher es diesen vorgegebenen Strukturgesetzmäßigkeiten entspricht und genügt, um so ‚falscher', je weiter es sich davon entfernt. Das bedeutet keineswegs, dass es für jedes Erziehungsproblem nur eine ‚richtige' und viele ‚falsche' Lösungen gäbe; nein, es gibt immer mehrere ‚richtige' und viele ‚mehr oder weniger richtige', auch bei den ‚falschen' gibt es verschiedene Grade der ‚Falschheit'. Besonders interessant zu beurteilen sind diejenigen, die ‚halbrichtig' und ‚halbfalsch' zugleich sind, weil ja oft beim Handeln nicht alle relevanten Strukturen verfehlt werden, sondern nur einige, und andere nicht. Es ist ferner unerheblich, ob und in welchem Maße der (in jenem weitesten Sinne verstandene) Erzieher die Gesetzmäßigkeiten des Erziehens kennt; er kann ‚Falsches' wollen und doch ‚Richtiges' tun, auch umgekehrt ‚Richtiges' im Auge haben und ‚Falsches' zustande bringen. Er wird jedoch desto ‚besser' erziehen können, je mehr, um mit *Schleiermacher* zu reden, seine „Praxis eine bewusstere wird".

Die entscheidende Bedingung der Möglichkeit einer erziehungswissenschaftlichen Praxiskritik ist daher die *Kenntnis* dieser dem Erziehungsphänomen innewohnenden Strukturgesetzmäßigkeiten. Deren Erforschung ist Aufgabe der Allgemeinen theoretischen Pädagogik. In der mehrtausendjährigen Geschichte des pädagogischen Denkens ist diese Aufgabe immer wieder angegangen worden, teils in kontinuierlicher Problembearbeitung, aber meistenteils punktuell und immer wieder neu ansetzend. Eine Fülle von Erkenntnissen ist so zusammengekommen; nur sind sie nicht immer leicht zu erschließen. Manche freilich können direkt den Texten entnommen werden, wie beispielsweise der „pädagogische Ternar" der Sophisten, das Kausalitätsproblem *Herbarts* oder die Einwirkungsrichtungen *Schleiermachers*. Andere müssen erst von ‚pragmatischen Verunreinigungen' befreit werden (denn das pädagogische Denken ist seiner Natur nach den rein theoretischen Fragestellungen abhold und muss sich zu ihnen zwingen). Wieder andere sind überhaupt nicht theoretisch fassbar, sondern verstecken sich in rein pragmatischen Erörterungen und in Schilderungen gelungener oder misslungener Praxis, wo sie erst aufgespürt und dann mühsam herauspräpariert werden müssen. In diesem Buch versuche ich, solche Erkenntnisse, so viele ich ihrer habhaft werden kann, zusammenzuführen und systematisch zu verarbeiten. Muss ich betonen, dass damit nichts Endgültiges erreicht ist? Wie alle wissenschaftlichen Erkenntnisse, so sind auch diese, ihre Systematik eingeschlossen, *per se* in gewisser Weise ‚falsch'; jede neue Erkenntnis kann sie überholen und berichtigen.

Unter diesem Vorbehalt steht auch die Möglichkeit der Praxiskritik. Doch da man nur benutzen kann, was man hat, sind wir nun imstande, mein teilnehmender Leser und ich, jenem pietistischen Pädagogen wissenschaftlich nachzuweisen, dass die Praxis des erzwungenen unbedingten Gehorsams, gipfelnd in der Frage nach dem gebrochenen Willen, auch absolut gesehen ein Erziehungsfehler, sogar ein fundamentaler Erziehungsfehler ist, weil *die unspezifische Spontaneität des aneignenden Subjekts* beschädigt oder gar zerstört wird, die wir als die notwendige Voraussetzung einer jeden TD-Aneignung erkannt haben.

Der Leidenschaft des Kampfes um die ‚richtige', ‚vernünftige', Zukunft weisende und Traditionen sichernde Erziehung ist mit der wissenschaftlichen Praxiskritik nur wenig gedient. Soll man sich auf ihren engen Rahmen beschränken? Nein; man kann es auch gar nicht. Der Geist des Menschen will nicht nur erkennen, was ist; er will vor allem entwerfen, was sein soll; er will gestalten, erneuern, kämpfen, und das geht nicht ohne Leidenschaft, nicht ohne normative Überzeugungen, nicht ohne *Vermutung* des Richtigen. Wissenschaft kann da nur zur Besonnenheit raten. Aber – so sagte ich schon eingangs der Episode – Wissenschaft ist beileibe nicht alles.

§ 97

Die zwei *Einwirkungsweisen der unterstützenden Richtung* habe ich (§ 94) als das *Ermöglichen* und als das *Veranlassen* bezeichnet. Anders als die beiden Einwirkungsrichtungen (das Unterstützen und das Gegenwirken), zwischen denen der Erzieher wählen muss, stehen das Ermöglichen und das Veranlassen nicht in einem gegensätzlichen, sondern in einem einander ergänzenden (einem komplementären) Verhältnis. Das ergibt sich schon aus dem simplen Befund, dass eine Aneignungstätigkeit nur dann veranlasst werden kann, wenn sie dem Zögling auch möglich ist. Deshalb geht das Ermöglichen dem Veranlassen – sowohl logisch als auch prozessual – immer voraus und bildet mit ihm eine Einheit. Wenn trotzdem zwischen den zwei Einwirkungsweisen ein systematischer Unterschied festzuhalten ist, so deshalb, weil eine Vielfalt von Fällen denkbar ist, bei denen sich die unterstützende Einwirkung auf das Ermöglichen beschränken kann dergestalt, dass das anfängliche Hindernis der Aneignung weggeräumt und ihr spontaner Fortgang nur insofern begleitet wird, als zwischenzeitlich auftretende Hindernisse aus dem Weg zu schaffen sind. Das ist freilich kein bequemes Tun des Erziehers, weil er nicht nur sorgfältig vorausschauen und ein drohendes Hindernis beseitigen muss, *bevor* der Zögling dort anlangt; er muss auch die Qualität dieses Hindernisses sowie die Kraft des Zöglings vorab einschätzen, denn nur solche Hindernisse gehören weggeräumt, die der Zögling nicht selber zu beseitigen oder zu überwinden imstande ist.

In vielen Fällen reicht aber das bloße Ermöglichen nicht aus, um Aneignungsvorgänge in Gang zu setzen oder in Gang zu halten; dann sind anstoßende und anleitende Einwirkungen erforderlich. Der Zögling, der die ihm ermöglichte Aneignungstätigkeit nicht von sich aus beginnen und durchhalten will oder kann, wird vom Erzieher *veranlasst,* ebendieses zu tun. Ich nenne einige Beispiele. Es gibt Lernhindernisse welcher Art auch immer, die der Lernende zwar selber, aber nicht ohne Beistand überwinden kann. Hier muss der Erzieher dem Zögling ‚zeigen, wie es geht', muss ihn veranlassen, Lernwege zu gehen, auf die er spontan nicht gekommen wäre, oder ihn solche Wege selbst finden lassen. Und es gibt Hindernisse, die vorauszusehen oder rechtzeitig zu beseitigen selbst der sorgfältigste Erzieher außerstande ist. Veranlassend ist ferner jede Reizung und Unterstützung des Aneignungswillens ebenso wie jede Einführung (Initiation) eines dem Zögling noch unbekannten Aneignungsgegenstandes. Außerdem gehören alle vorschreibenden und kontrollierenden Maßnahmen des Erziehers diesem Bereich des veranlassenden Unterstützens an.

Zusatz. Weil es im Leben außer dem Ermöglichen und dem Veranlassen auch das *Erzwingen* gibt, ist zu prüfen, ob dieses auch in der Erziehung als eine dritte Einwirkungsweise des Unterstützens den beiden anderen hinzuzufügen wäre. Aber erzwingen lässt sich nur ein äußerliches Verhalten. Das Aneignen von Tätigkeitsdispositionen ist demgegenüber, auch wenn es sich in äußerlichem Verhalten ausdrückt und spiegelt, doch eine in ihrem Kern vornehmlich innere Aktivität, die basal auf die Mitwirkung der Spontaneität des aneignenden Subjekts angewiesen ist (§ 92). So sind rigideste Verhaltensregeln, wie sie beispielsweise zur Drogenentwöhnung notwendig sind (ihre Einhaltung kann freilich erzwungen werden) letztlich unwirksam, wenn der Zögling (vulgo: Patient) die innere Zustimmung verweigert. Daher ist das Erzwingen auch in solchen und ähnlichen Fällen keine geeignete Kategorie, um pädagogische Sachverhalte angemessen zu beschreiben: es handelt sich in Wahrheit um Extremfälle des Veranlassens.
Ähnlich verhält es sich mit der Schulpflicht. Der Staat, so es denn einen gibt und er das will, kann die Eltern zwingen, die Kinder in die Schule zu schicken, und die Eltern können die Kinder zwingen, zur Schule zu gehen, aber zum Lernen können die Kinder nur veranlasst werden. – Und wenn es um Reformen des Lernens geht, kann eine Schulpflicht auch hinderlich sein; man denke an den harten Kampf, den der große Erzieher *Berthold Otto* hat kämpfen müssen, um wenigstens seine leiblichen Kinder freistellen zu lassen.

§ 98

Als *Einwirkungsweisen der gegenwirkenden Richtung* erscheinen zunächst das Verhindern der Aneignung (als Gegenbild des Ermöglichens) und das Unterbinden der Aneignung (als Gegenbild des Veranlassens).

Verhindern lässt sich eine Aneignung (erstens) dadurch, dass ihr Gegenstand, die unerwünschte Tätigkeitsdisposition, vom Zögling ferngehalten wird, sodass sie sowie die durch sie disponierte Tätigkeit erst gar nicht in seine Reichweite gelangen. So entsteht dem Zögling auch kein Problem der Nichtaneignung, weil er ihren Gegenstand nicht kennt. Das ist die Einwirkungsform der Isolation, von der an früherer Stelle (§ 89) schon die Rede war. Die Wirksamkeit isolierender Maßnahmen ist freilich recht eingeschränkt. Nur in wenigen Fällen sind sie wirklich anwendbar, und deren Zahl schrumpft mit dem Fortschritt der Kommunikationstechniken; und wo sie anwendbar sind, sind sie nur schwer zu organisieren, weil sie eine Einigkeit auf der Erzieherseite erfordern („Daheim kein Fernsehen? Dann gehen wir zur Oma!"). Und die totale Isolation? Sie ist nur im theoretischen Modell[7] denkbar (und eröffnet dann auch nur Denkmöglichkeiten); stellt man sie sich aber als reales Verfahren vor, so wird sie lächerlich und fällt dem Dichterspott über das „unterirdische Pädagogium"[8] anheim.

Verhindern lässt sich eine Aneignung (zweitens) auch dadurch, dass umgekehrt der Zögling von der unerwünschten TD (und der durch sie disponierten Tätigkeit) ferngehalten wird. Das ist die Einwirkungsform des Verbotes. Verbote sind nur wirksam, wenn sie befolgt werden, und müssen daher strafbewehrt sein. Aber Verbotenes kann auch reizen, und der drohenden Strafe kann sich der Zögling oft entziehen. Deshalb wird er die Verbote desto sorgfältiger und genauer beachten und befolgen, je genauer und sorgfältiger er sie in seinen eigenen Willen aufgenommen hat und bereit und imstande ist, das Verbotene zu vermeiden. Gelingt dies, dann ist der Zögling selber zum Subjekt der Gegenwirkung geworden, und das heißt: er wurde zum Vermeiden *veranlasst.* Das Veranlassen ist aber ursprünglich eine Einwirkungsweise des Unterstützens.

Sowohl Isolationen als auch Verbote können ergänzt oder ersetzt werden, indem sich der Erzieher protopädische Gegenwirkungen (§ 95) zunutze macht und solche Aneignungen *ermöglicht* und *veranlasst,* die mit den unerwünschten unverträglich sind. Auch in dieser Hinsicht wird gegengewirkt auf die Weise des Unterstützens.

Erster Zusatz. *Friedrich Schleiermacher*, als er die Kategorie der Gegenwirkung in die Theorie einführte, hat schon in aller Deutlichkeit darauf hingewiesen, dass der pädagogische Wert (die erzieherische Wirksamkeit) gegenwirkender Maßnahmen desto höher sei, je mehr unterstützende Momente darin enthalten sind; denn reine Gegenwirkung bedeute immer eine gewisse Vernichtung von Aktivität und Schwächung der Zöglingskraft, deren Stärkung doch die Hauptaufgabe der Erziehung sei.

Zweiter Zusatz. Das Ideal einer Erziehung ohne Verbote und Strafen wird in Eltern- und Pädagogenkreisen gern beschworen; verwirklicht worden ist es noch nie. Arm dran sind diese Enthusiasten, wenn sie sich in ihrer Praxis dann doch, schon um ihr Eigenleben nicht zu beschädigen, genötigt sehen, Verbote durchzusetzen. Und sind nicht dieselben Leute oft begeistert, wenn Zöglingsgruppen eigene Verbote aufstellen und deren Einhaltung selbst überwachen? – Dass kluge

7 Zum Beispiel bei *Rousseau*s „negativer Erziehung"

8 *Jean Paul*: Die unsichtbare Loge (1793) gibt im „dritten Sektor" eine köstliche Satire auf die herrnhutische Behütungspädagogik.

Erzieher das Verbieten auf das Maß des unbedingt Erforderlichen zu beschränken, dies aber streng durchzusetzen suchen, versteht sich von selbst.

§ 99

Das *Unterbinden* der Aneignung (die andere Einwirkungsweise der gegenwirkenden Richtung) tritt dann ein, wenn das aneignende Subjekt (also der individuelle oder kollektive Zögling) mit der Aneignung der schädlichen oder unerwünschten Tätigkeitsdisposition bereits begonnen hat. Denn dann kann der Erzieher allererst *wahrnehmen*, dass ein gegenwirkendes Eingreifen erforderlich ist. Weil man nämlich keine TD aneignen kann, ohne die durch sie disponierte Tätigkeit wenigstens ansatzweise auszuüben (Klavier spielen lernt man nur, indem man Klavier spielt, aber auch Stehlen nur, indem man stiehlt), offenbart erst ein Vollzug der Tätigkeit, dass es für ein bloßes Verhindern der TD-Aneignung zu spät ist. Jetzt kann der Erzieher diesen Vollzug der Tätigkeit unterbinden, sei es, dass er ihn verbietet, sei es, dass er ihn durch situative Arrangements unattraktiv macht; und er würde auch etwas gewinnen, nämlich dass der Vorgang der TD-Aneignung abgebrochen wird. Aber nur abgebrochen, nicht rückgängig gemacht. Denn die TD selbst, soweit bereits angeeignet, bleibt auch dann im Besitz und zur Verfügung des Zöglings, wenn er mit der dazu gehörenden Tätigkeit aufgehört hat. Die einzige Möglichkeit, eine angeeignete TD zu ‚enteignen', ist das Vergessen, aber das liegt jenseits erzieherischer Bewirkung und kann allenfalls erhofft werden.

Zusatz. Ein Beispiel für das TD-Vergessen: Als Schüler habe ich seinerzeit gelernt, Quadratwurzeln mit dem Stift zu ziehen. Ich kann es längst nicht mehr; ich weiß nicht einmal mehr, wie es geht. Ich will es auch nicht mehr machen. (Man muss es nicht selber können, weil [vgl. § 45] diese Disposition im Taschenrechner inkorporiert ist.)

§ 100

Das eigentliche Ziel der Gegenwirkung, die Nichtaneignung der unerwünschten oder schädlichen TD, kann also in dem Fall, dass die Aneignung schon begonnen hat oder bereits fortgeschritten ist, durch Unterbinden der Tätigkeit nicht mehr erreicht werden. Hier finden alle Versuche der ‚Umerziehung' ihre logische Grenze (*„re-education"*: So haben nach dem Ende des Zweiten Weltkriegs die Siegermächte uns deutschen Kindern die Kriegsspiele untersagt; wir haben dann einfach die Soldaten durch Indianer ersetzt …).

Die heikle Problematik der Gegenwirkung wird aber an dieser Grenze erst vollends deutlich. Denn es geht nun darum, die vorhandene schädliche TD unschädlich zu machen, die unerwünschte in eine erwünschte oder gleichgültige umzuformen. Solche TD-Transformation schließt sich aber ganz an die Aufgabe der TD-Aneignung überhaupt an und ist Sache der Tätigkeit des aneignenden Subjekts. Die Vermittlung ist dann eine unterstützende, welche ermöglicht und veranlasst. Die beiden Einwirkungsrichtungen liegen also nicht auf derselben logischen Ebene: die Gegenwirkung vollendet sich, indem sie in die Unterstützung mündet. *Schleiermacher*s Erkenntnis, die eben dieses besagte, ist bestätigt. In pragmatischer Hinsicht ergibt sich daraus, dass die Wahl, die der Erzieher (das vermittelnde Subjekt) zwischen Unterstützen und Gegenwirken anfänglich zu treffen hat (§ 95), eine vorläufige Wahl ist; wer es beim Gegenwirken belässt, verzichtet auf den größten Teil des Spektrums der erzieherischen Einwirkungsmöglichkeiten.

§ 101

Jede nichtgenetische Tätigkeitsdisposition unterliegt im Prozess ihrer Aneignung vielfältigen Veränderungen; und zwischen ihrer Initiation und ihrer vollendeten Beherrschung vergeht Zeit. Kenntnisse müssen erworben, Fertigkeiten geübt, Motive verstanden und gefestigt werden. In diesem Prozess schrumpft der Gegensatz der Einwirkungsrichtungen und löst sich schließlich ganz auf. Unerwünschtes, Hinderliches, auch Schädliches kann dabei überall und jederzeit vorkommen und auch wieder verschwinden. Wenn *Makarenko* sagt: Es gibt keine Umerziehung; es gibt nur Erziehung, dann hat er diesen Sachverhalt im Auge.

TD-Transformationen muss man sich auf verschiedenen Ebenen vorstellen. Zunächst (a) auf der Ebene der Elemente: Im Verlauf der Aneignung werden mehr und mehr Einzelkenntnisse, einzelne Fertigkeiten und einzelne Motive der TD hinzugefügt, bis schließlich alle notwendigen Elemente beisammen sind. Das meint nicht nur eine Zunahme ihrer Anzahl. Einzelelemente können auch ausgeschieden und durch besser geeignete ersetzt werden; ebenfalls ist es möglich, dass ein später auszuscheidendes Element zunächst als Stellvertreter aktiv bleibt, solange das notwendige Element einstweilen noch nicht erwerbbar ist. – Sodann (b) auf der Strukturebene: Im Verlauf der Aneignung ändern sich die Beziehungen und Verhältnisse der Einzelelemente und der drei Elementenklassen zueinander; insbesondere verschieben sich die Gewichtungen der Elemente und Stukturmomente, bis am Ende jene Struktur der TD erreicht ist, die eine angemessene Ausführung der disponierten Tätigkeit ermöglicht und begründet. Schließlich (c) auf der Ebene des persönlichen Dispositionensystems (der dispositionellen Verfasstheit des individuellen oder kollektiven Zöglings, § 37): Die TDs sowohl verwandter als auch gegensätzlicher Tätigkeiten beeinflussen einander, und das nicht nur in der Ausübung der Tätigkeiten, sondern mehr noch im Verfolg ihrer Aneignung. So kann z. B. eine Disposition A die Aneignung einer bestimmten anderen, B, erforderlich machen, damit A vollständig angeeignet werden kann, etc.

§ 102

Weil – entsprechend der Grundstruktur des Erziehungsverhältnisses – die vermittelnde Tätigkeit auf die Dispositionen des aneignenden Subjekts keinen direkten Zugriff besitzt, sondern nur auf die Tätigkeit ihrer Aneignung einwirken kann, und weil alle Aneignungsgegenstände zugleich als Verkörperungen (Inkorporationen) der anzueignenden Dispositionen gelten müssen (§ 40), sind TD-Transformationen des Zöglings nur durch Transformationen (Veränderungen) seiner Tätigkeit zu bewirken, indem solche Tätigkeitstransformation – in gegenwirkender und in unterstützender Einwirkungsrichtung – ermöglicht und veranlasst wird.

Es versteht sich, dass die vermittelnde Einwirkung nur auf solche Tätigkeiten gerichtet ist, deren Ausübung zugleich der Aneignung einer Disposition dient. Das sind bei aufwachsenden Personen (Kindern und Jugendlichen) prinzipiell alle Tätigkeiten, mit denen sie befasst sind. Bei älteren Personen bleiben die ‚beherrschten' Tätigkeiten, also diejenigen, denen eine schon ‚fertige' Disposition zugrunde liegt, außerhalb der Einwirkung (es sei denn, dass eine Transformation des gesamten persönlichen Dispositionensystems beabsichtigt ist).

Erster Zusatz. Um auf meine im vorigen Paragraphen erwähnte Kindheitserinnerung zurückzukommen: Welch weitreichende und tiefgreifende Veränderung meiner Spieldisposition der Wechsel vom Soldaten- zum Indianerspiel zur Folge hatte; wie die alten ‚Helden' (*Günther Prien; Werner Mölders*) verblassten zugunsten der neuen (*Cornstalk; Tecumseh*); wie die Leidenschaft für technische Waffensysteme Platz machte einem wachsenden Interesse an der Ethnologie Nordamerikas; all dies und mehr mag sich der Leser ausmalen.

Zweiter Zusatz. Besonders schöne, weil oft klar konturierte Beispiele für *methodisch* bewirkte TD-Transformationen findet man bei *Anton Makarenko*. Hier eines davon: Während der Aufbauphase seiner ‚Kolonie für jugendliche Rechtsverletzer' („Gor'kij-Kolonie") anfangs der 1920er Jahre in der Ukraine, als in den nachrevolutionären und Nachbürgerkriegswirren Marodeure allenthalben die Gegend unsicher machten, beauftragte er eine Gruppe von zwei besonders abenteuerlustigen Zöglingen damit, der Bitte des Försters nachzukommen und den Staatsforst gegen Holzdiebe zu schützen. Als es eines Nachts zum Einsatz kam, zog *Makarenko* mit diesen zwei ehemaligen Banditen los, bewaffnet, weil auch die Diebe hätten bewaffnet sein können. Sie spürten den Dieb auf, einen armen Bauer aus der Umgebung, nahmen ihn fest, beschlagnahmten den gefällten Baum und die Axt, den Bauer aber ließen sie nach Protokollierung und strenger Ermahnung wieder laufen, gaben ihm auch sein Pferd zurück[9] – Die beiden Zöglinge verfügten aus ihrem Vorleben als ‚Verwahrloste' über eine fortgeschritten ausgebildete ‚Banditendisposition', gegen die im ganzen vorzugehen der Erzieher ablehnte. Denn die meisten ihrer Elemente und Strukturmomente,

9 *A. S. Makarenko*, Ein pädagogisches Poem, I, 5: „Angelegenheiten von staatlicher Bedeutung". Gesammelte Werke (Marburger Ausgabe) Bd. 3, S. 35 ff.

z. B. die Kenntnisse und Fertigkeiten des Aufspürens, des Anschleichens und Überfallens, sind ja durchaus brauchbar (und die Zöglinge waren darin dem Erzieher weit überlegen); unbrauchbar ist allein das kriminelle *Zentralmotiv* der Disposition. Das Zentralmotiv ist aber verkörpert (inkorporiert) in dem *Hauptzweck* der Tätigkeit; deshalb war nur dieser zu ändern. So blieb die Tätigkeit fast die gleiche, nur war sie keine kriminelle mehr, sondern eine „von staatlicher Bedeutung".

§ 103

Dass ich die *Einwirkungsformen* von den *Einwirkungsmitteln* systematisch unterscheide (§ 94), bringt mich in Konflikt mit dem herkömmlichen Sprachgebrauch, der nur die undifferenzierte Bezeichnung ‚Erziehungsmittel' kennt. Diese Bezeichnung aber kann ich für die Einwirkungsformen nicht verwenden; sie verträgt sich nicht mit meinen Einsichten in die bisubjektive Natur der Erziehung und in die Diffusität und Kontingenz der pädagogischen Kausalität. Zum ‚Mittel' gehört der ‚Zweck' und die rationale Verbindung beider. Der Zweck braucht ein Mittel, um verwirklicht zu werden, und nur das, was ihn zuverlässig verwirklicht, ist ein Mittel. Davon kann bei der erzieherischen Einwirkung keine Rede sein. – Freilich gibt es, und nicht nur im Randbereich der Einwirkung, auch ‚echte' Zweck-Mittel-Relationen: Wenn ich ein Kind das Schreiben lehre und die Einwirkungsform des Vor-schreibens wähle, dann benötige ich dazu Mittel, nämlich Stift und Papier oder Tafel und Griffel. Um auch diesen Bereich, über den unter dem Titel ‚Erziehungsmittel' nur wenig gesagt oder geschrieben worden ist, theoretisch fassbar zu machen, bilde ich die Kategorie der Einwirkungsmittel.

Erster Zusatz. Ein wohlbekanntes Einwirkungsmittel ist der Stock; er galt sogar über lange Zeit als *das* Mittel schlechthin, weshalb er in bildlichen Darstellungen vom Altertum bis zur Neuzeit als das Berufskennzeichen des Erziehers und Lehrers verwendet wurde. Als man begann, die pädagogische Wirksamkeit des Schlagens zu bezweifeln, kam die hübsche satirische ‚Definition' auf, Erziehung sei „die Applikation des Erziehungsmittels auf die Erziehungsfläche des Kindes" (mit letzterer war der Rücken gemeint und seine untere Fortsetzung). – Nun ist in Deutschland seit vielen Jahrzehnten den Lehrern und seit einigen Jahren auch den Eltern die Körperstrafe („körperliche Züchtigung") von Gesetzes wegen verboten. Das Gesetz verbietet das Schlagen mit dem Stock und implizit auch das Drohen mit ihm; es verbietet also bestimmte Einwirkungsformen. Es verbietet nicht das Einwirkungsmittel, den Stock selbst, denn dann dürfte es keine Zeigestöcke mehr geben …

Zweiter Zusatz. Als im 18. Jahrhundert die ‚Erziehungsrevisoren' und andere Pädagogen nach den „wirksamsten Mitteln, den Kindern [etwas] beyzubringen" suchten, glaubten sie noch, fraglos und naiv, an die Zweck-Mittel-Logik und somit an die Geltung einer *linearen* pädagogischen Kausalität. Damals erschien auch die erste Monographie zum Thema Erziehungsmittel: *Christian Gotthilf*

Salzmanns ‚Krebsbüchlein'.[10] Das war aber keine wissenschaftliche Abhandlung, sondern ein Erziehungsratgeber für Eltern. *Salzmann* wählt (in der Nachfolge der *laus stultitiae* des *Erasmus*) eine satirische Argumentationsform, indem er die Folgen fehlerhafter Einwirkungen als gewollte Erziehungsziele der Eltern darstellt. Alle Kapitel haben ‚Mittel' zur Überschrift, z. B. „Mittel, Kindern das Lügen zu lehren"; „Mittel, Kinder verdrießlich und mit ihrem Zustande mißvergnügt zu machen"; „Mittel, Kinder gefräßig zu machen" etc. Auffällig ist, dass fast nur Einwirkungsformen behandelt werden; an echten Mitteln findet nur das Geld Erwähnung und einmal eine Bettdecke.
In der Pädagogik des 19. und des frühen 20. Jahrhunderts verliert sich das Thema. Wohl unter dem Einfluss Herbarts und später dem der ‚Reformpädagogik' glaubte man nicht mehr an lineare Kausalverhältnisse. Die repräsentativen Handbücher von *Rein* und *Willmann/Roloff* führen kein Stichwort ‚Erziehungsmittel'.[11]
Überraschenderweise kommt es um die Mitte des 20. Jahrhunderts zu einer deutlichen Renaissance der ‚Erziehungsmittel'. Warum, kann ich nicht erklären; es wäre einer besonderen Untersuchung wert. Fast gleichzeitig erscheinen, sowohl vor dem Hintergrund der individualpsychologisch inspirierten (*F. Birnbaum*) als auch vor dem der späten ‚geisteswissenschaftlichen' Pädagogik (*F. Trost* und *E. E. Geißler*) drei bedeutende Monographien zum Thema.[12] Und alle drei Autoren schlagen sich mit Skrupeln herum, ob ‚Mittel' der angemessene Ausdruck sei; sie suchen das Missverständnis der mechanischen, linearen Kausalität abzuwehren und bleiben dann doch bei dem missverständlichen Titel. Den vergesse ich einfach und lese drei Abhandlungen über Einwirkungsformen, zumal auch hier, wie schon bei *Salzmann*, das, was ich Einwirkungsmittel nenne, kaum thematisiert wird. – Einschränkend freilich ist anzumerken, dass zwei dieser Werke (*Trost* und *Geißler*) dezidiert pragmatisch ausgerichtet sind; sie wollen pädagogisch Handelnde mit den Einwirkungsformen und den Möglichkeiten ihres Einsatzes vertraut machen, weshalb sie ihren Gegenstand auf *methodisierbare* Einwirkungsformen eingrenzen müssen. Letzteres gilt auch für *Birnbaum*, der zwar mit seinem Thema „Systematisierung" einen eher theoretischen Anspruch erhebt (mit teilweise recht interessanten Ergebnissen), aber im einzelnen systematisierbar sind halt nur diejenigen Einwirkungsformen, die sich auch methodisieren lassen.

§ 104

Bei den *Einwirkungsformen* (den Aktionsgestalten, durch die eine Einwirkung verwirklicht wird) ist die wichtigste Unterscheidung diese: Es gibt protopädische und pädeutische Einwirkungsformen. Wenn z. B. Eltern den

10 *Chr. Gotth. Salzmann:* Anweisung zu einer zwar nicht vernünftigen, aber doch modischen Erziehung der Kinder, 1780. Ab [3]1792 unter dem Titel: Krebsbüchlein, oder Anweisung zu einer unvernünftigen Erziehung der Kinder

11 *Wilhelm Rein:* Encyklopädisches Handbuch der Pädagogik, Bd. 2 (1896) – *Otto Willmann/Ernst M. Roloff:* Lexikon der Pädagogik, Bd. 1 (1913)

12 *Ferdinand Birnbaum:* Versuch einer Systematisierung der Erziehungsmittel, Wien : Verlag für Jugend und Volk 1950 – *Friedrich Trost:* Die Erziehungsmittel. 16 Vorlesungen, Weinheim: Beltz 1966 – *Erich E. Geißler:* Erziehungsmittel, Bad Heilbrunn: Klinkhardt 1966 u. ö.

zutreffenden Eindruck haben, dass sie ihre Kinder überhaupt nicht ‚erziehen' müssen, weil deren familiäres Aufwachsen gleichsam von selbst gelingt, so liegt das daran, dass die notwendigen Vermittlungs-Aneignungs-Vorgänge in dieser Familie vornehmlich oder ausschließlich in protopädischer Gestalt ablaufen. Sie sind unauflöslich integriert in die ohnehin geschehenden Tätigkeiten des Umgangs der Personen miteinander und mit den häuslichen Gegenständen und Aufgaben und können deshalb als solche nicht einmal wahrgenommen werden. Die pädeutischen Einwirkungen sind dagegen von anderen Tätigkeiten nach Inhalt und Form unterscheidbar und lassen sich als eigenständige Aktionen beschreiben und analysieren. Ich wende mich zunächst dem Problem der protopädischen Einwirkungsformen zu.

§ 105

Die erste Schwierigkeit, *protopädische Einwirkungsformen* zu identifizieren, ergibt sich, weil diese Einwirkungen ununterscheidbar mit anderen Tätigkeiten verwoben und deshalb als solche gleichsam unsichtbar sind. Folglich muss man diese ‚anderen' Tätigkeiten – seien es Alltagstätigkeiten oder spezielle Aufgabenbewältigungen – insgesamt untersuchen und diejenigen herausfiltern, die (a) bisubjektiv strukturiert sind und (b) Unterschiede im Entwicklungsgrad einer bestimmten Tätigkeitsdisposition der beiden Subjekte erkennen lassen. Bemerkt man dann bei den ausgefilterten Tätigkeiten gewisse dispositionelle Veränderungen von Zeitpunkt zu Zeitpunkt, so kann daraus auf Einwirkungen geschlossen werden. Ganz offensichtlich sind solche Untersuchungen zunächst nur auf der konkret-individuellen Ebene möglich; und ebenso offensichtlich sind wissenschaftlich brauchbare Verallgemeinerungen hier nur mit Hilfe empirischer Erkenntnismethoden zu gewinnen. Der Theoretiker muss sich bescheiden.

Es gibt noch eine zweite Schwierigkeit. Jene ‚anderen' Tätigkeiten, in denen sich die protopädischen Einwirkungen verbergen, sind durchaus verschieden von Region zu Region und von Epoche zu Epoche: es gibt sie nur in jeweils historischer Gestalt. So stößt die theoretische Methode (die HPSA), wenn sie auf die Erkenntnis *allgemeiner* Bestimmungen zielt, rasch an ihre Grenzen.

Ich umgehe diese Schwierigkeiten, indem ich auf allgemeine Merkmale der protopädischen Erziehung zurückgreife und aus ihren ‚Großstrukturen' die Möglichkeit zumindest einer Typisierung der protopädischen Einwirkungsformen gewinne.[13] Aus den vier Großstrukturen, die ich kenne (es gibt vermutlich noch mehr), ergeben sich vier Einwirkungstypen, die sich teils

---

13 Dies ist in § 72 Zus. bereits angedeutet. Ausführlicher in *W. Sünkel*: „Protopädie und Pädeutik. Über eine notwendige Differenzierung im Erziehungsbegriff" in: *W. Marotzke/L. Wigger* (Hgg.): Erziehungsdiskurse, Bad Heilbrunn: Klinkhardt 2008, S. 15–28 und später hier im vierten Theorieteil.

von der Aneignungs- und teils von der Vermittlungsseite her – diese Unschärfe ist der Protopädie geschuldet – bestimmen lassen: Da sind (erstens) die Einwirkungsformen der *mimetischen Aneignung*. Eine TD wird angeeignet durch die Nachahmung der durch sie disponierten Tätigkeit eines Anderen, welch letztere dadurch zugleich vermittelnde Tätigkeit ist. Es gibt (zweitens) die Einwirkungsformen der *systemischen Aneignung*. Eine TD wird angeeignet durch allmähliches Eindringen in ihren systemischen Aufbau. Ein gutes Beispiel ist der Erstspracherwerb. Ferner gibt es (drittens) die Einwirkungsformen der *symbolischen Aneignung*. Eine TD wird angeeignet durch die Kenntnis und den Mitvollzug der Symbole der von ihr disponierten Tätigkeit. Das ist z. B. bei der Bildung religiöser oder nationaler Grundhaltungen der Fall. Und schließlich gibt es (viertens) die Einwirkungsformen der *Vermittlung durch Erwartung und Sanktion*. Das ist der Kernbereich der ‚Sozialisation' des Nachwuchses: die Erziehung des Selbstverständlichen.

§ 106

Die *pädeutischen Einwirkungsformen* sind dagegen leicht zu identifizieren, weil die Vermittlungs-Aneignungs-Vorgänge als besondere und unterscheidbare Tätigkeiten erkennbar sind. Prinzipiell sind *alle* Formen der menschlichen Kommunikation imstande und geeignet, Einwirkungen auf Aneignungstätigkeiten zu transportieren, und können von den vermittelnden Subjekten in dieser Absicht auch gebraucht werden (einige davon, vor allem die aggressiven wie z. B. das Anschreien etc., allerdings nur mit äußerster Vorsicht und Zurückhaltung). Einwirkungen sind kontingent und diffus; so auch ihre Formen, die deshalb nach allgemeinen Prinzipien – etwa nach den verschiedenen erzieherischen Absichten – weder bestimmt noch geordnet werden können. Nicht einmal auf die zuvor konstituierten Kategorien der Einwirkung selbst lassen sich die Einwirkungsformen eindeutig beziehen. Nur in wenigen Fällen ist das möglich: Die Formen des Isolierens und des Verbietens gehören zur Einwirkungsweise des Verhinderns und nur dorthin. Aber ob z. B. ein Impuls oder ein Tadel oder eine Bestrafung ermöglichend, veranlassend, verhindernd oder unterbindend wirkt, ist auf theoretische Weise nicht entscheidbar. Die Wahl der Einwirkungsformen wird auf der konkret-individuellen Ebene (das ist die Ebene der Praxis selbst) getroffen und gerechtfertigt, in Ein- und Abschätzung der Individualität des Erziehers und der des (individuellen oder kollektiven) Zöglings unter Berücksichtigung der jeweils konkret gegebenen historischen, institutionellen und situativen Umstände. Hier aber hat sich praktische Erfahrung angesammelt und gewisse Verallgemeinerungen in Form von Anwendungsregeln mit begrenzter Gültigkeit und Reichweite hervorgebracht, nützlich für den Praktiker, aber theoretisch nicht rekonstruierbar und nur durch Praxis zu widerlegen.

§ 107

Von den Einwirkungsformen unterscheide ich die *Einwirkungsmittel.* Dass es sie gibt, ist keine neue, sondern eine alte Erkenntnis; im Grunde weiß es jeder. In der Übersicht (§ 94) sagte ich, dass prinzipiell alles, was es gibt, auch als Einwirkungsmittel benutzt werden kann; es sind die ‚Dinge', die man zum Erziehen braucht. Allerdings finde ich es in hohem Maße verwunderlich, wie wenig Notiz von ihnen in den pädagogischen Theorien genommen wird; nicht einmal zu einem terminologischen Namen haben sie es gebracht. Und dabei stünde doch ein sonst vielberufener Klassiker bereit, die Wichtigkeit der *éducation par les choses* zu bezeugen.

Erster Zusatz. Wir lesen von einer zerbrochenen *Fensterscheibe,* die den Zögling bestraft, der sie zerbrochen hat; wir lesen von einer magnetischen *Ente* auf dem Jahrmarkt, die dem Zögling die ersten Regungen der Eitelkeit austreibt; und von dem Herrn dieser Ente, dem *Gaukler,* der dem Zögling eine vom Erzieher formulierte Standpauke hält; auch von einem *Drachen,* der seine Position am Himmel allein aus der Lage seines Schattens auf der Wiese bestimmen lässt; und von den *Waldbäumen*, die mit ihrer bemoosten Seite dem Zögling die Westrichtung anzeigen. Diese Beispiele und noch mehr lesen wir im 2. und 3. Buch von *Rousseau*s ‚Émile'. Im 4. Buch dieses Werkes kommt als ein dort zentrales Einwirkungsmittel ein *Vertrag* zwischen Erzieher und Zögling zum Einsatz.

Zweiter Zusatz. Denken wir uns einen *Kreidestrich,* der ein Zwei-Kinder-Zimmer in Reviere aufteilt, und dazu eine gebastelte *Signalanlage,* die den gegenseitigen Besuchsverkehr regelt; denken wir uns eine *Taschenlampe,* die einen vierjährigen Bettnässer ‚heilt'; denken wir uns einen festen *Zubettgeh-Ritus,* der das Tagesende markiert; vielleicht auch einen *Kartoffelacker,* der von einer Zöglingsgruppe vorbereitet, bestellt, gepflegt und abgeerntet sein will; oder eine behinderte *Nachbarin,* mit deren Hilfe Freundlichkeit und Solidarität geübt wird. – Ich denke auch an die *Verfassung* einer Jugendrepublik und an die *Hausordnung* eines Internats. Und ich denke an einen kalten Schlafraum im Heim, den die Zöglinge heizbar machen wollen, indem sie, mit Hilfe eines Fachmannes, einen Ofen setzen. Die schwierige Arbeit gelingt schließlich. Wer hat hier ‚erzogen'? Keineswegs der Fachmann; der hat mitgebaut und allenfalls unterrichtet. Auch nicht der Heimerzieher; der hat nur zugeschaut. Und erst recht nicht ein Abstraktum namens Arbeit. ‚Erzieher' war der *werdende Ofen* selbst.

§ 108

Da alles, was es gibt, als Einwirkungsmittel brauchbar ist, kann die Allgemeine Theorie zum Problem der *Mittelwahl* nur wenige, genau genommen nur drei Fragen beantworten: Wo findet diese Wahl statt? Woher kommen die wählbaren Mittel? Und vor allem: Worauf beruht deren Wirksamkeit?

Der Ort der Mittelwahl ist die konkret-individuelle Praxis. An der Bereitschaft und Fähigkeit eines Erziehers, seinen Absichten taugliche, aber auch ungewöhnliche und neuartige Einwirkungsmittel aufzuspüren und zu erfinden, kann man den kreativen von dem nur routinierten Erzieher typologisch unterscheiden.

Die ‚Dinge' oder ‚Sachen' (bei der ‚Nachbarin' aus dem letzten Zusatz muss ich mich für diese Rubrizierung entschuldigen!), die als taugliche Einwirkungsmittel in Frage kommen, werden entweder vorgefunden, und zwar in der Situation, in welcher sich der Zögling oder die Zöglinge gerade befinden; oder sie werden vom Erzieher oder von den Zöglingen in die Situation eingeführt; oder sie werden innerhalb der Situation vom Erzieher oder von den Zöglingen hervorgebracht. Ein oft gebrauchtes Einwirkungsmittel ist auch der Erzieher selbst.

Für die Mittelwahl entscheidend ist jedoch die Tauglichkeit des Einwirkungsmittels. Im 7. Kapitel dieses Buches habe ich dargestellt, dass Gegenstände, Geräte, Lebewesen, Personen etc. als *Inkorporationen des Dritten Faktors der Erziehung* aufgefasst werden können; d.h. es sind Tätigkeitsdispositionen oder Teile davon in ihnen ‚verkörpert', auf deren Aneignung ihre Wirksamkeit als Einwirkungsmittel beruht. Der mittelwählende Erzieher muss folglich ein- und abschätzen, ja oft auch erst entdecken, welche dispositionellen Möglichkeiten in welcher ‚Sache', die ihm gerade zur Hand ist oder zu Händen kommt oder entworfen werden kann, enthalten oder versteckt sind.

Zusatz. Eine Anschlussfrage wäre die nach dem Verhältnis zwischen Einwirkungsformen und Einwirkungsmitteln. Es gibt keine allgemeine Korrespondenz zwischen ihnen, sodass sie nicht einzeln einander zugeordnet werden können. Die Abhängigkeit ist aber wechselseitig: Das Mittel kann sich nach den Formen oder umgekehrt die Form nach den Mitteln richten.

17. Kapitel: Die methodische Einwirkung

§ 109

Das Wort *Methode* wird in der Pädagogik, anders als in anderen Wissenschaften, in zwei verschiedenen Bedeutungen gebraucht, die sorgfältig auseinander zu halten sind: als Methode des Denkens und als Methode des Handelns. ‚Methode' heißt ‚Weg' und bezeichnet in allen Wissenschaften, so auch in der Pädagogik, den rational geregelten Weg der Erkenntnis des Gegenstandes. Methoden sichern den Erkenntnisgang und machen das Erkannte überprüfbar. Sie öffnen den Verstand für den Gegenstand *(adaequatio intellectus ad rem)* und machen zugleich den Gegenstand dem Verstand zugänglich *(adaequatio rei ad intellectum).* Man unterscheidet spekulative, theoretische, hermeneutische und empirische Erkenntnismethoden. Die in diesem Buch – wie auch schon in der „Phänomenologie des Unterrichts" – entwickelte und benutzte Methode ist die Handlungsproblemstrukturanalyse (HPSA), die, als ein logisches Verfahren, zu den theoretischen Methoden zählt.

Ganz anders die zweite Bedeutung von ‚Methode', die nur in der Pädagogik terminologisch ist. Man spricht von Methoden des Unterrichts und überhaupt von *Erziehungsmethoden* und versteht darunter rational geregelte ‚Wege' der Verwirklichung erzieherischer Absichten. Nur in der zweiten Bedeutung ist ‚Methode' das Thema dieses Kapitels.

Die Erfolgswahrscheinlichkeit der einzelnen Einwirkungen erhöht sich, wenn sie nicht mehr nur vereinzelt, nur zufällig, nur beliebig gesetzt werden, sondern wenn sie untereinander einen sinnvollen Zusammenhang bilden und sich zu einer ‚Gesamteinwirkung' fügen. Die Herstellung eines solchen Zusammenhangs kann man als Methodisierung bezeichnen, die zweierlei Regeln folgt: den Regeln der Stimmigkeit, d. h. gleichzeitige Einwirkungen passen zueinander, und den Regeln der Konsequenz, d. h. nachfolgende Einwirkungen ergeben sich folgerichtig aus vorhergegangenen. Der Allgemeinen Theorie stellt sich die Aufgabe, das Prinzipielle solcher Regeln herauszuarbeiten und die Probleme des methodischen Erzieherhandelns insoweit zu erörtern, wie sie sich aus der Bisubjektivität der Erziehung und aus der Natur der pädagogischen Kausalität bestimmen lassen.

§ 110

Es gibt keine *Universalmethode.* Wann immer z. B. Eltern einen Erziehungswissenschaftler nach der richtigen Erziehungsmethode fragen, so ist dessen Muss-Antwort: „Ich kenne euere Kinder nicht, und ich weiß nicht, wie bei euch der Wind weht." Jede Methodisierung von Einwirkungen stößt an die Grenzmarke der *Individualität.* Das meint nicht nur die Individualität des individuellen Zöglings, sondern auch die des kollektiven, wenn mehrere Zöglinge beteiligt sind; es meint nicht nur die Individualität des individuellen Erziehers, sondern auch die des kollektiven, wenn eine Erziehergruppe tätig ist (auch ein individueller Staat kann ein solcher kollektiver Erzieher sein, wenn er Erziehungspolitik betreibt). Es geht ferner um die Individualität der Lebensumstände von Erzieher und Zögling, hier vor allem um die besondere Gestalt der jeweils ablaufenden protopädischen Erziehungsvorgänge; und nicht zuletzt geht es um die Individualität der jeweiligen Vermittlungs- und Aneignungsgegenstände, der TDs, die die ihnen jeweils günstigen Einwirkungsformen und -mittel fordern.

Gleichwohl sind (im Plural) *Methoden* von eingeschränkter Allgemeinheit und Reichweite möglich; denn Zöglinge und Erzieher tragen nicht nur individuelle, sondern auch allgemeinere Merkmale, Lebensumstände können verglichen und typisiert werden, und die TDs besitzen ohnehin eine eigene Allgemeinheit insofern, als sie für Viele dieselben sind.

Zusatz. So kann jener Erziehungswissenschaftler die Elternfrage nach der richtigen Methode durchaus beantworten und Empfehlungen geben, wenn er die Kinder und die Eltern genau kennt, die Lebensumstände hinreichend ermittelt hat und wenn die Aneignungsgegenstände geklärt sind. Die Eltern sollten aber nur einen solchen Erziehungswissenschaftler um Rat fragen, der über Erziehung etwas weiß, das ist bei der heutigen Ausfaltung des Faches nicht mehr selbstverständlich; und dass er gar selber ein kompetenter Erzieher sei, das war immer schon selten.

§ 111

Die zwei negativen Charakteristika der pädagogischen Kausalität, nämlich ihre Kontingenz und ihre Diffusität, beeinflussen in starkem Maße die Konstruktion (das ‚Design‘) von Erziehungsmethoden; sowohl die Regeln der Konsequenz als auch die der Stimmigkeit müssen sich diesen Merkmalen anpassen. Da dies jedoch nicht gleichmäßig bei allen diesen Regeln der Fall ist und die der Konsequenz mehr von der Kontingenz, die der Stimmigkeit aber mehr von der Diffusität abhängen, beschränke ich meine Erörterung auf die Probleme der ‚kontingenten Konsequenz‘ und der ‚diffusen Stimmigkeit‘.

§ 112

Konsequentes Handeln setzt konsequente Planung voraus. Wenn ein Architekt ein Hochhaus zu bauen hat, so legt er in seiner Planung jeden Schritt der Bauausführung, einen auf dem anderen fußend, im Voraus fest, sodass der fertige Bau in seinem Plan bereits existiert, bevor überhaupt mit der Ausschachtung begonnen wird, und während der Bauausführung, sofern der Plan gut ist, keine oder nur nebensächliche Plankorrekturen erforderlich sind. Der Architekt muss sich aber darauf verlassen, dass die Bauleute jeden Ausführungsschritt auch wie geplant verwirklichen werden. Die Möglichkeit architektonischer Planung beruht wesentlich darauf, dass jede Ursache unter identischen Umständen dieselbe berechenbare Wirkung zeitigt; der planende Architekt vertraut zu Recht der Zuverlässigkeit linear-mechanischer Naturkausalität.

Dem planenden Erzieher ist ein solches Vertrauen verwehrt. Er kann zwar die Abfolge seiner Einwirkungen im Voraus entwerfen, aber nur auf Grund ihrer *vermuteten* Auswirkungen. Deshalb können Folgeeinwirkungen nicht unmittelbar logisch aus den vorangegangenen entwickelt werden, sondern nur aus deren tatsächlich eingetretenen Ergebnissen, sodass der Plan bei jedem Schritt seiner Verwirklichung revisibel wird. ‚Verzweigte' Planung kann dem Erzieher das Planen erleichtern, aber nicht das Problem beseitigen, denn auch in den ‚Zweigen' herrscht die Kontingenz. Methodisches Erzieherhandeln ist in diesem Sinne ein elastisches Handeln. Die Regeln der methodischen Konsequenz fußen auf diesem Dreischritt: Einwirkung – ihr faktisches Ergebnis – Folgeeinwirkung. Wer den Zwischenschritt unterlässt, begeht einen basalen Methodenfehler und wird sein Ziel, die TD-Aneignung durch den Zögling, nicht erreichen (es sei denn, die Spontaneität des Zöglings kommt ihm zu Hilfe). Dieses Ziel gibt aber nur die Richtung des methodischen Handelns an, der Weg dahin ist aus ihm nicht ableitbar.[1]

§ 113

Das andere Kriterium methodischen Handelns in der Erziehung ist die *Stimmigkeit* der gleichzeitigen Einwirkungen. Sie sollen einander nicht nur nicht behindern, sondern einander fördern, ergänzen, verstärken und, wenn sie gegensätzlich sind, auch einander begrenzen und korrigieren. Diese Stimmigkeit wird sowohl dann verlangt, wenn es um die Vermittlung einer einzelnen TD geht, wie meistens beim Unterricht, als auch dann, wenn, wie in vielen Bereichen der Erziehungspraxis, die gleichzeitige Aneignung mehrerer TDs das Einwirkungsziel darstellt. In beiden Fällen gilt, wie schon gezeigt, die pragmatische Maxime der Einwirkungsmultiplikation, die dem Kausalitätsmerkmal der Diffusität geschuldet ist.

Das Ganze wäre ein relativ einfaches Geschäft, wenn es bei der Konstruktion der Stimmigkeitsregeln nur um diejenigen Einwirkungen auf die Zöglingstätigkeit ginge, die der Erzieher selber setzen kann. In Wahrheit hat er es dabei aber mit dem gesamten Einwirkungskreis (15. Kapitel) zu tun. Geschehende Einwirkungen der Typen b und c wollen wahrgenommen und

1 Methodische Planung ohne den ‚realistischen' Zwischenschritt zeugt von einer falschen, nämlich abstrakten Auffassung von Methode, welcher eine falsche, nämlich abstrakte Auffassung des Erziehungsprozesses zu Grunde liegt. Näheres dazu später im dritten Theorieteil.

beurteilt werden, ob und wie sie zu den zu setzenden passen (Typ c) oder passend gemacht werden können (Typ b); die des Typs d dürfen die a-Einwirkungen nicht behindern; und die Sektoren b und c können sich auf die Gestaltung des Sektors a dergestalt auswirken, dass bestimmte Einwirkungsweisen, -formen oder -mittel ausgeschlossen oder geboten sind. Außerdem wird es in vielen Fällen erforderlich sein, sogar die Zielvorstellungen (welche TDs angeeignet oder transformiert werden sollen) erst aufgrund einer Analyse des jeweils gegebenen Einwirkungskreises zu konkretisieren.

§ 114

Es gibt einen Sachverhalt, den ich leider ungeklärt lassen muss: das sind die Regeln der Vereinigung von Stimmigkeit und Konsequenz in den Methoden. Solche Regeln existieren, denn Erzieher gebrauchen sie jederzeit und allerorten, wenn sie methodisch handeln. Der bloße phänomenale Befund, *dass* Erzieher imstande sind, in ihrem Handeln die stimmige Konsequenz, die konsequente Stimmigkeit zu verwirklichen (und die besten können das auf hervorragende Weise), lässt den Theoretiker unbefriedigt, der ja gern auch wissen möchte, *warum* sie das können und *wie* dieses Können ‚funktioniert'. Der Weg zu diesem Wissen scheint klar: Das Problem, welches die Erzieher handelnd lösen, indem sie Methoden finden und gebrauchen, die stimmig und konsequent zugleich sind, muss aufgesucht, in seiner logischen Struktur durchschaut und dann analysiert werden. Aber eben dieses Problem will mir, trotz heißem Bemühen, seine logische Gestalt nicht offenbaren. Deshalb ist es mir unmöglich, Aussagen zu machen, nach welchen Regeln die Regeln der Stimmigkeit und die der Konsequenz miteinander in Beziehung gesetzt werden und wie die Einheit beider in Begriffen abzubilden ist.[2] Wer helfen kann, helfe.

---

2 Wollte man dieses ‚Können' der Erzieher ihrem „pädagogischen Takt" zuordnen, so hätte man einen Namen gefunden, aber keine Erklärung.

Achter Abschnitt: Die Erziehungssituation

18. Kapitel: Zur Einführung des Situationsbegriffs

§ 115

Als *Jean-Jacques Rousseau* den Zögling Émile konstruierte, nahm er ihn komplett aus allen persönlichen und gegenständlichen Beziehungen heraus, in denen er von Geburt an zu Hause gewesen wäre, um ihn der totalen Herrschaft eines einzigen, ebenfalls abstrakt, nämlich als methodisch unfehlbar, konstruierten Erziehers mit dem missverständlichen Namen Jean-Jacques[1] zu unterstellen. Émile sollte nicht der kleinsten Einwirkung ausgesetzt sein, die Jean-Jacques nicht selber gesetzt, modifiziert oder gebilligt hätte. An die Stelle der ‚natürlichen' Umgebung des Kindes tritt so eine künstliche, pädagogisch arrangierte und kontrollierte Umgebung aus Dingen, auch aus Personen wie dem Gärtner Robert oder dem Gaukler mit der magnetischen Ente, die aber als miterziehende Dinge behandelt werden: sie müssen sich in Tun und Reden streng an Jean-Jacques' Drehbuch halten. Die als unbeeinflussbar vorausgesetzte Anthropogenese („la nature") fungiert als Maßstab und Maßgabe sowohl der Stimmigkeit als auch der Konsequenz.

In jeder *wirklichen* Erziehung ist es unmöglich, den Zögling aus seinen gewachsenen und wachsenden Bindungen und Beziehungen herauszureißen, um ihn zur Versuchsperson erzieherischen Experimentierens zu machen. Das geht nur im Gedankenexperiment; nur dem *Modellbauer Rousseau* ist es erlaubt, so zu tun als ob, wenn er die pädagogischen, ich präzisiere: die pädeutischen Handlungsstrukturen in ihrer reinen, unverfälschten Gestalt studieren will. Wirkliche Erziehung hat immer die ganze Welt des Lebens, in welcher der Zögling auf- und in die er hineinwächst, zur Grundlage und Voraussetzung. Das sind die geographische Region und die historische Epoche, seine ethnische und geschlechtliche Zugehörigkeit, die gesellschaftlichen Klassen- und politischen Machtverhältnisse, denen er wie seine

1 Im akademischen Unterricht hat sich folgende Sprachregelung bewährt: Ich sage *Rousseau*, wenn ich den Autor, und Jean-Jacques, wenn ich das Erzieherkonstrukt meine, und schreibe „Émile", wenn von dem Werk, Émile (ohne Anführung), wenn von dem Zöglingskonstrukt die Rede ist.

Umgebung, so auch die Erzieher, unterworfen ist, die geltenden und gelten sollenden Normensysteme, die kommunalen und familiaren Strukturen und schließlich auch die Institutionen, mit deren Errichtung eine Gesellschaft „auf die Entwicklungstatsache reagiert".[2] Diesen ganzen Komplex der Grundlagen und Voraussetzungen nenne ich *das Erziehungsfeld;* es wird das Thema des vierten Theorieteils sein.

Die konkret-individuellen Erziehungsvorgänge werden durch das Erziehungsfeld aber nur im großen Rahmen und in allgemeiner Hinsicht bestimmt. Was *unmittelbar bestimmend* in die Erziehungsvorgänge eingeht, sind jeweilige ‚Ausschnitte' des Erziehungsfeldes, nämlich die Beziehungen zu denjenigen Sachverhalten, Gegenständen und Personen seiner Umgebung, denen der konkrete (individuelle oder kollektive) Zögling Relevanz, also eine mögliche Einwirkung auf seine Aneignungstätigkeit zugesteht oder einräumen muss. Ein solches Geflecht von Beziehungen bezeichne ich als *Erziehungssituation;* sie ist das Thema dieses und des folgenden Abschnitts.

§ 116

Wie in § 93 bereits angedeutet, ist die formale Einführung des Situationsbegriffs eine kausalitätstheoretische. Die Natur der pädagogischen Kausalität ist dort zusammenfassend mit der „situativen Gleichung" beschrieben worden: $Ew = mOA$; in Worten: Einwirkungen sind mögliche Orientierungen (Ausrichtungen) der Aneignungstätigkeit. In der Formel ist zugleich implizit festgehalten, dass die Auswirkung, ob sie denn und wie sie faktisch eintritt, von der Subjektivität (dem Subjektsein) des aneignenden Subjekts abhängt. Zu untersuchen sind deshalb die *Beziehungen* zwischen den Ausgangspunkten der Einwirkungen (woher sie kommen) und dem Ausgangspunkt der Auswirkung (der Spontaneität des Zöglings). Diese Beziehungen nenne ich situative Beziehungen; ihr gleichzeitiges Auftreten als Ensemble (manchmal auch als System) bildet die Erziehungssituation, in der sich die verschiedenen Einflüsse auf die Aneignungstätigkeit parallelisieren oder überschneiden, einander hindern oder stärken, einander ergänzen oder widersprechen. Die Erziehungssituation ist der ‚strukturelle Ort', wo sich das Erziehungsverhältnis (als das Verhältnis von Vermittlung und Aneignung) konkret realisiert.

Zusatz. Die Situativität der Erziehung ist von mehreren pädagogischen Autoren früher schon gesehen und durch eine entsprechende Akzentuierung ihrer Lehren gewürdigt worden, aber ohne dass es zu einer spezifischen Begrifflichkeit gekommen wäre: *John Locke* ist hier zu nennen und *Jean Paul,* in gewisser Hinsicht auch der in sich so widersprüchliche *Pestalozzi* und in besonders ausgeprägter Weise *Anton Makarenko.* Als *Begriff* kommt die Situation in der

---

2 Formuliert nach *Siegfried Bernfeld*, Sisyphos oder die Grenzen der Erziehung (1925)

deutschsprachigen Pädagogik erst im letztvergangenen Jahrhundert vor, vereinzelt nur, nicht ‚einheimisch' geworden in unserer Terminologie.[3] Ich greife zwei Verwendungen auf. (Erstens:) 1955 erörterte *Ernst Lichtenstein* die Grundlegung einer „Situations-Ethik des erzieherischen Handelns, deren wir um so mehr bedürfen, je mehr einseitige Leistungsanforderungen … im pädagogischen Gebiet erhoben werden".[4] Nun liegen aber die Probleme der pädagogischen Ethik weitab von dem Erkenntnisinteresse, das ich in diesem Buch verfolge, und so auch *Lichtensteins* Kernaussage, die erzieherische Situation sei „nicht eine nur tatsächliche Verumständung, an der ein bestimmtes Verhalten orientiert ist, sondern eine unter ethischem Anspruch stehende und von der Transzendenz her geforderte Begegnung mit der jungen Generation"; denn gerade der „Verumständung" gilt mein besonderes Interesse. Doch auf dem Wege zu den ethischen Bestimmungen gelingen *Lichtenstein* auch Einsichten in Strukturverhältnisse des Phänomens Erziehung selbst, von denen ich gerne Gebrauch mache. Vor allem schätze ich seine, wenn auch einseitige, Herausarbeitung des *aktualen* Charakters, den Erziehungssituationen haben können, wenn sie weder vorgegeben sind noch hergestellt werden, sondern sich ereignen und dann dem Erzieher plötzliches Entscheiden und rasches Handeln abverlangen. *Lichtenstein* spricht von der „erzieherischen Spannungslage", deren Auftreten ein „Umgangsverhältnis" zwischen Erwachsenen und Kindern „in eine fordernde Erziehungssituation umschlagen" lässt. – (Zweitens:) In anderer Bedeutung hatte schon früher *Peter Petersen* den Situationsbegriff eingeführt, und zwar in den Kernbereich der Allgemeinen Pädagogik.[5] Er konzentrierte sich – nahe an *Rousseau* – auf den *methodischen* Charakter der Erziehungssituation, der in *Lichtensteins* Begriff geradezu ausgeschlossen ist.[6] Bei *Petersen* heißt es: „Pädagogische Situation ist 1. ein problemhaltiger Lebenskreis von Kindern oder Jugendlichen um einen (sc. Jugend-)Führer, 2. von diesem in pädagogischer Absicht derart geordnet, 3. daß jedes Glied des Lebenskreises genötigt … wird, als ganze Person zu handeln, tätig zu sein."[7] In rezeptionshermeneutischer Hinsicht ist zu bedenken, dass *Lichtensteins* Fragerichtung die ethische war und dass *Petersens* Begriffskonstitution ganz im Dienste der reformpädagogischen Programmatik seines „Jena-Plans" (der ‚Pädagogisierung des Unterrichts') stehen sollte, wodurch der *deskriptive* Wert der Aussagen zwar nicht aufgehoben, aber gemindert wird. Als gemeinsame Erkenntnis der beiden Autoren bleibt festzuhalten, dass als ein zentrales Strukturmerkmal der Erziehungssituation der ihr innewohnende *Problemlö-*

3 Hintergrund der Terminologisierung ist sicherlich der existenzphilosophische Situationsbegriff von *Karl Jaspers* (Die geistige Situation der Zeit [Sammlung Göschen Bd. 1000] Berlin/Leipzig : de Gruyter 1931, S. 19–24).

4 „Vom Sinn der erzieherischen Situation", Vjs.wiss.Päd. 31 (1955). Auch in: *Lichtenstein*, Bildungsgeschichtliche Perspektiven, Ratingen : Henn 1962, S. 161–173 (zit. S. 168, 165, 163)

5 *P. Petersen:* Führungslehre des Unterrichts (1937), Braunschweig: Westermann [7]1963, S. 20 ff.

6 Offenbar hat *Lichtenstein* zu dieser Zeit den Vorausgang *Petersens* nicht gekannt. Es ist mehr als plausibel, dass er erst nach 1956 in Münster durch seinen Kollegen *Heinrich Döpp-Vorwald* auf dessen Lehrer *Petersen* aufmerksam gemacht geworden ist.

7 *Petersen* a. a. O. S. 20. „Führungslehre" ist bei ihm – heute nicht mehr ganz verständlich – die Übersetzung von „Pädagogik"; entsprechend steht der „Jugendführer" für den Pädagogen.

sungsdruck sichtbar wird, der sich, von den Autoren unterschiedlich akzentuiert, auf Zögling und Erzieher richtet und sie zur aneignenden und vermittelnden Tätigkeit nötigt.
Schließlich wird der Situationsbegriff als zentrale systematische Kategorie in meiner „Phänomenologie des Unterrichts" (1996) gebraucht, in neuer Bedeutung als System von Beziehungsstrukturen.

§ 117

Die Situation, als Erziehungssituation verstanden, ist immer die Situation des Zöglings. Er ist ihr Zentrum; es geht um *seine* Beziehungen zu den ihn tangierenden und affizierenden Gegenständen, Sachverhalten und Personen seiner Umgebung. Unter diesen Personen befindet sich auch der Erzieher. Das bedeutet: Der Erzieher nimmt *nur eine* unter mehreren oder vielen Positionen in der Situation des Zöglings ein; der Zögling kann dieser Position eine besondere oder hervorgehobene Bedeutung verleihen, aber er muss es nicht; er kann sich auch den von dieser Position ausgehenden Einwirkungen ebenso entziehen oder verweigern, wie er das bei Einwirkungen anderen Ursprungs kann. Der Erzieher besitzt auch kein Vermittlungsmonopol. Inwiefern dennoch seiner Position *strukturell* eine besondere situative Rolle zukommt, wird später, im Zusammenhang der ‚zeugmatischen' Beziehungen, erörtert.

Nun sind aber *Personen*, die in der Situation des Zöglings eine Position einnehmen (unter ihnen auch die Erzieher), ihrerseits Zentren und Subjekte der ihnen jeweils eigenen Situation. So entsteht das Problem der *situativen Inkongruenz,* das ich zunächst am Beispiel der Position des Mitzöglings verdeutlichen will. Angenommen, der Zögling A nimmt eine Position in der Situation des Zöglings B ein, so gilt gleichermaßen, dass dem Zögling B eine Position in der Situation des Zöglings A zukommt: A und B sind Zögling und Mitzögling zugleich. Die beiden Zöglingssituationen können nicht kongruent sein; sie haben individuell verschiedene Subjekte, und deshalb sind auch die Beziehungen, die die beiden Zöglinge zu denselben Dingen und Personen der gemeinsamen Umgebung aufnehmen, nach Art, Inhalt und Intensität verschieden. Gleichwohl sind die zwei Situationen eng miteinander verbunden. Sie überlappen sich in Bezug auf die gemeinsame Umgebung, und sie werden partiell integriert durch die situative Beziehung der beiden Subjekte zueinander. Die Zögling-Zögling-Beziehung ist substantiell fundiert in einem wechselseitigen Vermittlungs-Aneignungs-Verhältnis, das sich vornehmlich in protopädischen Formen realisiert. Auf der Grundlage dieser Sachverhalte ist es möglich, die ‚Schnittmenge' der zwei Situationen als *eine* Erziehungssituation und die zwei individuellen Zöglinge als ihr Gesamtsubjekt, als kollektiven Zögling, anzusehen und zu behandeln. – Was ich hier, der Klarheit halber, mit der Zwei dargestellt habe, gilt entsprechend auch für größere Zöglingszahlen.

§ 118

Auch die Position eines Erziehers innerhalb der Zöglingssituation unterliegt der situativen Inkongruenz (Lehrer z. B. kennen und beherzigen die Selbstwarnung: „Privater Ärger gehört nicht ins Klassenzimmer!") Aber anders als beim Mitzögling ist die individuelle Situation des Erziehers keine Erziehungssituation; er ist Ehepartner, Mieter, Vereinsmitglied, berufstätig, er hat Verwandtschaft, Freunde, ein Hobby, lebt also in vielerlei situativen Beziehungen, die mit der Situation seines Zöglings zunächst nichts zu tun haben. In die Zöglingssituation geht davon nur so viel mit ein, wie er eingehen lassen oder der Zögling hereinziehen will oder wie die Umstände es erfordern: bei Eltern ist die ‚Schnittmenge' meist sehr groß, bei vielen Berufserziehern eher klein.

Weil also der Erzieher als Person in der Zöglingssituation nur so weit, wie er Erzieher (TD-vermittelndes Subjekt) ist, positioniert sein kann, gilt in dem häufigen Fall, dass zwei (oder mehrere) Erzieher der Situation angehören, folgendes: Die situative Beziehung zwischen dem Erzieher X und dem Erzieher Y ist keine integrale Personenbeziehung, sondern eine partielle, eine ‚kollegiale'; sie besteht lediglich in Hinsicht auf ihre gemeinsame Aufgabe als TD-vermittelnde Subjekte.[8] Auf der Grundlage dieser Erzieher-Erzieher-Beziehung lässt sich der *Begriff des Gesamterziehers* (des kollektiven Erziehers) aufstellen, den man zur Beschreibung vieler Erziehungssituationen benötigt.

Zusatz. Bemerkenswert ist der nicht seltene Fall, dass in der Erziehungssituation ein *randständiger Miterzieher* vorhanden ist. Darunter verstehe ich einen solchen, der zwar zum Zögling, aber zu keinem der anderen Erzieher eine situative Beziehung hat (die ihn nicht einmal kennen müssen) und der somit auch nicht zum Gesamterzieher gehören kann. Der randständige Miterzieher kann die Erziehungssituation stören, aber auch befruchten; vielleicht auch: durch Störung befruchten. *Erich Kästner* hat ihn in der Figur des „Nichtrauchers" liebenswert gestaltet.[9]

§ 119

Ebenso wichtig wie die Personen sind die Dinge, die in der Erziehungssituation eine Position einnehmen. Unter dem Namen der *dinglichen Positionen* fasse ich Gegenstände, Geräte u.ä. sowie strukturelle Sachverhalte zusammen (Zur Situation Schulklasse z. B. gehören nicht nur das Mobiliar und die Lehrmittel, sondern auch die Unterrichtsgegenstände, die Schulordnung etc.). Auch Personen können dingliche Positionen einnehmen, wenn sie

8 ‚Eltern in Scheidung' z. B. verfehlen häufig diese Struktur.

9 *Erich Kästner:* Das fliegende Klassenzimmer (1933)

nicht als Personen, sondern nur ‚funktional' an der Situation beteiligt sind (Beispiel: der Kartenverkäufer auf dem Schulausflug).

Die situative Bedeutung der dinglichen Positionen ist eine mehrfache. Sie fundamentieren die Situation, indem sie ihr eine gewisse (kürzere oder längere) Dauer verleihen und sie außerdem gegen andere Erziehungssituationen abgrenzen, sofern die Abgrenzung nicht auch durch Unterschiede des Ortes und der Zeit bedingt ist. Sie bilden ferner, so wie sie vorgefunden oder eingebracht werden, das Material der situativen Tätigkeiten und somit gleichsam den ‚Inhalt' der Situation. Vor allem aber sind die dinglichen Positionen (mit *Petersen*s Ausdruck) „problemhaltig" insofern, als sie Aneignungs- und damit auch Vermittlungsprobleme aufwerfen und einen Problemlösungsdruck auf die situativen Tätigkeiten ausüben, weil in ihnen Tätigkeitsdispositionen verkörpert sind: Die Dinge sind – oder enthalten – Gestalten des Dritten Faktors der Erziehung und können somit als Einwirkungsmittel (§ 108) tätig werden.

§ 120

Nicht allen situativen Positionen und Beziehungen kommt immer die gleiche Bedeutsamkeit und Wichtigkeit zu. Erziehungssituationen strukturieren sich *thematisch.* Als Beispiel stelle man sich einen Fahrradausflug vor. Zentrales Thema der Situation ist die Beziehung der Zöglinge zu dem Ziel, das erreicht werden soll, und vielleicht auch zum Wetter (jedenfalls, wenn es ‚schlecht' ist). Die Beziehung hingegen, die sie zu der dinglichen Position Fahrrad haben, ist eine untergeordnete: sie ist, sofern alle wirklich Rad fahren können, selbstverständlich; eine gewisse Bedeutung kommt ihr zu, weil man Wege benutzen kann, die vom motorisierten Verkehr frei sind („Pättkes" heißen sie im radfrohen Münsterland). Doch kann diese Beziehung zeitweilig aus dem ‚ruhenden' Zustand heraustreten und in den thematischen Mittelpunkt der Situation rücken, wenn eines der Räder einen ‚Plattfuß' bekommt und repariert werden muss. Die „Problemhaltigkeit" der Position Fahrrad wird durch die Panne zum offenen Problem, das eine problemlösende Tätigkeit provoziert, die – wie alle Zöglingstätigkeit – zugleich eine TD-aneignende Tätigkeit ist (man lernt oder übt das Reparieren).

Wovon oder von wem eine Problemöffnung oder Problemsetzung, also die Thematisierung der Situation, ausgeht, ist ganz unbestimmt. Oft entsteht sie spontan, kann aber auch, sei es gezielt, sei es unbewusst, herbeigeführt werden, von der Zöglingsseite aus z. B. durch Fragen oder Widerstände, von der Erzieherseite aus durch Interventionen in TD-vermittelnder Absicht. Erziehungssituationen haben meistens mehrere Themen nebeneinander, die parallel oder kombiniert bearbeitet werden müssen; der Glücksfall, dass eine – wenigstens eine Zeit lang – nur ein einziges zu bewältigen hat, ist selten. Im schlimmen Fall kann die ganze Erziehungssituation problematisch werden, sodass alle oder die meisten situativen Beziehungen zugleich betroffen sind ('chaotische Situation'). Ferner gibt es permanent offene Probleme, die in vielen Fällen sogar situationskonstitutiv sein können: sie ergeben sich zuweilen aus der Struktur einzelner personaler Beziehungen (etwa: Dauerkonflikte), aber auch aus institutionellen Konstanten (z. B. zu bewältigende Arbeits- und Organisationsaufgaben; im Unterricht: Lehrplan;[10] etc.)

Zusatz. Ein entzückendes Beispiel situativer Thematisierung ist von (dem vor Jahrzehnten noch berühmten, heute weithin vergessenen) *Friedrich Copei*[11] erlebt, erzählt und als „fruchtbarer Moment" gedeutet worden.[12] Ich setze einen Ausschnitt hierher.

Auf eine Schulwanderung hat einer der Jungen eine Büchse kondensierte Milch mitgebracht, die, den meisten Landkindern etwas Neues, schon mit Interesse betrachtet wird. Feierlich öffnet der Besitzer die Büchse, indem er an einer Stelle ein Loch in den Büchsendeckel bohrt. Er will die Milch ausgießen – aber keine Milch fließt heraus! Nur beim Schütteln spritzen einige Tropfen. Alles staunt: Wie kommt das nur? Die anderen raten ihm: „Du mußt das Loch größer machen." Er tut's – ohne merklichen Erfolg. ... Da meldet sich einer der Jungen zur Hilfe. Er schlägt ein zweites Loch in die Büchse, so wie er das schon irgendwo gesehen hat. Allgemeines Staunen, denn plötzlich fließt die Milch in schönem Strahl glatt aus der einen Öffnung. Aber doch nur, solange die Büchse schräg gehalten wird. ... Die Kinder sind verblüfft. Man läßt sie mit ihren Fragen, wie das nur kommen könne, vielleicht ruhig erst einmal heimgehen. Man hat sich die Aufgabe gestellt, morgen in der Schule zu überlegen, wie das wohl komme.

Die schulische Problemlösung kann ich überschlagen und komme gleich zu *Copeis* Fazit hinsichtlich der Erzieherposition:

Der Lehrer hat nur wenig eingegriffen. Er hat nur den Anstoß, den ein Zufall gab, wirksam ausgenutzt. Er hätte natürlich ebenso durch Eingreifen eine Fragestellung schaffen können, wenn der Zufall ausgeblieben wäre, also wenn etwa kein Junge die Technik der Büchsenöffnung gekannt hätte. Seine Aufgabe ist hauptsächlich, die Fragestellung zu verschärfen und auf nicht beachtete Punkte das Augenmerk zu lenken, ...

Das Beispiel zeigt auch sehr schön, wie sich zwei verschiedene Situationen, hier Wanderung und Schulunterricht, thematisch miteinander verknüpfen, sodass die Situation ‚Milchdose' auch als von den beiden anderen getrennte, eigene Situation – wie hier von *Copei* selbst – aufgefasst und gedeutet werden kann.

---

10 Unterrichtsgegenstände sind nach Aneignungsproblemen strukturiert. Vgl. PhU §§ 41 ff.

11 1903–1945; der Name wird ‚koppai' ausgesprochen.

12 *Friedrich Copei:* Der fruchtbare Moment im Bildungsprozeß, Leipzig: Quelle & Meyer 1930, S. 103 ff. (Mehrere Nachkriegsauflagen, betreut [und teilweise redigiert] von *Hans Sprenger;* Heidelberg: Quelle & Meyer 1950 u. ö.)

19. Kapitel: Die situativen Beziehungen und ihr pädagogischer Kern

§ 121

Die Erziehungssituation besteht also (a) aus dem (individuellen oder kollektiven) Zögling als Zentralposition, (b) aus den personalen und den dinglichen Positionen und (c) aus den Beziehungen des Zöglings zu den übrigen Positionen und der Positionen untereinander. Der Umfang der Situation (ihre quantitative Größe) bestimmt sich durch die Anzahl der vorhandenen Positionen und Beziehungen. Da die Zahl der Beziehungen bei zunehmendem Umfang der Situation stärker anwächst als die Zahl der Positionen, entsteht das Bild einer – möglicherweise verwirrenden und nicht mehr überschaubaren – Komplexität der Beziehungen. Diese quantitative Komplexität ist jedoch (theoretisch wie praktisch) unerheblich; denn die meisten Beziehungen sind ‚ruhend', d.h. sie sind vorhanden und vielleicht sogar situationskonstitutiv, machen aber keine Probleme und provozieren keine problemlösenden Tätigkeiten. Deshalb gibt es auch keine generell optimale Größe von Erziehungssituationen.

Zusatz. Zur Illustration analysiere ich ein einfaches Beispiel aus dem Bereich des Unterrichts. In der didaktischen Situation ‚Lehrvortrag' ist die Anzahl der Hörer beliebig, also auch beliebig groß. Begrenzt wird die Situation nur durch die dinglichen Positionen des Hörsaals und seiner Ausstattung, zu denen die Hörer eine (zwar situationskonstitutive, aber) ruhende Beziehung haben. Ruhend sind auch die Beziehungen der einzelnen Hörer zueinander: es findet keine Kommunikation zwischen ihnen statt (und wenn doch, durch Schwatzen oder Zeichengeben, dann wird die Situation ‚gestört'). Aktiv und thematisch sind nur zwei Beziehungen des Hörers: die zu der dinglichen Position ‚Lehrgegenstand' und die zu der personalen Position ‚Dozent'; die Hörer befinden sich, didaktisch gesprochen, im „Schülersystem der parallelen Aufgabenlösung" (PhU § 93) und fügen sich selber bestenfalls auf emotionale Weise zu einem situativen Gesamtsubjekt zusammen, nicht aber hinsichtlich ihrer Aneignungstätigkeit, die bei jedem von ihnen eine separate und selbstverantwortete ist. Das Gesamtsubjekt entsteht und existiert hier nur in der Perspektive des Dozenten, der sich an alle gleichermaßen wendet, und ist dort die notwendige Grundlage seiner Unterrichtsplanung und -führung.

Und wenn der Hörsaal überfüllt ist? Dann verändert sich die Situation; die ruhenden Beziehungen der Hörer brechen auf, offenbaren ihren Problemgehalt und werden situationsthematisch, und zwar sowohl ihre dinglichen Beziehungen zu den Sitzplätzen als auch die personalen der Hörer zueinander. Die Veränderung ‚stört' den Unterricht. Diese Störung kann durch diszipliniertes Verhalten der Hörer entschärft werden: sie handeln dann als situatives Gesamtsubjekt, und die dabei zu leistende Charakterübung kann durchaus – in erziehlicher Hinsicht – gewisse Beeinträchtigungen des Unterrichts aufwiegen. Gänzlich beseitigen lässt sich die Unterrichtsstörung aber nur entweder (transsituativ) durch Hörsaalwechsel oder (intrasituativ) durch Teilnahmebeschränkung; die Charakterübung fällt dann freilich aus.

§ 122

Wichtiger und bedeutsamer als die quantitative ist die qualitative Komplexität der Erziehungssituation, die sich in dem Zusammen- und Ineinanderspiel der verschiedenen situativen Beziehungen und auch in den dynamischen Binnenstrukturen der einzelnen Beziehungstypen darstellt. Die Beziehung des Zöglings zum Aneignungsgegenstand z. B. setzt sich aus drei Einzelbeziehungen zusammen, und zwar (a) der Wertschätzung (das ist das Urteil des Zöglings über die Aneignungswürdigkeit des Gegenstandes), (b) dem Aneignungswillen und (c) dem Aneignungshandeln.[1] (a) muss da sein, damit (b), (a) und (b) müssen da sein, damit (c) zustande kommt; doch können (a) und (b) durch (c) verstärkt und differenziert, aber auch geschwächt oder gar ausgelöscht werden; im letzteren Fall erlischt dann auch (c). Andererseits führt (a) nicht notwendig zu (b) und (b) nicht notwendig zu (c). Ähnlich komplexe Binnenstrukturen besitzen auch die anderen Beziehungstypen; ich werde das später (im 9. Abschnitt) im einzelnen analysieren.

§ 123

Alle Tätigkeit des Menschen, all sein Leben, Fühlen, Denken und Handeln, geschieht in Situationen. Welcher Art diese Situationen sind, entscheidet sich anhand des Charakters der personalen und dinglichen Beziehungen, die er in der Situation vorfindet, eingeht und realisiert: Liebesbeziehungen, Familien-, Geschäfts-, Arbeits- und Freizeitbeziehungen, politische Kontakte, kulturelle Interessen usw. Unter der Vielzahl und in der Vielfalt der möglichen menschlichen Situationen befinden sich auch solche, bei denen es (A) ausschließlich oder (B) vornehmlich oder (C) beiläufig um vermittelte Aneignung nichtgenetischer Tätigkeitsdispositionen geht; sie heißen deshalb Erziehungssituationen. Um sie von allen anderen Situationen unterscheiden zu können – was zumindest bei dem Typ C gar nicht so einfach ist – muss der pädagogische Charakter der situativen Beziehungen bestimmt und herausgearbeitet werden. Dieser „pädagogische Kern“ kann dann die Grundlage bilden, um Erziehungssituationen nicht nur zu erkennen und zu verstehen, sondern auch in ihnen mit Bewusstsein tätig zu werden.

Erster Zusatz. Die Typologie nach A, B und C beruht auf ungefähren Unterscheidungen, nicht auf strengen. Die Familie z. B. ist zweifellos, wenn und solange aufwachsende Personen (Kinder, Jugendliche) darin vorkommen, eine Erziehungssituation; ob sie aber dem Typ B oder dem Typ C zuzuordnen ist, hängt einerseits ab von ihrer jeweiligen Erscheinungsform in Epoche und Region, an-

1 Didaktisch fallen (a) und (b) im Begriff des *Interesse* zusammen (vgl. PhU Kap. 10).

dererseits aber auch von dem Familienbegriff, der jeweils zugrunde gelegt wird (oder gerade im Schwange ist). – Auf direktere Weise (nämlich allein nach der Erscheinungsform) kann jeweils geprüft werden, ob eine Unterrichtssituation nach A oder nach B gehört; nach C kann sie nicht gehören, weil dies definitorisch ausgeschlossen ist (PhU § 19).

Zweiter Zusatz. Die Unterschiede zwischen A, B und C mögen graduell sein und in theoretischer Hinsicht wenig bedeutend erscheinen, in pragmatischer Hinsicht können sie jedoch beträchtliche Brisanz entwickeln. Mein Beispiel bezieht sich auf B und C. Als der große Erzieher *Anton Makarenko* bemerkte, dass er in den 1930er Jahren mit seiner zweiten sozialpädagogischen Einrichtung, der Dzeržinskij-Kommune in Charkow, gescheitert war oder scheitern würde, resignierte er und gab sein Amt als pädagogischer Leiter auf. Es mögen vielerlei Gründe persönlicher, gesellschaftlich-politischer und institutioneller Art dabei mitentscheidend gewesen sein; pädagogisch ist sein Entschluss situationstheoretisch begründet: In seiner ersten – überaus erfolgreichen – Einrichtung, der 1920 gegründeten Gor'kij-Kolonie bei Poltava, stand im Mittelpunkt des Lebens die landwirtschaftlich-handwerkliche Produktionsarbeit mit dem Hauptzweck der Selbstversorgung der Kolonie, und *Makarenko*s Erziehungskonzeption war ganz und gar auf diese Gestalt des Dritten Faktors ausgerichtet. In der zweiten Einrichtung nun wollte er die Konzeption auf eine ‚höhere Stufe der Modernität' heben, nämlich auf die fabrikmäßige, industrielle Produktion: in der Kommune wurden hochwertige Elektrobohrer und Fotoapparate hergestellt. Von Selbstversorgung konnte nun keine Rede mehr sein. Mit dem wachsenden wirtschaftlichen Erfolg aber wuchs auch das Gewicht der technischen und der betriebswirtschaftlichen Gesichtspunkte und ihr Einfluss auf die Gestaltung des Kommunelebens[2] mit der Folge, dass die kommerzielle Administration die pädagogische Leitung zu überwuchern und zu marginalisieren begann: Die Erziehungssituation Kommune verwandelte sich von Typ B in Typ C und war somit zur Weiterentwicklung der Erziehungskonzeption *Makarenko*s nicht mehr tauglich. Ich muss offen lassen, dass er selber sich möglicherweise nicht ganz im Klaren gewesen ist darüber, ob überhaupt, und wenn, auf welche Weise und unter welchen Bedingungen die industrielle Produktion als Gestalt des Dritten Faktors der Erziehung brauchbar sein kann.

§ 124

Das Besondere der Erziehungssituation ergibt sich daraus, dass es um Erziehung geht, und das heißt immer: um den Dritten Faktor. Rückt man den in den Mittelpunkt der Überlegungen, so zeigt sich, dass mit der vorläufigen, oberflächlichen Unterscheidung zwischen dinglichen und personalen Positionen nur wenig gewonnen ist. Denn der Dritte Faktor ist als Aneignungsgegenstand (als einzelne TD oder als TD-Komplex) immer eine dingliche Position, obwohl er nicht nur in Dingen (z. B. als konstruktive oder

2 Hier ist ein Sachverhalt berührt, der zu den zentralen Strukturproblemen des *Erziehungsfeldes* gehört: die Interferenz der Rationalitäten. Sie wird im vierten Theorieteil analysiert werden.

Gebrauchsdisposition), sondern auch in Personen (z.B. als Vorbild und Beispiel) verkörpert sein kann. Und wenn er in fiktiven Personen steckt, vielleicht in *Robinson Crusoe,* dann kann das sowohl als dingliche Beziehung zum Buch als auch als personale zur Figur verstanden und gedeutet werden. Und schließlich kann Aneignungswürdiges (Kenntnisse, Fertigkeiten, Motive) ja auch im Erzieher verkörpert sein, sodass die Beziehung des Zöglings zu ihm in dieser Hinsicht eine dingliche ist. Der Theoretiker der Erziehung ist deshalb gut beraten, wenn er die Komplexität der Situation dergestalt reduziert, dass er die Beziehung auf den Dritten Faktor, in welcher Gestalt dieser auch immer in der Erziehungssituation auftrete, als die dingliche *Kernbeziehung* des Zöglings und des Erziehers unterscheidet und analytisch zu Grunde legt.

§ 125

Eine ähnliche Reduktion ist deshalb auch auf der Personenseite der Situation erforderlich. Personen, die in der Situation vorhanden sind oder in sie eintreten nur insofern, als sie Inkorporationen des Dritten Faktors darstellen, fallen in den Bereich der dinglichen Beziehungen, während solche Personen, die innerhalb der Situation am Dritten Faktor arbeiten, sei es dass sie ihn sich aneignen, sei es dass sie ihn vermitteln, eine Kernposition im Ensemble der personalen situativen Beziehungen einnehmen. So werden, will man *die Kernstruktur* der Erziehungssituation analysieren, nur zwei personale Positionen benötigt: der Zögling (die Zöglinge) als Subjekt der aneignenden und der Erzieher (die Erzieher) als Subjekt der vermittelnden Tätigkeit. Zögling (in diesem terminologischen Sinn) ist jede Person, die sich den Dritten Faktor auf vermittelte Weise aneignet; Erzieher (ebenso terminologisch) ist jede Person, die auf diesen Aneignungsvorgang vermittelnden Einfluss nimmt.

Die Erziehungssituation, in ihren allgemeinsten Grundverhältnissen betrachtet, besteht also aus drei situativen Kernpositionen: dem Dritten Faktor, dem Zögling und dem Erzieher, die allesamt – in derselben Situation – selbstverständlich auch ‚mehrfach besetzt‘ sein können. Die Beziehungen zwischen diesen dreien, die Kernbeziehungen also, bilden die Grundstruktur aller denkbaren einzelnen Erziehungssituationen.

§ 126

Bevor ich diese Grundstruktur in der Form einer Liste der situativen Kernbeziehungen beschreibe, seien drei Bemerkungen vorausgeschickt. (1) Ich nummeriere diese Beziehungen, vor allem zum Zweck ihrer abkürzenden Benennung, mit griechischen Minuskeln. Es handelt sich um bloße Aufzählung in willkürlicher Reihenfolge; eine ‚Hierarchie‘ der Beziehungen ist darin nicht ausgedrückt. (2) Es gibt eine ‚Hierarchie‘, die jedoch aus sachlichen Erwägungen erwächst: Zwei dieser Beziehungen sind den anderen erziehungslogisch übergeordnet. (3) Die Liste ist formal nicht vollständig; es fehlt z. B. die denkbare Beziehung zwischen verschiedenen Erscheinungen des Dritten Faktors, wenn sie gleichzeitig in der Situation thematisch sind; doch lassen sich die damit verbundenen Probleme leichter im Zusammenhang der anderen Beziehungen erörtern.

Wesentlich ist nun die Unterscheidung zwischen den *einfachen* und den *zeugmatischen Beziehungen.* Als einfache bezeichne ich diejenigen, die die Positionen miteinander verbinden, wo also an beiden ‚Enden' der Beziehung eine Position steht. Bei den zeugmatischen[3] steht nur an dem einen Ende eine Position, an dem anderen aber eine einfache Beziehung. So wirkt der Erzieher ein auf die Beziehung des Zöglings zum Aneignungsgegenstand und auch auf die Beziehungen der Zöglinge untereinander. Zeugmatische Beziehungen sind Erzieherprivileg. Freilich ist es denkbar, dass auch ein Zögling eine dieser beiden zeugmatischen Beziehungen aufnimmt; nur verlässt er damit in diesem Augenblick und in dieser Hinsicht die Zöglingsposition und geht in die des Erziehers über; die Aussagen der Theorie beschreiben die Position, nicht deren ‚Inhaber'. Die formale Unvollständigkeit der Liste ist also auch hier irrelevant.

§ 127

A: Die einfachen Beziehungen im situativen Kern:

α) Erzieher – Erzieher	(E – E):	die alpha-Beziehung
β) Zögling – Zögling	(Z – Z):	die beta-Beziehung
γ) Erzieher – Zögling	(E – Z):	die gamma-Beziehung
δ) Zögling – 3. Faktor	**(Z – 3F):**	**die delta-Beziehung**
ε) Erzieher – 3. Faktor	(E – 3F):	die epsilon-Beziehung

B: Die zeugmatischen Beziehungen:

ζ) Erzieher – beta	(E – β):	die zeta-Beziehung
η) Erzieher – delta	**(E – δ):**	**die eta-Beziehung**

§ 128

Die δ- und die η-Beziehung sind besonders hervorgehoben, weil sie in ihrem Zusammenspiel *die Fundamental-Struktur des Erziehungsverhältnisses* (siehe oben §§ 81 f. und Figur 2 a) genau abbilden. Die Liste zeigt auf diese Weise, dass und wie das Verhältnis der beiden Teiltätigkeiten der Erziehung, des Aneignens und Vermittelns, eingebettet ist in den situativen Kon-

3 (τὸ) ζεῦγμα heißt Verbindung, Zusammenziehung. – Als Begriff stammt es aus der Rhetorik und bezeichnet dort die durch syntaktische oder semantische Auslassungen bewirkte Verdichtung eines sprachlichen Ausdrucks (Beispiel: „Erlangen ist *mein* Wohn- und Dienst*ort*".)

text, innerhalb dessen es erst Realität (nämlich praktische Realität) gewinnt. Denn *delta* und *eta* können nicht miteinander bestehen ohne *gamma* und *epsilon* (wohl aber ohne *alpha* und *beta;* dies jedoch nur in den seltenen Situationen einer individuellen Einzelerziehung in der ‚pädagogischen Dyade'). Besonders wichtig: All diese Kernbeziehungen besitzen ihre Wirklichkeit nur in der Vielfalt und Vielgestalt der konkreten Situationen, in denen Erziehung stattfindet.

20. Kapitel: Situative Konstanten

§ 129

Die Erziehungssituation ist, wie alle Lebenssituationen, auch ein Gebilde in der Zeit; sie kann blitzhaft kurz sein wie in dem von *Aloys Fischer* gebrauchten Ohrfeigenbeispiel (siehe oben in Episode 2) oder auch die ganze Zeit des Aufwachsens begleiten wie bei der Geschwisterreihe. Wie lange eine Erziehungssituation dauert, hängt von der Dauer der sie jeweils bestimmenden Faktoren und von dem Zeitaufwand ihrer jeweiligen Thematik ab. Die Gleichzeitigkeit der Einwirkungen, auf die der Situationsbegriff abhebt, ist also nicht als eine punktförmige, sondern als eine ausgedehnte Gleichzeitigkeit aufzufassen, in der auch Veränderungen (situative Verläufe) darstellbar sind.

Zusatz. Um bei dem Beispiel der Geschwisterreihe zu bleiben: Der relative Abstand zwischen dem zwei- und dem vierjährigen Zögling ist, seinem Inhalt nach und nach der Gestalt der beta-Beziehung betrachtet, wesentlich größer, auch anders zu werten als der zwischen dem achtzehn- und dem zwanzigjährigen, obwohl die absoluten Abstände – und damit die Geschwisterreihe selbst – unerbittlich dieselben sind.

§ 130

Im Folgenden will ich einige Faktoren der situativen Konstanz herausstellen und wende mich zunächst dem zentralen Faktor zu: das ist *der Zögling selbst,* um dessen Situation es geht. Er ist immer derselbe, solange und soweit er Zögling, also Subjekt der Aneignung ist, und die Situation ist immer die seine, in welcher auch er sich im Nach-, Neben- und Miteinander seiner wechselnden Einzelsituationen jeweils befinden mag, sodass diese äußerste, diese *absolute Konstanz* gleichsam den Rahmen bildet, in den sich seine verschiedenen Situationen einfügen und einordnen. Philosophisch ausgedrückt fällt auf dieser begrifflichen Ebene die Erziehungssituation mit der Situativität der Erziehung überhaupt ineins, mit der Folge, dass sich daraus keine Differenzierung von Einzelsituationen herleiten lässt und es weiterer, nämlich relativer Konstanten bedarf, um jeweils solche Differenzen aufstellen zu können.

§ 131

Andererseits gilt es zu bedenken, dass allen realen Erziehungssituationen – den großen wie den kleinen, den langen wie den kurzen, den wichtigen und den unwichtigen, den getrennten und den ineinander geschachtelten – dass ihnen allen immer das Merkmal der *Individualität* zukommt: keine ist wie die andere. Um jedoch eine konkret-individuelle Situation in theoretischer

Hinsicht verstehen (und in pragmatischer beherrschen) zu können, benötigt man differenzierende Merkmale allgemeineren Charakters, mit deren Hilfe sich gegebenenfalls auch Typen bilden lassen. Diese Merkmale nenne ich *relative Konstanten*, weil sie in der Vielzahl und Vielfalt der möglichen Situationen immer wieder, teils zentral, teils marginal, vorkommen und weil sie in den unzähligen Möglichkeiten ihrer Kombination und Gewichtung die qualitative Komplexität der Situationen erkennen lassen. Relative Konstanten gibt es viele; sie sind in der Beobachtung von Situationen leicht zu identifizieren. Ich benenne hier, eher beispielhaft, nur einige wichtige; von ihnen wie von anderen wird bei Gelegenheiten noch die Rede sein.

Zusatz. Vielleicht versteht sich's ja von selbst; doch sei es gesagt: Erziehungssituationen haben nur selten klare und eindeutige Grenzen gegeneinander wie Länder auf einer Landkarte. Meistens überlappen und durchdringen sie einander und können auf mehrere Arten voneinander unterschieden werden. Weil immer mehrere oder viele relative Konstanten im Spiel sind, hängt es von dem jeweiligen besonderen Interesse ab, welche Konstante man hervorhebt und welche man zurücktreten lässt, woraus sich jeweils auch andere Abgrenzungen und Zuordnungen ergeben können. Die Situation ist vor allem ein Deutungsbegriff. (Auf ähnliche – analoge – Weise kann z. B. die Orgel als Blasinstrument oder als Tasteninstrument aufgefasst werden, je nach dem, ob das Interesse sich mehr auf die Tonerzeugung oder mehr auf die Spielweise richtet.)

§ 132

Die thematische Konstanz:

Insofern eine Erziehungssituation vornehmlich durch die zu bewältigende Aneignungs-Vermittlungs-Aufgabe bestimmt ist, beginnt sie mit der Aufgabenstellung oder -entstehung und endet, wenn die aufgegebene Tätigkeitsdisposition angeeignet worden ist oder der Aneignungsvorgang abgebrochen oder unterbrochen wird.

Die methodische Konstanz:

Sie prägt die Situation von der Erzieherseite aus und beruht auf der konzeptionellen Geschlossenheit und Einheitlichkeit (Systematik) der stimmigen und konsequenten Einwirkungen.

Die perspektivische[1] *Konstanz:*

Sie ist das Pendant der methodischen Konstanz auf der Zöglingsseite der Situation und zeigt sich in der Zielstrebigkeit der Aneignungstätigkeiten.

---

1 Pate dieser Bezeichnung ist *Anton Makarenko* mit seinem Begriff der „nahen, mittleren und fernen Perspektive" der Zöglinge.

Die personale Konstanz:

Sie ist das tragende Element der gamma- (E–Z) und der beta-Beziehung (Z–Z). Die Erziehungsprobleme, die von Störungen dieser Konstanz herrühren, sind allgemein bekannt.

Die institutionelle Konstanz:

Sie tritt in zweierlei Gestalt auf: Als *extrinsische* Institution ist sie gesellschaftlich und politisch vorgegeben als fester Rahmen, in welchem sich, und oft auch zu dem Zweck, dass sich darin Erziehungssituationen bilden und entfalten können (Familie, Schule, Betrieb, Heim …). Als *intrinsische* Institution wird sie in der Erziehungssituation selber durch Tätigkeit hervorgebracht und konstituiert; sie dient der situativen Stabilisierung auf Zeit (Organisationsformen; Regeln und Gesetze, Traditionen und Symbole, Riten und Rituale …). Ihre Geltung kann zeitlich weit über die der personalen Konstanz hinausreichen.

21. Kapitel: Die situative Einwirkung (Methodik der Situation)

§ 133

Erzieher suchten und suchen immer nach Möglichkeiten, die Aneignungstätigkeit des Zöglings nicht auf dem direkten, sondern auf einem Umweg zu beeinflussen, in der Hoffnung, auf diese Weise dem Zögling zu verbergen, dass er beeinflusst werden soll, und ihm das Bewusstsein zu nehmen, ‚Gegenstand einer Erziehungsmaßnahme' zu sein. Unabhängig davon, ob der erhoffte Effekt in Wirklichkeit auch eintritt, ist das Bestreben dieser Erzieher ein löbliches, zunächst, weil es als Ausdruck ihres Respekts vor der Subjektivität (d.i. dem Subjektsein) des Zöglings verstanden werden kann, aber vor allem, weil es sie zu kreativer Methodenfindung anregt. Dabei kann ihnen freilich die Wissenschaft kaum helfen, es sei denn durch getreue (und theoriefreie) Beschreibung *aller* Methoden, die bislang von Erziehern zu allen Zeiten gefunden und erfunden worden sind.[1]

Der Allgemeinen Theorie obliegt hier die Aufgabe, die Strukturgesetzlichkeiten aufzudecken, auf denen das Phänomen der *indirekten Einwirkungen* beruht. Die Grundlage ist bereits an früherer Stelle (§ 90) aufgezeigt worden; ich bitte den Leser, sich an den Einwirkungskreis und besonders an seine zweite Gestalt zu erinnern und sich deren Abbildung (die Figur 4) ins Gedächtnis zu rufen.

§ 134

Von indirekten Einwirkungen des Erziehers auf die Aneignungstätigkeit des Zöglings zu sprechen, setzt voraus, dass es direkte Einwirkungen darauf gibt, deren Ursprung nicht der Erzieher ist und deren Wirksamkeit deshalb auch nicht auf seiner Autorität beruht, die er aber benutzen kann, sei es, dass er sie beeinflusst und steuert, sei es, dass er ihnen Rechnung trägt und seine eigenen Einwirkungen in Beziehung zu ihnen setzt. Im Einwirkungskreis I sind sie als die Sektoren b und c symbolisiert, und im Einwirkungskreis II erscheinen dann, als Pfeil d symbolisiert, diejenigen Handlungsrichtungen des Erziehers, die auf jene fremdstämmigen Einwirkungen zielen in der Absicht, ihm auf solchem Umweg einen Zugang zu den Aneignungstätigkeiten des Zöglings zu öffnen. – Nun ist ja der Einwirkungskreis mit seinen vereinfachten Kausalitätsstrukturen eine begriffliche und bildliche Abstraktion, die als solche nur im Gedanken existiert; seine in der Realität existierende Erscheinungsform ist immer die je konkrete Erziehungssituation. Um in ihr handeln zu können, muss der Erzieher sie als eine strukturierte und zu strukturierende *wahrnehmen*, das heißt: (1) *erkennen*, welche

1 Eine solche Liste wäre allerdings so langweilig, dass kein Erzieher sie lesen würde.

dinglichen und personalen Beziehungen im Handeln des Zöglings aktiv und welcher Art und welchen Inhalts sie sind, welche Aneignungsangebote angenommen wurden und welche noch angenommen werden können und welche Einklänge und Widersprüche sich in der Zöglingstätigkeit offenbaren; (2) *beurteilen*, welche Chancen die Situation bietet, erwünschte Aneignungen in Gang zu setzen oder zu intensivieren und unerwünschte zu vermeiden oder zu schwächen; und (3) ein *Konzept* entwickeln, die Situation so zu organisieren, dass insgesamt ein nach den methodischen Regeln der Stimmigkeit und Konsequenz[2] geordnetes System der Einwirkungen zustande komme.

§ 135

Diese situative Wahrnehmung des Erziehers kann nicht vollkommen sein; bei vielen – und nicht nur Laienerziehern – ist sie sogar erheblich beeinträchtigt (der *Grad* der Beeinträchtigung unterscheidet den schlechten vom guten Erzieher). Außer dem Bereich der Mittelwahl und Mittelnutzung sind es besonders die in der Situation ablaufenden protopädischen Vorgänge, welche die Wahrnehmung erschweren und sich ihr teilweise sogar gänzlich entziehen. So bleibt in jedem Fall eine gewisse Restunsicherheit beim Erkennen, Beurteilen und Konzipieren bestehen, die sich freilich mit entsprechender Vorübung und Übung mindern lässt.

Zusatz. Davon, dass eine partielle situative Blindheit auch professionell hochqualifizierte Erzieher schlagen kann, bot vor einigen Jahren eine TV-dokumentierte Szene ein anschauliches Beispiel. In einer von aktueller Erziehungsnot betroffenen Familie galt es, durch teilnehmende Beratung die chaotische Situation so weit ordnen zu helfen, dass sinnvolle Erziehungsprozesse überhaupt erst möglich würden. In der Familie lebte ein großer Hund, zu dem das ‚Problemkind' eine offenkundige Beziehung hatte und der Hund auch zu ihm. Die Beraterin ging darauf gar nicht ein; sie bemerkte nicht mal, dass da ein lebendiges Einwirkungsmittel in der Situation herumlief.

§ 136

Schon beim Wahrnehmen der Situation, aber vor allem dann beim Einwirken auf sie tritt die Bedeutung desjenigen Typs situativer Beziehungen zutage, der allein der Erzieherposition eigen ist. Diese richten sich nicht auf eine andere Position, sondern auf eine der einfachen Beziehungen. Ich habe sie als *zeugmatische* Beziehungen bezeichnet und mit ζ (zeta) und η (eta) nummeriert. Die zeta-Wahrnehmung und das zeta-Handeln zielen auf die β-(beta)-Beziehung (Z–Z), eta-Wahrnehmung und eta-Handeln auf die δ-(delta)-Beziehung (Z–3F). Die zeugmatischen Beziehungen setzen den Erzieher

2 Siehe oben Kap. 17 (§§ 109 ff.)

instand, die *Gesamtsituation* in vielen, möglichst allen ihren Strukturen und Verläufen zu überblicken, zu durchschauen und sie zum Gegenstand seiner Einwirkungen zu machen: Situative Einwirkung ist *Gestaltung der Situation*, sodass – im Blick des Zöglings, aber auch eines Beobachters – die Situation einwirkt und nicht der Erzieher.

§ 137

Situatives Einwirken als Gestaltung der Situation bedeutet dreierlei:

- Eine Situation herstellen,
- eine gegebene Situation erkennen und inspizieren,
- eine gegebene Situation variieren,

wobei die hergestellte Situation, sobald hergestellt, genauso als gegeben betrachtet und behandelt, also inspiziert und variiert wird wie jede vorgefundene.

§ 138

In der Regel findet der Erzieher die Situation seines Zöglings (seiner Zöglinge) bereits vor, wenn er mit seiner Arbeit beginnt. Dass er die Situation erst herstellen muss, ist als Sonderfall anzusehen, der einer eigenen Analyse bedarf. Dieser Sonderfall hängt immer mit dem Anfang der Erziehung zusammen, sei es mit ihrem absoluten Anfang (das ist die Geburt des Zöglings), sei es mit relativen Neuanfängen wie dem Schuleintritt, der Heimeinweisung o. ä.[3]

Mit dem Eintritt ins Leben wird der *natus* zum *educandus*. Die Situation seines Anfangs ist einer vorausgehenden methodischen Gestaltung zugänglich (und sollte nicht dem Zufall überlassen sein), und zwar in einer Art Präformation der situativen Beziehungen, in welche der neue Zögling eintreten wird. Er braucht einen geschützten Raum, in dem er sich aufhält, er braucht Wärme, Kleidung, Nahrung etc. Überdies stellen die Eltern sich und einander auf den neuen Erdenbürger ein (= Präformation der α- und γ-Beziehungen), die Geschwister und Nachbarskinder werden auf das Erscheinen des neuen Kindes vorbereitet (= Präformation der β-Beziehungen), und, damit auch schon eine δ-Beziehung präformiert werde, gehört unbedingt über das Kinderbett ein „Appenzeller Vogel“ – das ist ein großes farbenfrohes Mobile in beliebiger Form – als erste dingliche Gestalt des Dritten Faktors.[4]

---

3 Hierzu auch *W. Sünkel:* „Die Situation des offenen Anfangs der Erziehung, mit Seitenblicken auf *Pestalozzi* und *Makarenko*“ in: ders.: Im Blick auf Erziehung. Reden und Aufsätze, Bad Heilbrunn: Klinkhardt 1994, S. 97–110

4 *Pestalozzi* berichtet von dem „Appenzeller Weib, das seinem Kinde schon in den ersten Wochen seines Lebens einen mit vielen Farben bemalten großen papiernen Vogel

All diese vorbereitenden Maßnahmen sind situative Einwirkungen nur auf die Weise des Ermöglichens, denn die Situation ist unvollständig, solange ihr Wichtigstes, nämlich der Zögling selber als ihr Zentrum und Subjekt, noch fehlt. Ist er dann da, dann werden die *für ihn* präformierten Beziehungen aktuell zu *seinen eigenen,* und die Erziehung als bisubjektives Geschehen kann beginnen. –

Der umgekehrte Sachverhalt zeigt sich bei *relativen* Neuanfängen der Erziehung, und zwar immer dann, wenn die neue Phase eine vollständige und festgefügte, bereits existierende oder sonstwie vorgegebene Situationsstruktur besitzt. (Wenn der Zögling zum Schüler wird, ist die Schule schon da.) Nicht die Situation wird dem Zögling angepasst, sondern der Zögling muss sich der Situation anpassen; er muss sich, wie man sagt, ‚eingewöhnen', er muss die vorgegebene Gestalt der situativen Beziehungen kennen und in ihnen tätig zu werden lernen: Die Situation selbst und als solche ist somit in der neuen Erziehungsphase sein erster Aneignungsgegenstand; methodischer Beistand der vermittelnden Tätigkeit ist gefordert, damit die fremde Situation *seine* wird.

§ 139

In vielen Fällen des relativen Neuanfangs jedoch wird die neue Situation hergestellt durch Variation der alten. Dabei entfallen die Besonderheiten des Herstellens, und es entsteht ein *gleitender* Neuanfang, der sich methodisch nicht von der Inspektion und Variation vorgegebener Situationen (d. i. von einem situativen Verlauf) unterscheidet. Deshalb muss jetzt nur diese Struktur untersucht werden.

Der Erzieher ist Bestandteil der Situation, nicht ihr „Herr"; aber ihr „Kenner" und „Organisator" sollte er schon sein. Das geschieht (erstens) auf dem Wege der *Inspektion.* Der Erzieher fasst die Beziehungen des (individuellen oder kollektiven) Zöglings ins Auge, behält sie im Auge und beurteilt sie hinsichtlich der darin ablaufenden Aneignungs-Vermittlungs-Vorgänge; er unterscheidet, welche Beziehungen vorhanden, welche davon konstitutiv und welche randständig, welche ruhend und welche aktiv sind. Die Aktivität, in der und von der die Situation lebt und durch die sie sich verändert, ist die Zöglingsaktivität, auf die der Erzieher unterstützend und gegenwirkend, ermöglichend und veranlassend Einfluss nehmen kann. Von besonderer Wichtigkeit ist, soweit überhaupt wahrnehmbar und deutungsfähig, die Inspektion der in protopädischen Formen ablaufenden Vorgänge, ohne deren Einbezug sich die

---

über die Wiege hängt und auf diese Weise bestimmt den Punkt bezeichnet, an welchem die Kunst anfangen sollte, dem Kinde die Gegenstände der Natur zum festen und klaren Bewusstsein zu bringen" (Wie Gertrud ihre Kinder lehrt [1801] im X. Brief). – *Pestalozzi* scheint, wie ich meine: irrtümlich, den Dritten Faktor in der Vogelgestalt identifiziert zu haben; entscheidend sind aber die Bewegung und die Farbigkeit, sie faszinieren das Baby.

methodische Stimmigkeit und Konsequenz der situativen Einwirkung nicht erreichen lässt. Es ist überhaupt das rationale Ziel des situativen Einwirkens, die Situation so einzurichten, dass möglichst viele der darin ablaufenden Aneignungs-Vermittlungs-Vorgänge protopädische Gestalt annehmen können und die Erziehung sich so gleichsam ‚fast von selbst' vollzieht.

§ 140

(Zweitens) Die Situation *variieren* kann bedeuten: ihren Umfang und ihr Gefüge verändern, indem, von Zöglings- oder Erzieherseite aus, neue dingliche und personale Positionen in sie einbezogen bzw. alte Positionen ausgeschieden werden, sodass veränderte Aktivitätsmuster entstehen können. – Ein anderer Weg der Variation besteht darin, dass bestehende aktive Beziehungen in ihrem Inhalt, ihrer Gestalt oder ihrer situativen Funktion verändert (transformiert) werden. Dies kann der Erzieher unmittelbar leisten in denjenigen Beziehungen, deren Aktivität er selber in der Hand hat; das sind die Beziehungstypen α (E–E) und ε (E–3F). Bei den übrigen ist er, ermöglichend und veranlassend, auf die Zöglingstätigkeit angewiesen; deren Variation erzeugt das Erziehungsergebnis: das variierte TD-Gefüge – den neuen *modus* – des Zöglings (§ 102).

Zusatz. Konkretisierung ist angebracht. Ich will einen Erziehungsfall aus dem Gebiet der Kleinkind-Erziehung herausgreifen, der, weil allbekannt und weil einfach strukturiert, das Verständnis der *Beziehungsvariation* erleichtern kann. Ich mache diesen Fall, in anekdotischer Form, zum Gegenstand zweier verschiedener Beratungsvorgänge. Das Phänomen ist folgendes: Einige Zeit nach dem Eintritt eines neuen Babys in die Familiensituation kommt es nicht selten vor, dass ein etwas älteres Geschwisterchen plötzlich damit beginnt, babyhafte Verhaltensformen zu zeigen und damit nicht nur die Mutter zu nerven, sondern auch die ganze Familiensituation zu verwirren. Eine Beratung soll Abhilfe schaffen.
Der erste Berater ist therapeutisch orientiert. Er diagnostiziert eine psychische Störung des älteren Kindes, nämlich eine leichte Form von Regression (d. i. Rückfall auf eine frühere Entwicklungsstufe) und ortet das Problem in der γ-Beziehung zwischen dem älteren Kind und der Mutter: es fühle sich gegenüber dem Baby zurückgesetzt. Er empfiehlt der Mutter, gerade diesem Kind ein erhöhtes Maß an emotionaler Zuwendung zukommen zu lassen. Folgt die Mutter dem Rat, dann wird die Regression über kurz oder lang zuverlässig verschwinden. So steht es denn auch in allen Elternratgebern zu lesen – nur leider ohne den Hinweis, dass es sich dabei um Therapie und keineswegs um Erziehung handelt. Ein Erziehungsergebnis ist nicht erreicht, es wurde nur eine Störung beseitigt.
Der zweite, der pädagogisch orientierte Berater verfährt ganz anders. Schon seine Diagnose ist anderer Art: Nicht an der psychischen Verfassung des ‚Problemkindes' nimmt er Interesse, sondern an dessen Tätigkeit und ortet das Problem nicht in der γ-Beziehung zur Mutter, sondern in der β-Beziehung der beiden Kinder zueinander. Das babyhafte Tun des älteren deutet er als sein Bemühen, sich dem Baby gleichzustellen, indem es sich dessen Tätigkeitsdispositionen wieder anzueignen versucht, also als einen protopädischen Vorgang in der Form

der mimetischen Aneignung (§ 67). Deshalb empfiehlt er der Mutter, diesen Vorgang auf die pädeutische Ebene zu heben und dort die β-Beziehung sich neu formieren zu lassen. Weil die Mutter kaum versteht, was gemeint ist, erzählt er ihr als Beispiel die Geschichte von jener Mutter, die – sie muss wohl aus Appenzell stammen, wo die erziehungskreativen Mütter zu Hause sind – dem älteren Kind klar machte, dass sich das wirkliche Baby doch etwas anders bewegte und äußerte und dass man die Nachahmung verbessern, vollkommener machen könnte. Das Kind ging freudig darauf ein und begann, genauer auf die Äußerungen und Bewegungen des kleinen Geschwisters – und auf seine eigenen Imitate aufmerksam zu sein. Das angeblich ‚regressive', in Wahrheit aber nur regellose Tun verwandelte sich in ein Spiel, ja man kann sagen: in Kunst … Nach Spielende war das ältere Kind um ein neues Können reicher und die β-Beziehung zum Baby in verbesserter Qualität stabilisiert, sodass sie ihre ‚normalen' protopädischen Formen wieder annehmen konnte. – Eine andere Lösung, die β-Beziehung zu variieren – nicht ganz so ‚elegant' (weil die Tätigkeit nicht variiert wird, sondern ersetzt), aber ebenso wirksam – wäre, das ältere Kind im Rahmen seiner Möglichkeiten an der Pflege und Betreuung des Babys mitwirken zu lassen …
(Übrigens: Es liegt auch nahe, die beiden Beratungssituationen hinsichtlich der α-Beziehung zwischen Berater und Mutter zu vergleichen; diese Analyse kann ich jetzt getrost dem Leser überlassen.)

Episode 7

Anton Makarenko muss in diesem Zusammenhang gewürdigt werden. Kein bekannter Erzieher vor ihm und keiner neben und nach ihm hat so virtuos und kreativ auf der Klaviatur der situativen Einwirkungen gespielt und komponiert wie er. Ohne seine Praxis und ohne seine Erfahrungen wüsste man gar nicht, in wie hohem Grade sich Erziehungssituationen methodisieren lassen, und ebenso wenig, dass dies auf Wegen der Selbstorganisation der Zöglinge möglich ist.

Ich beginne aber zunächst mit einer auf den ersten Blick unscheinbaren kleinen Entdeckung *Makarenko*s, die jedoch, bei genauer Würdigung, zu den genialsten kleinmethodischen Erfindungen gerechnet werden muss, die je von Erziehern gemacht worden sind. Sie ist ihm vermutlich ganz nebenbei gelungen, und Aufhebens macht er davon keines: Wo vollzieht man die Arreststrafe eines Zöglings, wenn man keinen Karzer hat und auch keinen will? Wo anders als dort, wo das pralle Leben der Kolonie pulst, wo der Delinquent einer Fülle positiver Eindrücke und Einwirkungen ausgesetzt ist: im offenen Büro der pädagogischen Leitung. Gegenwirkung durch Unterstützung – einfacher geht das wahrlich nicht zu machen!

Die Affinität *Makarenko*s zu den Formen der situativen Einwirkung ist nicht zufällig, sondern erwächst aus der erziehungsethischen Grundeinstellung, dass die Verwahrlosung und Kriminalität der Jugendlichen, mit denen er 1920 seine sozialpädagogische Arbeit begann, nicht auf Fehler oder Mängel ihres Charakters oder ihrer Persönlichkeit überhaupt hindeute, sondern auf Störungen und Zerstörungen ihrer sozialen Beziehungen und ihrer personalen und sachlichen Beziehungsfähigkeit. Es war deshalb das erste Gebot der Erziehung, die Zöglinge, nachdem sie durch behördlichen Aufgriff aus ihren alten Situationen entfernt worden waren, in eine neue Situation, in ein neues System nunmehr integrer Sozialbeziehungen zu versetzen: in die Kolonie als Isolationsform. Das wäre leicht zu machen gewesen, wenn – ja wenn es diese Kolonie, oder wenigstens ein Konzept davon, gegeben hätte; es gab aber – Nichts! Es gab keinerlei sozialpädagogische oder sozialpolitische Infrastruktur in dem durch Weltkrieg, Revolution und Bürgerkrieg zerrütteten Land; einschlägige Institutionen mussten erst neu entstehen. Es gab auch keine konzeptionellen Vorgaben, auf welchen Wegen und mit welchen Mitteln die Riesenprobleme der Kinder- und Jugendverwahrlosung zu lösen wären. Auch die Pädagogik war hilflos und experimentierte mit heterogenen Rezeptionen teils aus der russischen Tradition (*Ušinskij; Tolstoj*), teils aus der westlichen Reformpädagogik (*Dewey; Kerschensteiner; Wyneken*). Und *Makarenko* selber? Er hatte, als er, der nur ein bewährter Volksschullehrer war, den sozialpädagogischen Auftrag empfing, keinerlei Ahnung, besaß kein methodisches Konzept, was er mit der ihm mitgegebenen (so herrlich präzisen) Formel, „den neuen Menschen auf neue Weise zu schaffen“,[5] anfangen sollte und könnte. Er habe damals, so schreibt er, viel gelesen, aber keine Hilfe gefunden. (Man muss das wohl nicht ganz ernst nehmen. Hilfen wären zu finden gewesen; aber hatte er, in der Not des Anfangens, überhaupt Zeit genug – und Gelegenheit – zu ausführlichen Literaturrecherchen?)

Die nachrevolutionäre Gesellschaft der frühen Sowjetunion war die Zeit der Experimente und der offenen Möglichkeiten; so auch für die Wege der Erziehung. *Makarenko* fand und nutzte die – wohl einmalige – Gelegenheit, eine (seine) Pädagogik von Grund auf in der Praxis und aus der Praxis heraus entstehen zu lassen. Und diese Praxis war zu allererst das Überleben der Kolonie mit minimalen Finanzmitteln in verfallenen Gebäuden und kalten Räumen. Doch die Zöglinge entziehen sich dem Problemlösungsdruck der neuen Situation; beim Holzeinschlag verweigern sie die Arbeit und verhöhnen den Erzieher. Erst dessen hochemotionale Reaktion, der berühmte Faustschlag gegen ‚Zadorov‘,[6] öffnet die Situation: die gamma-Beziehungen wenden sich ins Positive, und die Zöglinge nehmen die Arbeit auf: sie eröffnen sich delta-Beziehungen dinglicher Art, die der Erzieher geschickt zu verbinden weiß mit den Spontanformen der beta-Beziehungen, z. B. mit den Spielgruppen, die dann nicht mehr ‚Scharen‘ oder ‚Horden‘ heißen sollen wie bei den Kosakenspielen, sondern ordentlich, wie in der Roten Armee, ‚Abteilungen‘ und nicht mehr vom ‚Ataman‘, sondern vom ‚Kommandeur‘ angeführt werden. Daraus entwickelt sich die Organisationsstruk-

5 *A. S. Makarenko*: Ein pädagogisches Poem I, 1

6 Ich lasse das Ereignis an dieser Stelle unkommentiert, weil es sich nicht um *methodische* Einwirkung gehandelt hat. Im 25. Kapitel, welches die Strukturen der gamma-Beziehung erörtert, werde ich darauf zurückkommen (Episode 8).

tur der Kolonie, die intrinsisch-institutionelle Konstanz der Situation: Durch die Bewältigung der anstehenden Aufgaben in der landwirtschaftlichen und handwerklichen Produktion, in der Organisation der Arbeitsprozesse, in der Regelung wechselnder individueller und kollektiver Verantwortlichkeiten, in der Gestaltung des alltäglichen und des festlichen Kolonielebens sowie des Erziehungsklimas („Stil und Ton"), in der Pflege von Musik, Literatur und Theaterspiel und – was viele Makarenkofreunde gern übersehen, weil der Meister zu wenig darüber schreibt – im Schulunterricht, durch all dies entsteht in wenigen Jahren (Erziehung braucht Zeit) ein ausdifferenziertes und konstantes System vielfältig verflochtener dinglicher und personaler Beziehungen, in dem mehr und mehr auch die Leitungs- und Entscheidungskompetenzen den Gremien der Zöglinge zufallen können. Die Situation erzieht. Die spannende Geschichte dieses zunächst abrupten, dann gleitenden Neuanfangs hat *Makarenko* im ersten Teil des ‚Pädagogischen Poems' literarisch gestaltet und im zweiten und dritten Teil seine Vorstellung einer perfekten, *einer hochkomplexen und hochmethodisierten konstanten Erziehungssituation* als Leitbild seiner Pädagogik deutlich gemacht.

Wenn ich dieses Leitbild als Erziehungssituation bezeichne, so ist das anachronistisch; es gab den Terminus noch nicht. Als seine eigene Bezeichnung wählt *Makarenko* einen Begriff, den er der politischen Umgangssprache seiner Zeit und Umgebung entnimmt: er nennt eine solche Situation ein *Kollektiv*. Leider hat er sich mit dieser Wortwahl einem Rattenkönig von Missverständnissen ausgesetzt, die – im sowjetischen Bereich genau so wie im Westen – ein angemessenes Verständnis seiner Pädagogik erschwert, oft sogar verhindert haben. Kern dieser Missverständnisse ist die falsche Annahme, durch die Verwendung des Kollektivbegriffs sei ausgedrückt, dass hier das leninistisch-stalinistische Gesellschafts- und Menschenbild auf die Erziehung übertragen und so die Pädagogik zu einer Art ‚angewandter Sowjet-Ideologie' gemacht würde. Und genau dieser Irrtum scheint dann, in den 1940er Jahren, die posthume Kanonisierung *Makarenko*s zum sowjetischen Staatspädagogen[7] ermöglicht zu haben. Seitdem stand sein Werk unter einem schlechten und einem guten Stern. Zuerst der schlechte: Zwar gab es einige, vielleicht sogar viele Erzieher, die ihm auf seinen Wegen folgen wollten und zu folgen versuchten, doch gedieh dies, wie bei vielen Großen der Reformpädagogik überall in der Welt, nur in Enklaven, auf Duldung und Förderung angewiesen und vom Engagement Einzelner abhängig. So blieb die faktische Wirksamkeit und praktische Rezeption der Makarenko-Pädagogik weit hinter ihrer ideologisch-politischen Hochschätzung und Verbreitung zurück. Zugleich benutzte man staatlicherseits eine selektiv gelenkte Zitierweise, zuweilen auch verbunden mit gezielten Umdeutungen der Aussagen des Autors, um eine Erziehungspraxis und ein Erziehungssys-

7 Dieser rätselhafte Vorgang bedarf dringend der historischen Aufklärung.

tem zu begründen und zu rechtfertigen, dem das makarenkische *Prinzip der kollektiven Selbstorganisation der Zöglinge* völlig fremd war. Für die Deutsche Demokratische Republik hat *Edgar Günther-Schellheimer* als betroffener Zeitzeuge diese Strukturen anschaulich skizziert;[8] in der Sowjetunion selbst und in den anderen von ihr abhängigen Staaten dürfte das Bild wohl gleich oder ähnlich gewesen sein: Eine einseitige *Hervorhebung der Disziplin* kommt jedem indoktrinierenden Erziehungssystem leicht entgegen. Und nur diese verkürzte, nur diese bloß disziplinäre Auffassung vom „Kollektiv" ließ sich aus der Sozialpädagogik, dem originären Erziehungsfeld *Makarenko*s, in den weiten Bereich der *Schulpädagogik* hinein übertragen; nicht aber die eigentliche pädagogische Substanz: Denn die von den Zöglingen kollektiv zu organisierende *Arbeit* wäre im Falle der Schule ja der *Unterricht* gewesen; ein kühnes Prinzip, das sich vermutlich mit *keinem* Staatsschulsystem verträgt. (*Makarenko* selbst hatte die schulische Ausbildung seiner Zöglinge in der Praxis zwar ernst genommen, hat sie aber, vielleicht wohlweislich, niemals zum pädagogischen Thema erhoben und hat in seinem Gedankengebäude – seltsam bei einem ausgebildeten Lehrer – didaktische Erörterungen konsequent vermieden.)

Der gute Stern aber leuchtete über dem schriftlichen Werk *Makarenko*s. Denn es war ja gerade die ideologisch-politische Hochschätzung, durch die – im Rahmen der sowjetischen Propaganda – es möglich wurde, seine Bücher, Aufsätze und Notizen zusammenzuführen, sie in vielen Auflagen herauszugeben und in viele Sprachen zu übersetzen. Dass dabei, aus politischer Rücksichtnahme, gelegentliche Auslassungen und Veränderungen des Wortlauts eingeflossen sind (die meisten dieser redaktionellen Eingriffe konnten inzwischen durch philologische Forschung identifiziert und beseitigt werden), war, auf das Ganze des Textkorpus gesehen, wenig erheblich; jedermann war imstande, sich sein Verständnis der Makarenko-Pädagogik zu erarbeiten. So auch wir im „Westen". Aber auch hier stand ein ungünstiger Stern über dem Werk. Denn es war Krieg damals zwischen Ost und West, der „kalte" Krieg des Wettrüstens auch an den ideologischen Fronten; und gerade an der Erziehungsfront wurde besonders heftig gekämpft. Zwar konnte niemand sich der Faszination entziehen, die besonders vom ‚Pädagogischen Poem' ausstrahlte, aber die konnte ja auch als höchst gefährlich angesehen werden, als scharfe ‚Waffe' des Ostens im Kalten Krieg, sodass manche im Westen die Makarenko-Pädagogik als Ausdruck des sowjetkommunistischen Kollektivismus glaubten bekämpfen zu müssen; sie nahmen halt ernst und wörtlich, was man aus Moskau hörte: nämlich dass dies *die* sowjetische Pädagogik wäre. – Es gab andere, die sich frei hielten von der Mentalität des Kalten Krieges und auf Verständnis und Verständigung setzten: sie empfingen das Werk mit freundlichem Wohlwollen. *Herman Nohl* unterstrich den hohen erzieherischen Rang *Makarenko*s, indem er ihn

8 *E. Günther-Schellheimer*: Makarenko in meinem Leben, Berlin 2005, S. 17–65

neben *Pestalozzi* und *Salzmann* stellte, und *Elisabeth Heimpel* sah im Pädagogischen Poem „ein Fenster nach Osten“ geöffnet. Auf der Grundlage dieser ‚neutralen‘ Haltung und Einstellung begann *Leonhard Froese* in Hamburg mit der westdeutschen wissenschaftlichen Erforschung *Makarenko*s, die er in Marburg mit der Gründung des ‚Makarenko-Referats‘ (*Götz Hillig*; *Siegfried Weitz*) fortsetzte; daneben gab es weitere Zentren in Münster (*Isabella Rüttenauer*) und Erlangen (*W. Sünkel*). Auch in Italien (*Bruno Bellerate*) und anderen westlichen Ländern geschah in den 1960/70er Jahren Entsprechendes.[9]

Dass *Makarenko* seine Vision einer hochkomplexen und hochmethodisierten konstanten Erziehungssituation als „Kollektiv“ bezeichnete, war damals nahe liegend und – ‚strategisch‘ gesehen – keineswegs ungeschickt. Der Begriff konnte zum einen verdeutlichen, dass der Akzent des pädagogischen Interesse auf dem *Gesamtzögling* lag, aber ebenso auch auf dem *Gesamterzieher,* in den die ‚technischen‘ Fachleute wie z. B. der Agraringenieur *N. Fere* – im ‚Pädagogischen Poem‘ unter dem Namen Šere – selbstverständlich und notwendigerweise einbezogen wurden;[10] sie waren wichtig, um die Qualität der dinglichen delta-Beziehungen zu sichern. – Zum anderen sollte die Verwendung des Kollektivbegriffs die Einbettung der Kolonie in die sie umgebende Erwachsenengesellschaft symbolisieren, terminologisch gesprochen: die Verbindung der Situation mit dem Erziehungsfeld; denn das Wort war mit positiven Konnotationen besetzt und in verschiedenen und wechselnden Bedeutungen allgemein gebräuchlich; es besaß sogar einen, wenngleich nur lockeren, marxistischen Bezug („kollektive Produktion“). Selbstverständlich sollten *Makarenko*s Zöglinge lebenstüchtig werden in derjenigen Welt, in die sie hineinwuchsen. Und er war zutiefst davon überzeugt, dass seine Pädagogik die dafür geeignete sei und dem politischen Ideal einer freien und solidarischen Produzentengesellschaft am besten entspreche. Dass die Sowjetgesellschaft dann eine andere, eine schreckliche Entwicklung nahm, musste er leidvoll erkennen, hielt aber unbeirrt, geradezu stur, gegen alle Kritik, gegen alle Anfeindungen und Schikanen an der Überzeugung fest, dass seine, und nicht die jeweilige Staatspädagogik, die wahrhaft sowjetische sei; denn sie war, unter schwierigsten Umständen, direkt und autonom aus der revolutionären Erziehungspraxis erwachsen und einzig auf die Erfahrungen ihres Scheiterns und Gelingens gestützt. Der Höhepunkt dieser Konflikte ist dokumentiert: Im Jahre 1932 veröffentlichte *Makarenko* einen apologetischen Aufsatz unter dem Titel „Pädagogen zucken die Achseln“, worin er seine pädagogischen Prinzipien, ungeschützt

9 Es ist bedauerlich, dass auch heute noch, zwei Jahrzehnte nach dem Erlöschen der sowjetischen Welt, Vorurteile und Animositäten aus dem Kalten Krieg in manchen, sogar jüngeren, Köpfen fortwirken und einer gerechten Einschätzung *Makarenko*s im Wege stehen. Den Erziehungsentwurf dieses Mannes groß zu nennen, ist keineswegs selbstverständlich geworden.

10 Vgl. *N. Fere:* Makarenko – mein Lehrer, Berlin (DDR) 1953

und provokant formulierend, offen legte.[11] Die Antwort kam sofort und von höchster Stelle: Der damalige Volksbildungskommissar (= -minister) der Ukrainischen Sowjetrepublik, *M. O. Skrypnyk*, unterzog den Text seines Untergebenen einer im Tone wohlwollenden (*Makarenko* sei ein guter Praktiker, aber folge einer falschen Theorie), doch in der Sache harten und schroffen Kritik.[12] Dies ist die Pointe:

> *Makarenko:* „Sie (sc. seine Zöglinge) haben Stühle, Armaturen, Bohrmaschinen, ihr neues Leben und einen neuen Menschen geschaffen – und obendrein haben sie noch die neue sowjetische Pädagogik geschaffen.“ (A. a. O. S. 39)

> *Skrypnyk*: „Genossen Kommunarden …, ihr habt keinerlei neue sowjetische Pädagogik geschaffen, die Prinzipien habt nicht ihr geschaffen, diese Prinzipien hat die Kommunistische Partei ausgearbeitet, ihr habt nur an ihrer Umsetzung ins Leben teilgenommen.“ (A. a. O. S. 71)

Gewiss, *Makarenko*s Formulierung mag überspitzt erscheinen, ist aber doch, in seinem Sinne, nicht unwahr. Auch die Reaktion des hohen Funktionärs ist überdeutlich. – Der Begriff „das Kollektiv“ sollte, was die Pädagogik angeht, in dem Sinn, den ihm *Makarenko* gegeben hat, verstanden und nicht mit anderen, ihm fremden Inhalten verbunden werden. Meine ‚Übersetzung‘ (genauer: Verallgemeinerung) kann dabei helfen – und seine terminologische Verwendung vielleicht auch überflüssig machen.

Die Rezeption der Makarenko-Pädagogik ist lange Zeit durch den sowjetkommunistischen Kontext, in den sie hineingestellt worden war, belastet gewesen und wird vermutlich noch lange Zeit dadurch belastet sein. Andere Rezeptionsprobleme, die mit seinem Werk verbunden sind, können leichter geklärt werden; ich greife das Problem der *fiktionalen Darstellung* heraus. *Makarenko* war ja nicht nur ein großer Erzieher, er war auch, unter der Mentorschaft *Maksim Gor'kij*s, ein ziemlich guter Belletrist; und er war beides ineins: sein Erziehen war sein literarisches Sujet; das Hauptwerk „Ein pädagogisches Poem“ trägt diese Einheit sogar im Titel. So wird Pädagogik leicht lesbar und erweckt konkrete Vorstellungen – aber sind die erzählten Erziehungsvorgänge so, wie erzählt, auch wirklich abgelaufen? Zweifel sind möglich, lassen sich aber zerstreuen mit dem Hinweis auf zahlreich überlieferte Zeugenaussagen ehemaliger Mitarbeiter und Zöglinge, die die Authentizität des Erzählten bestätigen, gefärbt allerdings durch die Verehrung des Meisters und durch die Kenntnis des „Poems“. Da aber diese Aussagen viele Einzelheiten und Episoden bekunden, die im „Poem“ und den anderen Erzählungen *Makarenko*s nicht vorkommen, ist eines ge-

---

11 Marburger Ausgabe Bd. 7, S. 36 ff. – Zur Interpretation dieser *confessio Makarenkana* vgl. *W. Sünkel:* „Klinische Praxis – partisanische Theorie“ in: Ders.: Im Blick auf Erziehung. Reden und Aufsätze, Bad Heilbrunn: Klinkhardt 1994, S. 183–192

12 *M. O. Skrypnyk:* „Der Weg der Dzeržinskij-Kommune“ in: Auf holprigen Wegen der Pädagogik oder Makarenkos ‚Marsch‘ durch das Jahr Zweiunddreißig, hg. von einem Marburger (d. i. *Götz Hillig*), Marburg 1975, S. 60 ff.

wiss: Es ist *nicht die ganze* Wirklichkeit, die er literarisch verarbeitet hat, sondern nur ein Ausschnitt davon; und diese Auswahl ist, so darf man vermuten, zwiefach bedingt, zum einen pädagogisch: er hebt diejenigen Erfahrungen hervor, die der Bildung seines Erziehungsentwurfs vornehmlich zu Grunde liegen, zum anderen literarisch: wichtig sind diejenigen Verläufe und Episoden, die den Strom der Erzählung vorantreiben und die ‚Einheit der Handlung' bekräftigen. So sind die ‚Kapitel' immer um ein zentrales Erziehungsproblem herum gebaut, das am Kapitelende als gelöst (oder als vorläufig gelöst) erscheint. Um auf den wirklichen Verlauf rückschließen zu können, muss man vor allem wissen, was *auf keinen Fall* in Wirklichkeit so, wie erzählt, gewesen sein kann, sondern aus Gründen poetologischer Gesetzmäßigkeit anders dargestellt werden *muss;* ein Beispiel: Man kann Studenten, die sich das „Poem" erarbeiten, zutiefst verblüffen, wenn man sie fragt, ob sie denn überhaupt glauben können, dass die Erziehungsprobleme in Wirklichkeit so säuberlich *nacheinander* aufgetreten wären, wie sie in der Abfolge der Kapitel thematisiert worden sind. Die Verblüffung weckt in diesem Fall die Einsicht, dass das reale Erziehungsgeschäft noch viel komplexer, noch ‚chaotischer' beschaffen ist, als die literarische Stilisierung es erscheinen lässt, und dass man deshalb noch intensiver über die Methodik der situativen Einwirkung nachdenken muss.[13]

Das tat auch *Makarenko* selbst. Neben den belletristischen Werken gibt es eine Reihe von Schriften (die *confessio* von 1932 habe ich schon zitiert), in denen er „Schlussfolgerungen" aus seiner pädagogischen Erfahrung gezogen und sie in begrifflicher Darstellung auszudrücken versucht hat. Auch in die erzählenden Schriften sind solche ‚theoretischen' Passagen eingestreut.[14] Freilich darf man von einem Mann seines geistigen Zuschnitts keine sorgfältig und vollständig ausgearbeitete Theorie der Erziehung erwarten, nicht einmal seines eigenen Erziehens. So großartig er mit Zöglingen umgehen konnte, so schwer tat er sich mit Begriffen. Daraus ist ihm kein Vorwurf zu machen: bei *Pestalozzi* und *Fröbel* war es nicht viel anders. Um den Wert von *Makarenko*s Theoriebemühungen einzuschätzen, muss man bedenken, dass seine diesbezüglichen Schriften und Vorträge allesamt und durchgängig einen *apologetischen* und *protreptischen* Charakter besitzen und somit aufs engste mit seiner eigenen (begrenzten) Erziehungspraxis nicht nur inhaltlich, sondern auch formal verbunden sind. Apologetisch sind sie insofern, als sie diese Praxis gegen Kritik und Anfeindungen verteidigen und rechtfertigen sollen; deshalb brauchen wir sie, um die pädagogische Motivation des Autors und seine Grundüberzeugungen – und damit seine

---

13 Ich will keineswegs eine pädagogische Belletristik abwerten, der die authentische Realität ihres Sujets völlig fehlt. Auch rein ersponnene Erziehungsgeschichten können pädagogisch – auch zur Theoriebildung – brauchbar und fruchtbar sein; man denke nur an *Goethe*s „Pädagogische Provinz", an *Keller*s „Frau Regel Amrain" und vor allem an *Rousseau*s „Ėmile", der seiner Form nach ein Roman ist.

14 Zum Beispiel Poem III, 10: „Am Fuße des Olymp".

Praxis – besser zu verstehen. Protreptisch sind diese Schriften insofern, als sie Werbung treiben sollen und Nachfolge fordern, damit sich diese Praxis über ihre bisherigen Grenzen hinaus verbreite und zur allgemeinen Erziehungspraxis werde; hierin erkennen wir den Generalisierungsanspruch, den der Autor für seine pädagogische Konzeption erhebt: *Makarenkos* Erziehung sollte zur *sowjetischen* Erziehung, die sie in seinen eigenen Augen schon war, auch faktisch werden (und vielleicht mehr noch, zur Erziehung aller Menschen des neuen, des nachkapitalistischen Zeitalters). Erst dann werde auch die Theorie keine auf bloße „Abschnittserfahrung" gegründete „Partisanentheorie" (партизанская теория)[15] mehr sein müssen, sondern Wissenschaft werden; dann wird man – so heißt es im Schlusssatz des „Pädagogischen Poems" – keine Poeme mehr brauchen, sondern eine Allgemeine Methodik der Erziehung.

Die Apologetik und die Protreptik offenbaren das Selbstverständnis *Makarenkos*. Ein ganz anderes Thema ist die *Rezeption* seiner Pädagogik. Die Geschichte ihrer faktischen, praktischen Rezeption ist noch nicht geschrieben, die der verzerrten, der ideologischen Rezeption noch weitgehend ungeklärt; ich kann auf diese Desiderate nur hinweisen. Erörtern will ich vielmehr die Grundfrage der theoretischen Rezeption, die Frage also, was er zur Vermehrung oder Verbesserung des *Wissens* von der Erziehung beigetragen hat und wie dieser Beitrag in das Wissen von der Erziehung zu integrieren ist. Unstrittig ist: *Makarenkos* Beitrag zur theoretischen Pädagogik ist in erster Linie seine Erziehungspraxis – und das in zwiefacher Hinsicht. (a) Kein pädagogischer Autor hat je so umfassend, so detailreich, so differenziert, auch so farbig und mitreißend von der Erziehung erzählt wie er. Daher kennt man seinen „Abschnitt" der ‚Erziehungsfront' genau und in (fast) allen Einzelheiten; und wer die doppelte Stilisierung – die pädagogisch-intentionale und die künstlerisch-literarische – gehörig beachtet, dem bietet sich eine (fast) unendliche Fülle analysefähigen und zur Analyse reizenden Materials. (b) *Makarenko* hat in seiner Praxis auf höchst kreative Weise Erziehungsmöglichkeiten realisiert, die zuvor unbekannt waren; besonders auf dem Gebiet der indirekten, der situativen Einwirkungen hat er neue Formen und Mittel entdeckt und entfaltet, deren Möglichkeit kaum ein Pädagoge oder Pädagogiker zuvor auch nur in Erwägung gezogen hätte.[16] – Strittig ist, ob, und wenn ja, inwieweit seine eigene *Theoriesprache,* seine „partisanische" Begrifflichkeit, geeignet sein kann, die Erkenntnisse aus seinen Erfahrungen auf eine verallgemeinerungsfähige Weise auszudrücken. Er hat diese Sprache entwickelt, um sich von traditioneller Pädagogik abzugrenzen und sich zugleich seinen sowjetischen Zeit- und Fachgenossen verständlich zu machen; dadurch ist viel ‚Sowjetklang' hinein gekommen,

---

15 Beide Ausdrücke in: „Pädagogen zucken die Achseln", Marburger Ausgabe Bd. 7, S. 36 ff.

16 Vielleicht nur *einer*: *William George* 1894 in Chicago. Aber *Makarenko* hat von ihm offensichtlich nichts gewusst.

der auf heutige Leser eher altertümlich, vielleicht sogar feindselig wirkt und manchen abhalten könnte, sich damit historisch ernsthaft zu befassen. Das Haupthindernis der begrifflichen Rezeption liegt jedoch in dem durchgehenden apologetischen und protreptischen Sprachduktus, der es schwer macht, die deskriptiven und analytischen Konzepte, die möglicherweise darin verborgen sind und herauspräpariert werden könnten, aufzufinden. Vom Begriff des „Kollektivs" war schon die Rede; seinen Generalisierungsbedarf hat *Makarenko* selber implizit anerkannt, als er versuchte, die in der Kolonie, einer Situation mit intrinsisch-institutioneller Konstanz, entwickelten Prinzipien auf eine anders geartete Erziehungssituation, nämlich die Familie mit ihrer primär extrinsisch-institutionellen Konstanz zu übertragen.[17] – Ein anderer häufig diskutierter makarenkischer Begriff ist die „Perspektive". Er versteht darunter eine bestimmte Verfasstheit der Zöglinge und des Gesamtzöglings, die auf der Freude auf Zukunft gründet, als „nahe" Perspektive auf den morgigen Tag, als „mittlere" etwa auf das kommende Jahr, als „ferne" auf Zukunft überhaupt, und erkennt diese Verfasstheit als einen wesentlichen Faktor der Konstanz des „Kollektivs". Da diese Einschätzung offenkundig zutrifft, ist in diesem Fall die Rezeption leicht. So habe ich den Begriff der Perspektive – unter Beibehaltung dieser Bezeichnung – übernommen und in die Liste der wichtigsten situativen Konstanten (§§ 129 ff.) eingefügt und der methodischen Konstanz, die *Makarenko* auch kennt, aber ohne einen Begriff dafür zu haben, zur Seite gestellt. – Am interessantesten in dem hier erörterten Zusammenhang ist sein Begriff der „parallelen pädagogischen Einwirkung", weil er auf den ersten Blick den Eindruck erwecken könnte, als sei damit die indirekte, die situative Einwirkung überhaupt, also der charakteristische Kern seiner Erziehungsmethode, bezeichnet. Das ist jedoch nicht der Fall. *Makarenko* gebraucht den Ausdruck nur für eine unter vielen von ihm genutzten Formen der situativen Einwirkung: Wenn z. B. – nicht immer, aber oft – eine Maßnahme (Anerkennung, Lob, Tadel oder Strafe) nicht dem Zögling, der sie verdient hat, erteilt wird, sondern der Zöglingsgruppe insgesamt, in welche dieser Zögling primär integriert ist („Abteilung"), dann nennt er diese Einwirkung „parallel". Es wird auf diese Weise die Verantwortung geweckt und bestätigt, die in der Gruppe jeder für jeden zu tragen hat; die Zöglinge erziehen einander wechselseitig. In meine Theoriesprache übersetzt heißt das: Der Erzieher löst sein Vermittlungsproblem nicht selber, sondern delegiert es an das jeweils zuständige beta-System der Situation. Das ist zweifellos situative Einwirkung, aber all ihre anderen Formen und Erscheinungsweisen werden von dem Begriff „parallel", wenn er auf diese eine beschränkt ist, nicht mehr erfasst; der Erzieher delegiert Vermittlungsaufgaben ja auch an das delta-System (Maschinen z. B. ‚erziehen' zu genauer, sorgfältiger und sauberer Arbeit) und letztlich auch an das Gesamtsystem

17 *A. S. Makarenko*: Ein Buch für Eltern (1937). Ob der Versuch gelungen ist, kann hier unerörtert bleiben.

der Situation (wenn er z. B. der „Vollversammlung“ oder dem „Rat der Kommandeure“ Beschlussvorschläge unterbreitet). Überdies ist auch die geometrische Metapher (parallele Linien oder Strecken) nicht so recht überzeugend. Das Beispiel dieses und vieler anderer seiner Begriffe zeigt, wie zögerlich, wie geradezu tastend *Makarenko* mit seinen Verallgemeinerungen und begrifflichen Abstraktionen verfährt. Sie sind uns wertvoll in deutungshermeneutischer Hinsicht, sofern sie helfen können, das Selbstverständnis *Makarenkos* zu klären, unter dem Vorbehalt, dass sie nicht die ganze Praxis dieses Erziehers begrifflich abzubilden suchen, sondern nur einzelne Momente daraus. Ihr systematischer, ihr rezeptionshermeneutischer Wert hingegen ist eingeschränkt: „Partisanentheorie“ ist nun mal – und kann nicht anders sein als – improvisiert.

Neunter Abschnitt: Die situativen Kernbeziehungen

22. Kapitel: Die alpha-Beziehung (α) I: Erzieher – Erzieher

§ 141

Erziehung kann und konnte immer nur gelingen, wenn mehrere Erzieher daran mitwirken; die Erzieherpluralität ist ein notwendiges Merkmal der Situativität des Erziehens überhaupt. Dieser Sachverhalt hat zwei Ursachen: (a) Menschliche Individuen sind – und waren es immer, seitdem es Menschen gibt – auf unterschiedliche Weise und in unterschiedlichem Maße geschickt und gewillt, den Dritten Faktor an andere Individuen weiterzugeben. Die Traditionskette wäre zerrissen, wenn ihre Konstanz von den Schwächen Einzelner abhinge. (b) Seit dem ersten Auftreten nichtgenetischer Tätigkeitsdispositionen in der Evolution des Menschen existiert der Dritte Faktor in unterschiedlichen Gestalten und Zusammensetzungen. Einen Zustand, dass alle alles und alle dasselbe wissen, können und wollen, hat es vermutlich nur selten gegeben. – Da sich (a+b) als anthropologische Konstante darstellt, ist das Problem der intergenerativen Weitergabe des Dritten Faktors nur unter der Voraussetzung einer Erzieherpluralität lösbar; ohne diese Voraussetzung hätte die Menschheit weder entstehen noch bestehen können.

Zusatz. Dem widerspricht nicht, dass es Erziehungssituationen mit Erziehersingularität gibt. Um spezielle Vermittlungsaufgaben zu erfüllen, ist es oft erforderlich, sie aus dem allgemeinen Vermittlungs-Aneignungs-Verhältnis auszugliedern und einen dafür besonders kompetenten einzelnen Erzieher damit zu betrauen. Besonders auf dem Gebiet des Unterrichts (aber nicht nur da) ist dies häufig der Fall. Solche speziellen Situationen sind dann aber über die Zöglinge mit anderen speziellen Situationen und anderen Erziehern verbunden.[1]
Erziehersingularität kann freilich auch als *defiziente Struktur* vorkommen. Wenn z. B. in einer Schulklasse mit Fachlehrersystem die einzelnen Lehrer nicht imstande oder nicht gesonnen sind, sich über die Beziehungen der Schüler und über die Verbindungen der Unterrichtsgegenstände miteinander auszutauschen und abzustimmen, und statt dessen jeder seinen fachlichen und persönlichen Egois-

1 Davon wieder ein Sonderfall ist die ‚pädagogische Dyade‘ von Einzelerzieher und Einzelzögling.

mus pflegt, dann zerfällt der Unterricht in Einzelsituationen und der von der Klassensituation strukturell geforderte Gesamterzieher bleibt unverwirklicht. – Auch an mögliche schicksalsbedingte Strukturdefizite muss man hier denken wie z. B. bei allein erziehenden Elternteilen.

§ 142

Die situative Beziehung zwischen Erzieher und Erzieher ist dadurch definiert, dass die Vermittlungstätigkeit sich auf denselben Zögling oder dieselbe Zöglingsgruppe richtet. Es ist also die Vermittlungsaufgabe, die das Gemeinsame ihrer Tätigkeit ausmacht und ihre Beziehung zueinander konstituiert. All das, was jenseits dieser Grenze sonst noch eine Personenbeziehung fundieren könnte, steht außerhalb des pädagogischen Interesse und ist hier kein Thema. Die alpha-Beziehung ist also als eine ‚kollegiale' Beziehung aufzufassen, als partielle, nicht als integrale Personenbeziehung. Selbstverständlich gilt das auch im Bereich des nicht professionellen Erziehens: Eltern z. B. sind, pädagogisch betrachtet, ‚Erzieherkollegen' und können es auch dann bleiben, wenn ihre Lebenswege sich getrennt haben.

Bei der Bestimmung des Umfangs der Vermittlungstätigkeit darf freilich der Bereich nicht vernachlässigt werden, in welchem sie sich vornehmlich in protopädischen Formen abspielt. Gemäß §§ 41 ff. sind Personen auch als Inkorporationen des Dritten Faktors aufzufassen, den sich Zöglinge in mimetischer, systemischer oder symbolischer Aneignung, als Beispielfolge oder Vorbildwahl zu eigen machen können. Da auch Erzieher solche Personen sein können, liegt nichts näher als die Annahme, dass auch von der Beziehung zwischen Erziehern eine solche protopädische Einwirkung ausgehen kann. Die Art und Weise, wie Erzieherkollegen miteinander umgehen, ob sie freundlich und sachlich, liebevoll und zärtlich, tolerant und humorvoll zueinander sind oder aber gleichgültig, schroff, bösartig, aggressiv – in den meisten Fällen werden sich Spiegelungen davon in der dispositionellen Verfasstheit der Zöglinge finden lassen. Das Ausmaß solcher Spiegelungen scheint allerdings stark von der Intensität und dem Zeitanteil des Umgangs zwischen Erziehern und Zöglingen abhängig zu sein.

§ 143

Die situative Erzieherpluralität, das Nebeneinander zweier oder mehrerer Erzieher,[2] kann unter der Form der Gleichheit als ‚egalitäre' Kollegialität und unter der Form der Ungleichheit als ‚hierarchische' Kollegialität vorkommen. Das sind keine Optionen, wie Erzieher jeweils miteinander um-

2 Selbstverständlich gibt es auch ein Nacheinander, eine sukzessive Erzieherpluralität, die aber, da es sich bei ihr nicht um eine Beziehungs-, sondern um eine Zeitdifferenzstruktur handelt, nicht hier zu thematisieren ist, sondern dort, wo es überhaupt um Zeitdifferenzen in der Erziehung gehen wird: im dritten Theorieteil, der Prozesstheorie.

gehen wollen oder sollen; man kann zwischen den Formen nicht wählen. Es sind aber ebenso wenig institutionelle Statuszuschreibungen (die sich gleichwohl, wie im nachfolgenden Kapitel zu erörtern sein wird, damit verbinden lassen). Es sind vielmehr ganz verschiedene Sachverhalte der Struktur des Phänomens Erziehung selbst, je nach dem, um wessen Praxis es geht, um die jeweils eigene bei der egalitären, um die des Anderen bei der hierarchischen Kollegialität.

Die hierarchische Form der α-Beziehung tritt vor allem in drei Varianten auf: in der *Beratung,* in der *Ausbildung* und in der *Aufsicht* (Supervision). Bei der Beratung geht es darum, dass ein Erzieher (E1), der Ratgeber, einen anderen Erzieher (E2), den Ratsucher, instand setzt, seine Vermittlungsprobleme zu lösen. Beratungsgegenstand ist also die Erzieherdisposition von E2: sein pädagogisches Wissen, Wollen und Können. Weil hier der Dritte Faktor textfähige Gestalt besitzt (man kann auch schriftlich beraten), ist die Beratungssituation ein Unterricht (§ 49); E2 nimmt darin die situative Position des Schülers ein. – Dieselbe Grundstruktur wie die Beratung weist auch die Situation der Ausbildung zum Erzieher auf; sie unterscheidet sich nur dadurch, dass nicht die gegenwärtige, sondern eine künftige (deshalb unspezifische) Praxis des E2 der Bezugspunkt ist. – Eine reduzierte Variante der hierarchischen α-Beziehung ist die Aufsicht. Hier beschränkt sich E1 auf die Überwachung und Kontrolle, oft verbunden mit Beurteilung und Bewertung, der (gegenwärtigen) Praxis von E2. Die Aufsicht bildet eine instabile Situation, die sich nach Bedarf sei es zur Beratung, sei es zur Ausbildung erweitert. Sie kann aber stabil gehalten werden, wenn man sie institutionell (durch *Verwaltung)* absichert.

§ 144

Die egalitäre Form der α-Beziehung ist die Zusammenarbeit der situativ miteinander verbundenen Erzieher mit dem Ziel, die Vorteile und Chancen, die dem (individuellen oder kollektiven) Zögling aus der Erzieherpluralität erwachsen, zu optimieren. Das kann erreicht werden (a) über die Vielfalt und Verschiedenartigkeit der auf die Aneignungstätigkeit des Zöglings gerichteten Einwirkungen und ihr Verhältnis zueinander (*heterologische Einwirkung)* oder (b) über die Einheit und Gleichartigkeit der Einwirkungen und ihre dadurch verstärkte Intensität (*homologische Einwirkung).*

Das einfachste Bild einer egalitären α-Beziehung mit heterologischer Einwirkung bietet die Erziehung des Kindes (der Kinder) durch die Eltern in der Familie – sofern man das heutige Familienverständnis zugrunde legt. Dass Eltern pädagogisch beide dasselbe und auf dieselbe Weise tun sollen, wäre eine unsinnige Forderung; es würde auch gar nicht funktionieren. – Heterologische Einwirkung lebt von der Verschiedenheit und verlangt lediglich eine gewisse Konvergenz des Tuns aller beteiligten Erzieher dergestalt, dass in gegenständlicher Hinsicht ein Zusammenhang und Verhältnis der Aneignungsaufgaben sich herstellt oder hergestellt wird und dass in methodischer Hinsicht nicht nur jeder einzelne sein eigenes Handeln nach den Prinzipien der Stimmigkeit und Konsequenz ausrichtet, sondern auch so handelt, dass gemeinsam diesen Prinzipien Genüge getan wird. Ist die Konvergenz schwach oder kommt es gar zu divergentem Handeln, dann läuft man Gefahr, die Situation zu zerreißen – und den Zögling dazu (das ‚Kreidekreis'-Phänomen).

Homologische Einwirkung ist stark, aber einseitig, ihre Anwendung daher an strenge Voraussetzungen gebunden. Eine zeitweise Bündelung der Kräfte kann angezeigt sein, um schwere Vorschädigungen des Zöglings zu beseitigen oder um die Folgen vorausgegangener schlimmer Erziehungsfehler auszugleichen, aber auch, wenn es gilt, den Zögling zu speziellen Höchstleistungen instand zu setzen.

Erster Zusatz. In den patriarchalischen Familiensystemen der vergangenen Jahrhunderte besaß die α-Beziehung der Eltern keineswegs immer die rein egalitäre Form, sonder war häufig mit hierarchischen Momenten vermischt, wenn z. B. der Vater auch als Pädagogiklehrer und Supervisor der Mutter aufgefasst wurde.[3]

Zweiter Zusatz: Dass es im *Unterricht* die reizvolle, wenngleich in Schulen selten genutzte Möglichkeit des „heterologisch-divergenten Lehrersystems" (beschrieben in PhU § 98) gibt, soll den Leser nicht irritieren. Es handelt sich um eine didaktische ‚Inszenierung' und setzt eine α-Konvergenz voraus.

§ 145

Fasst man alle α-Beziehungen, egalitäre und hierarchische, soweit sie und so wie sie in einer Situation vorkommen, zusammen und bezieht sie aufeinander, dann ergibt sich das *α-System* der Situation. Mit Hilfe des α-Systems lassen sich die Vermittlungsmöglichkeiten, die eine Situation von der Erzieherseite aus bietet, entschlüsseln. Wird eine oder werden einige dieser Möglichkeiten verwirklicht, so kann dies als *Tätigkeit des α-Systems* aufgefasst werden dergestalt, dass nicht die einzelnen Erzieher, sondern das α-System als ganzes, oder ein Teil davon, als Subjekt der Vermittlung erscheint. Ich spreche dann von einem *Gesamterzieher.*

Ohne das begriffliche Konstrukt des Gesamterziehers können viele Erziehungssituationen nicht vollständig und zutreffend beschrieben werden. Das

---

3 So noch *Friedrich Schneider* (berühmt als ein Begründer der pädagogischen Komparatistik) in seinem Ratgeber: Deine Kinder und Du (1937), Freiburg/Br.: Herder ^{3}1941. – Um so lobenswerter finde ich, dass einer der bedeutendsten Schulmänner des zweiten deutschen Kaiserreichs, *Adolf Matthias*, in seinem vielgelesenen Ratgeber: Wie erziehen wir unseren Sohn Benjamin? (1896), München : Beck ^{10}1916, den α-egalitären Charakter der Elternbeziehung fraglos voraussetzt und erwartet. (Aber die Mädchenerziehung kommt nicht vor.)

ist besonders der Fall bei langfristig konstanten α-Beziehungen (z. B. Eltern) und bei institutionalisierten Situationen mit hochgradig komplexen α-Systemen, in denen das Gleichgewicht von egalitären und hierarchischen Beziehungen immer wieder neu auszutarieren ist.

Erster Zusatz. Auch in pragmatischer Hinsicht ist das Konstrukt von Nutzen, unter anderem, wenn Erziehungsprogramme oder -reformen zu planen und ins Werk zu setzen sind. Eine Schulreform z. B. bedingt einen reformierten Gesamterzieher. Sie muss daher scheitern, wenn ihr nicht eine auf sie bezogene Reform der Lehreraus- und -weiterbildung vorausgegangen ist oder sie wenigstens kontinuierlich begleitet.

Zweiter Zusatz. Die Erzieherposition im Einwirkungskreis (s. o. im 15. Kapitel) bleibt unberührt. Sie ist dieselbe, ob es sich nun um einen Einzel- oder einen Gesamterzieher handelt.

23. Kapitel: Die alpha-Beziehung (α) II: Das Erziehungswesen

§ 146

Mit dem Ausdruck „Erziehungswesen“ pflegt man alle Einrichtungen zusammenzufassen, die eine Gesellschaft trifft, um die Erfüllung jeweils bestimmter Vermittlungsaufgaben in größerem Maßstab zu ermöglichen oder zu erleichtern. Diese Einrichtungen („Institutionen“) dienen dazu, *Vermittlungsaufgaben zu verallgemeinern* (sie zu ‚entindividualisieren‘) und ihre Erfüllung nach Regeln und Mustern zu ordnen (sie zu ‚organisieren‘). Da sich all dies, situationstheoretisch betrachtet, auf der Vermittlungs–, also der Erzieherseite des Erziehungsverhältnisses – und nur dort – abspielt, lassen sich diese Einrichtungen als *institutionalisierte Formen des α-Systems* auffassen.

Ob es solche Erziehungsinstitutionen gibt oder nicht und welche, richtet sich nach dem gesellschaftlichen Bedarf. Sie entstehen, sobald es notwendig oder zweckmäßig erscheint, bestimmte Tätigkeitsdispositionen (TDs) zu entindividualisieren und ihre Vermittlung rational zu ordnen. Entfällt der Bedarf, verschwinden sie wieder, sei es von selbst, sei es, dass sie abgeschafft werden müssen, wenn sie – der ihnen qua Institution innewohnenden Beharrungstendenz folgend – ihren Bedarf überleben; im letzteren Fall können sie manchmal auch einem veränderten Bedarf angepasst oder einem neuen Bedarf zugeordnet werden.

Zusatz. Ein schönes Beispiel einer Institutionalisierung bietet das Fahrschulwesen. Als im frühen 20. Jahrhundert der motorisierte Straßenverkehr immer dichter und immer gefährlicher wurde, erließ man Gesetze und Verordnungen nicht nur zur Regelung der technischen Ausstattung der Fahrzeuge, sondern auch zur Regelung des Verkehrsverhaltens und zur dispositionellen Ausstattung der Fahrzeuglenker. Die Kenntnisse, Fertigkeiten und Motive, die zum Führen eines Kraftfahrzeugs erforderlich sind, stellen eine hochkomplexe Tätigkeitsdisposition dar, die, von der Tätigkeit getrennt, vor ihrer Ausübung erworben sein muss und deshalb der *unterrichtlichen* Vermittlung bedarf. So gab es Fahrunterricht, seitdem es Kraftfahrzeuge gab; aber es gab ihn von Fall zu Fall, spontan und individuell, also in nicht institutionalisierten Formen. Erst als die aktive Teilnahme am motorisierten Straßenverkehr von einer allgemeinen Lizenz und dem dabei vorausgesetzten Nachweis des vollständigen Erwerbs der Disposition abhängig gemacht wurde, ergab sich die Notwendigkeit, auch diesen Unterricht zu institutionalisieren. Es wurden Fahrschulen gegründet, Fahrlehrerverbände geschaffen, die die Beratungs- und Aufsichtsfunktion erfüllen konnten, und die Ausbildung zum Fahrlehrer musste professionalisiert und ebenfalls institutionell geregelt werden. (So kann man hier, schmunzelnd, sagen: Die Prüfung ‚generiert‘ die Schule …)

§ 147

Auch in institutionalisierten α-Systemen lassen sich egalitäre und hierarchische Beziehungen unterscheiden; der Unterschied wird sogar durch die Institutionalisierung verstärkt. Insbesondere vergrößert und differenziert sich der Anteil der hierarchischen Beziehungen: Sie ‚verlängern' sich gleichsam, werden mehrgliedrig (wie z. B. die Aufsichtsbeziehung im Schulwesen: Der Rektor beaufsichtigt den Lehrer, der Schulrat den Rektor, der Oberschulrat den Schulrat, der Ministerialrat den Oberschulrat etc.; in umgekehrter Richtung verläuft die Organisations- und – zuweilen – die Beratungsschiene). Besonders bei großen, umfangreichen Institutionen können sich die hierarchischen Beziehungen leicht zu einem eigenen Beziehungssystem mit eigener Rationalität und Logik, zu einer Erziehungsbürokratie, verselbständigen. Das liegt unter anderem daran, dass es in den institutionalisierten α-Systemen eine Beziehung gibt, die in den nicht institutionalisierten fehlt: die Verwaltung. Sie organisiert die Arbeit der Institution und bildet ihren institutionellen Kern. Die Verselbständigung kann so weit gehen, dass eine Erziehungsinstitution als (fast) reine Verwaltungsbehörde möglich wird, wie das Beispiel des ‚Jugendamts' zeigt.

Aber die Vermittlungsarbeit selbst, die Arbeit, zu deren Ermöglichung oder Erleichterung die Institution *dient,* wird auf der jeweils untersten institutionellen Ebene geleistet, nämlich dort, wo Erzieher mit Zöglingen zusammentreffen, wo das Vermittelte auch angeeignet wird: auf der Ebene der pädagogischen Praxis. Hier dominieren die egalitären α-Beziehungen; denn nicht die Institution ‚erzieht', sondern die in ihr tätigen Erzieher tun es.

§ 148

Die durch die Institution geformten egalitären α-Beziehungen beschreiben die Zusammenarbeit der vermittelnd Tätigen im Rahmen der ihnen dazu institutionell vorgegebenen Muster und Regeln. Dabei haben – und äußern – diese Erzieher häufig das Empfinden, dass die Regeln und Muster nicht unbedingt sachgerecht sind und nicht immer die Förderung und Erleichterung der Praxis erbringen, deretwegen sie da sind, sondern nicht selten auch Erschwerungen und Behinderungen darstellen, die man beklagen kann oder unterlaufen muss. Die strukturellen Ursachen dieses Sachverhalts liegen in der Natur der pädagogischen Praxis selbst, die sich sträubt gegen Verallgemeinerung der Vermittlungsgegenstände und gegen Vereinheitlichung der Einwirkungsformen und -mittel. Denn Zöglinge, auch dann, wenn sie institutionell eingebunden sind, sind immer Individuen, und Zöglingsgruppen können es auch sein; und weil TD-Aneignungen nur individuell geleistet werden können, müssen auch die TD-Vermittlungen auf individuelle Weise geschehen. Vermittlungsziele lassen sich vorschreiben, Einwirkungswege aber nicht. Das bringt die tätigen Erzieher in eine paradoxe Lage: sie müssen in und mit ihrem Handeln das *Prinzip* der Institution, d. i. die Entindividualisierung der Vermittlungsaufgaben, *rückgängig* machen, sie müssen sie re-individualisieren.

Die Institutionalisierung der situativen α-Beziehungen verliert also gerade dort an Ordnungskraft, wo die eigentliche Leistung der Institution erwartet und erbracht wird. Die Institution franst gleichsam nach unten aus, in die übrige Situation hinein.

§ 149

Den praktischen Konflikt zwischen der Institution und ihrer Praxis kann niemand vermeiden; den theoretischen Widerspruch zwischen allgemeinen Vermittlungsaufgaben und individueller Aneignung kann niemand heben. In beiden Hinsichten können nur – mehr oder weniger gut gelingende – Kompromisse gefunden werden und sind immer auch gefunden worden. Unter welchen Bedingungen sind solche Kompromisse möglich? Ich unterscheide (a) Bedingungen auf Seiten der Institution und (b) Bedingungen auf Seiten der Praxis.

(a) Es liegt im wohlverstandenen Interesse der Institution, die Erfüllung der Vermittlungsaufgaben, deren Ermöglichung und Erleichterung ihr Zweck ist, auch wirklich und erfolgreich ermöglichen und erleichtern *zu wollen:* ihren Zweck also auch zu ihrem Ziel zu nehmen; mit anderen Worten: die individualisierte Vermittlung (und individuelle Aneignung) des dem Zweck der Institution entsprechenden TD-Komplexes desto leichter erreichbar zu machen, je ‚elastischer' die Institution ihre Tätigkeit plant und organisiert, sobald sie dabei in die Nähe der Praxisebene kommt, je offener sie wird für verschiedenste Lösungen, die auf der Praxisebene selbst oder in ihrer hierarchischen Nachbarschaft gefunden werden, und je mehr Kompetenz und Eigenverantwortung sie ihren individuellen Erziehern zugesteht und abfordert. Letzteres verlangt freilich, dass auch die Ausbildung der Erzieher sowie ihre Beratung und Aufsicht das gleiche Ziel verfolgen. Eine wichtige Bedingung ist ferner, dass der Sachverstand der Praxis bis in die hohen Verwaltungsebenen der Institution hinauf reicht, sei es durch geregelte Mitsprache, sei es durch personelle Repräsentanz, sei es durch beides zusammen; mancher Konflikt kann auf diesen Wegen bereits ausgeglichen werden, bevor er die Praxis tatsächlich erreicht und belastet.

Erster Zusatz. Es ist nicht ganz einfach, den Sachverstand der Praxis in eine pädagogische Institution hineinzubringen. Am Beispiel des Schulwesens denke ich an anderthalb Jahrhunderte Kampf der deutschen Lehrerschaft gegen die „geistliche Schulaufsicht". Der war 1919 siegreich beendet; seitdem droht Gefahr eher von hypertrophen Verwaltungsstrukturen (Überbürokratisierung), Jura statt Theologie. Ein kleines Indiz kann zur Analyse von Schulverwaltungsstrukturen zuweilen hilfreich sein: Man schaue, ob der Leiter der jeweiligen Behörde ein Schulpädagoge und sein Stellvertreter ein Verwaltungsjurist ist oder ob es sich umgekehrt verhält …

Zweiter Zusatz. In den meisten institutionalisierten α-Systemen ist der *Berufserzieher* die Regel, der Laienerzieher die Ausnahme. Das ist offensichtlich der Grund, warum sich die üblichen Debatten über das Erzieherbild meist ganz auf die Probleme der Professionalität und Professionalisierung der Erzieher konzentrieren. Dabei wird gern ein engerer Begriff von Profession verwendet, der sich am Vorbild der freien akademischen Berufe (Anwälte, Ärzte etc.) orientiert und auf die uneingeschränkte Eigenkompetenz und Eigenverantwortung der Berufsträger abhebt, wodurch zugleich der Widerspruch zur institutionellen Abhängigkeit der Berufserzieher aufscheint. Betrachtet man jedoch die menschlichen Gesellschaften bis hin zu den gegenwärtigen im Ganzen, so wird offenbar, dass der Laienerzieher die allgemeine Regel und der Berufserzieher die krasse Ausnahme darstellt, sogar im institutionellen Bereich: Die größte und umfassendste pädagogische Institution, die Familie, kennt auf der Ebene ihrer egalitären α-Beziehungen ausschließlich Laienerzieher; Berufserzieher kommen hier nur in der Form (optionaler) hierarchischer α-Beziehungen (Beratung und Aufsicht) vor. Man wende nicht ein, dass Eltern auch pädagogische Berufe ausüben können: sie mögen Lehrer oder Streetworker oder sonstwas sein – in Sachen Familienerziehung sind sie Laien wie alle anderen Eltern auch, und nicht selten sind ihre im Blick auf ganz andere und andersartige Situationen gebildeten Dispositionen und Erfahrungen sogar hinderlich bei der Erziehung der eigenen Kinder. – Für die Allgemeine Theorie der Erziehung ergibt sich die Folgerung, dass ihre Aussagen über die situative Position des Erziehers unabhängig davon gelten, ob es sich um professionelle oder nichtprofessionelle Erzieher handelt, wie gleichermaßen alle allgemeinen situationstheoretischen Aussagen unabhängig davon getroffen werden, ob die Situation extrinsisch oder intrinsisch institutionalisiert oder überhaupt nicht institutionalisiert ist.

§ 150

(b) Das Merkmal Institutionalisierung kann nur solchen Erziehungssituationen zukommen, denen eine gewisse Dauer eigen ist, und gehört zu den Faktoren, welche diese Konstanz basieren (vgl. § 132). In Situationen von kürzerer Dauer ist es entsprechend schwächer ausgeprägt; in „unsteten“ Erziehungssituationen („Begegnung“; „Erweckung“ u. ä.)[1] fehlt es ganz. Hinsichtlich der Frage nach den Bedingungen, die auf der Praxisseite den Konflikt zwischen Institution und Praxis entschärfen, sogar fruchtbar machen können, muss bedacht werden, dass es zwei verschiedene Wege und somit auch zwei verschiedene Formen der Institutionalisierung von Erziehungssituationen gibt. Bisher ist in diesem Kapitel nur von einer die Rede gewesen, nämlich vom ‚Erziehungswesen‘, von den aufgrund gesellschaftlichen Bedarfs und durch gesellschaftliche Initiative (häufig, aber nicht immer: durch den Staat oder die Kommune) gegründeten Institutionen, denen ihr pädagogischer Inhalt: die Praxis, deretwegen die Gründung geschah, erst zugeordnet werden muss. Ich habe diesen Weg und diese Form als extrinsische In-

1 Erstmals systematisch beschrieben von *Otto Friedrich Bollnow:* Existenzphilosophie und Pädagogik (1959)

stitutionalisierung bezeichnet (§ 132). Von ihr muss die *intrinsische Institutionalisierung* unterschieden werden; die Erziehungssituation bringt sie selbst hervor, wenn sie und indem sie ihre Konstanz selber organisiert. So wird der Situation keine fremde Form übergestülpt noch wird sie in einen vorgegebenen institutionellen Rahmen hineingezwängt. Man studiert die intrinsische Institutionalisierung am leichtesten anhand solcher (meist reformpädagogischer) Projekte, die ihre Praxis in relativer Isolation selbst haben entfalten können. Schon auf den ersten Blick zeigen sich dort zwei verschiedene Typen, je nach dem, ob die intrinsische Institutionalisierung vornehmlich auf der Grundlage des α- oder aber des β-Systems der Situation erfolgt ist. Die α–, also erziehergestützte Organisationsform findet man beispielsweise in den humanistischen Fürstenschulen des 16. und in den Philanthropinen des 18. Jahrhunderts, in Stans (*J. H. Pestalozzi*) und auch in den frühen Landerziehungsheimen (*H. Lietz*), die β-, also zöglingsgestützte Form z.B. in der *Junior Republic* (*W. George*), in der *Hauslehrerschule* (*B. Otto*), in der *casa dei bambini* (*M. Montessori*) und in der *Gor'kij-Kolonie* (*A. Makarenko*). Derart isolierte Versuchsanstalten haben immer wieder auch in das ‚offizielle' Erziehungswesen ausgestrahlt und dort Teilrezeptionen ausgelöst, wobei die radikalen Prinzipien gemildert und den Bedingungen der extrinsischen Institutionen angepasst werden mussten. Das geschah (und geschieht) nicht nur in Hinsicht auf Aneignungsgegenstände und Vermittlungsmethoden, sondern eben auch auf die Formen der situativen Organisation, die gerade dort willkommen sein können, wo die Ordnungskraft der Institutionen nachlässt: in der Praxisnähe. Es scheint demnach so zu sein, dass die strenge Verwaltungsstruktur einer pädagogischen Institution am besten und ihrem Zweck förderlichsten ergänzt wird durch eine sich im vorgegebenen institutionellen Rahmen selbst und selbstbewusst organisierende Erziehungspraxis, freilich eingeschränkt durch das Bedenken, dass angesichts der permanenten prinzipiellen Konfliktlage ‚Idealkompromisse' höchst unwahrscheinlich sind.

Zusatz. Die Idee, dass die *Zöglinge* nicht nur als Adressaten der Institution, sondern auch als ihre ‚Mitglieder' angesehen und entsprechend an ihren Tätigkeiten beteiligt werden sollten, ist allen extrinsisch institutionalisierten α-Systemen wesensfremd. Trotzdem ist sie, namentlich in neuerer Zeit, gelegentlich aufgekommen und hat interessante ex-intrinsische Mischstrukturen hervorgebracht. Mein Beispiel dafür ist die Schülervertretung im (deutschen) Schulwesen. Sie wurde im revolutionären Aufbruch des Jahres 1919 geboren in Gestalt der von *Gustav Wyneken* angeregten „Schulgemeinde-Erlasse" des preußischen Kultusministeriums. Die Erlasse sind zwar damals von den Schulen selten, und wenn, dann mit großen Einschränkungen und zögerlich, umgesetzt worden, doch die Idee überlebte – bis zu ihrer heutigen Selbstverständlichkeit. Allerdings war und ist die reine Gestalt der Idee, die Schülerselbstregierung, der sich – vor dem Weltkrieg – die „Freie Schulgemeinde Wickersdorf" unter *Wyneken* stark angenähert hatte, kein Thema in Staatsschulen: Selbstregierung hätte ja geheißen, den Schülern allgemeine Kompetenz und Entscheidungsmacht in allen die Schüler betreffenden Angelegenheiten oder, gemildert, wenigstens in allen disziplinären Fragen zuzugestehen. Man musste also das *Selbst* durch ein *Mit* ersetzen und die *Regierung* durch etwas anderes: durch ein großes *V,* das wahlweise sowohl Verwaltung als auch Verantwortung bedeuten kann. Seitdem wird in den Schulgesetzen das deutsche Kürzel SMV mal so und mal so ausgeschrieben und interpretiert; und darum geht notwendigerweise der ständige Streit: *Was* sollen oder dürfen die Schüler verwalten (nur Klassenbuch und Tafelkreide? Oder mehr und wie viel mehr?); *wofür* sollen oder dürfen sie Verantwortung tragen (nur Schulfest und Klassenausflug? Oder doch auch für die Drogenfreiheit des Schulhofs? Oder die Zensurengestaltung? Für Lehr- und Arbeitspläne? Für das Ansehen der Schule in der Öffentlichkeit?) – Wie dem auch sei, das β-System in Erziehungssituationen kann Druck ausüben, auch die Institution Schule kann solchem Druck nicht entgehen. Erleben und beobachten wir nicht immer wieder, dass auch die Schwundstufe einer SMV zum spontanen Zentrum von Schülerprotest und -widerstand werden kann? Und wie der dann zu behandeln sei, ist eine rein pädagogische Frage …

24. Kapitel: Die beta-Beziehung (β): Zögling – Zögling

§ 151

Zur Beschreibung und Analyse der situativen Zögling-Zögling-Beziehung kommt es – entsprechend der Tendenz dieses Buches – in erster Linie darauf an, den pädagogischen Charakter und Gehalt dieser Beziehung in seiner reinen Gestalt herauszufinden und alle aus Nachbardisziplinen stammenden Aspekte des Sachverhalts, als da sind: psychologische, psychodynamische, soziometrische etc., sorgfältig abzuscheiden, und zwar nicht etwa deshalb, weil diese Aspekte zur Erkenntnis unerheblich wären, sondern weil zu befürchten steht, dass hinter und zwischen ihnen das pädagogische Moment verschwinden oder unsichtbar werden würde.

Zöglinge sind situativ miteinander verbunden durch ein Verhältnis wechselseitiger Vermittlungen und Aneignungen; das ist der Kern der β-Beziehung. Wechselseitig bedeutet, dass im situativen β-System alle Zöglinge zugleich auch Erzieher sind, je nach dem, um welche Tätigkeitsdisposition es gerade geht: bei der einen TD ist Zögling A vermittelnd und Zögling B aneignend tätig, bei einer anderen ist B der Vermittler und A der Aneigner. Deshalb ist den β-Systemen eine gewisse pädagogische Autonomie im Rahmen der Erziehungssituation zu eigen; der kluge Erzieher kann sich ihrer bedienen, wenn er – sich selber zurücknehmend – Formen des indirekten, des situativen Einwirkens gebraucht. – β-Systeme können aus demselben Grund auch absolut auftreten dergestalt, dass Erziehungssituationen in personaler Hinsicht nur aus β-Beziehungen bestehen und es eine formale Erzieherposition gar nicht gibt. Das ist zum Beispiel bei den ‚Gangs' der Fall, in denen sich Jugendliche, zu welchen Zwecken auch immer, zusammenschließen und sich von der übrigen Welt isolieren. Bei solchen absoluten β-Systemen lässt sich aber auch beobachten, dass sich, vor allem bei wachsendem Umfang, Führungsstrukturen herausbilden, in deren Gefolge ein Quasi-α-System entstehen kann.

Die die β-Beziehung fundierenden wechselseitigen Vermittlungs-Aneignungs-Vorgänge geschehen meist in protopädischen Formen: als mimetische, systemische und symbolische Aneignung sowie als Vermittlung durch Erwartung und Sanktion (vgl. § 105), können aber auch zeitweise und vorübergehend pädeutische Formen annehmen: z. B. verschiedene Formen der Aneignungshilfe, der methodischen Vermittlung, manchmal sogar des Unterrichts.

Zusatz. Um einen Leser zu besänftigen, der sich vielleicht irritiert fühlt, wenn ich in Bezug auf jugendliche ‚Gangs', unter denen es ja auch solche gibt, die sich kriminellen Tätigkeiten widmen, vom „pädagogischen Moment" spreche und damit *nicht* den Versuch meine, sie auf den Pfad der Tugend zurückzuführen, sei es (noch einmal) deutlich gesagt: Die Dispositionen krimineller Tätigkeiten werden auf dieselbe Art und Weise vermittelt und angeeignet wie die aller anderen Tätigkeiten auch. (Ein deskriptiver Erziehungsbegriff leidet keine normativen Einschränkungen.)

§ 152

Die β-Beziehungen lassen sich in ihrer Erscheinungsform ordnen entsprechend dem Ausmaß der jeweiligen situativen Inkongruenz (vgl. § 117). Bei maximaler Inkongruenz steht der Mitzögling ganz am Rande der Situation des Zöglings; ihre Beziehung ist flüchtig, instabil und – meist, nicht immer – inhaltsarm (Es kann auch hier, namentlich in den von *Bollnow* „unstet“ genannten Situationen, folgenreiche Aneignungen geben). Schrumpft die Inkongruenz und nähern sich die Zöglinge situativ einander an, entsteht eine *Zöglingsgruppe;* die Beziehungen stabilisieren und vervielfältigen sich zugleich mit der wachsenden Vielfalt der wechselseitigen Vermittlungs-Aneignungs-Gegenstände und der wachsenden Gruppengröße. Die Zöglinge lernen voneinander und üben miteinander vornehmlich die Dispositionen der kommunikativen Tätigkeiten und Gefühle, der gegenseitigen Zu- und Abneigung, Freund- und Feindschaft, Liebe und Hass, Vertrauen und Misstrauen, Beeinflussung und Widerstand, Dominanz und Unterwerfung etc. Man kann jetzt von einem echten β-System sprechen; es ist deutlich (man kann es beobachten und analysieren), es ist aber auch ungeregelt, solange die sachlichen Interessen der Zöglinge munter durcheinander gehen, individuell sind und willkürlich verschieden. Bei größeren Zöglingsgruppen können sich Untergruppen (β-Teilsysteme) herausbilden.

§ 153

Bei minimierter situativer Inkongruenz kann es – sei es spontan, sei es von der Erzieherseite her ermöglicht oder veranlasst – dazu kommen, dass die sachlichen Interessen der Zöglinge sich einander angleichen und dass ein gemeinsames, auf denselben TD-Komplex gerichtetes Aneignungshandeln der Zöglingsgruppe zustande kommt. Die Zöglinge handeln dann als ein geschlossenes und in sich differenziertes Subjekt der Aneignung. Ist eine solche Gruppensubjektivität gegeben, kann man von einem *Gesamtzögling* sprechen; seine integrierte δ-Beziehung hat zugleich zur Folge, dass sich die im vorigen Paragraphen beschriebenen wechselseitigen Vermittlungen und Aneignungen thematisch objektivieren können und so kein Raum mehr bleibt für Launen und Willkür.

Zusatz. Von einem scharfsinnigen, Historisierung und Rezeption sorgfältig gegeneinander abwägenden Verständnis *Makarenko*s ausgehend und den aktuellen sozialpädagogischen Diskurs kritisch aufnehmend, hat *Eberhard Mannschatz* die „gemeinsame Aufgabenbewältigung“ als den Königsweg der Sozialerziehung eindrucksvoll beschrieben.[1] – In didaktischer Hinsicht bietet die lange Geschichte des Projektunterrichts zahlreiche Beispiele. Dazu ist jedoch anzumerken: Meistens wurde und wird zu den Definitionsmerkmalen gerechnet, dass Projektunterricht ‚fächerübergreifend" sein müsse. Diese Einengung dient wohl ausschließlich schulpädagogischen Zwecken, weil sie ‚Schulfächer' voraussetzt; doch allgemeindidaktisch gedacht, sind Unterrichtsprojekte immer dann sinnvoll und angebracht, wenn eine Gruppensubjektivität der Schüler gegeben oder erreichbar und das Unterrichtsthema hinreichend interessant und differenziert ist.

---

1 *E. Mannschatz*: Gemeinsame Aufgabenbewältigung als Medium sozialpädagogischer Tätigkeit. Denkanstöße für die Wiedergewinnung des Pädagogischen aus der Makarenko-Rezeption, Berlin: trafo-Verlag 2003

25. Kapitel: Die gamma-Beziehung (γ): Erzieher – Zögling

§ 154

Die logische Grundlage der Erzieher-Zögling-Beziehung ist dieselbe wie die der Erziehung selbst: die Zeitdifferenz im Generationenverhältnis. Das Wissen, Können und Wollen, der Dritte Faktor der Erziehung also, muss in der vorangehenden Generation vorhanden sein, bevor es der nachfolgenden weitergegeben werden kann. Besitz und Nochnichtbesitz des Dritten Faktors ist das Merkmal, das die beiden Subjekte der Erziehung, Erzieher und Zögling, voneinander unterscheidet und in der γ-Beziehung miteinander verbindet, zugleich mit der Maßgabe, diesen Unterschied im Prozessverlauf zu verringern und schließlich ganz aufzuheben. Die aus dem Unterschied resultierende Überlegenheit des Erziehers ist dem entsprechend eine schwindende, und solange sie besteht und in welchem Maße, dient sie allein dem Zweck, den Unterschied verschwinden zu machen.

Zusatz. Wie fundamental dieser Zweck ist, zeigt sich am deutlichsten, wo er verfehlt wird. Ich liebe das Beispiel des „Schulmeisters“ aus *Georg Philipp Telemann*s gleichnamiger Kantate, der, von seinem didaktischen Scheitern beim Singunterricht total frustriert, selber sonor und kunstvoll anhebt: „Wenn der Schulmeister singet, so klingt es wunderschön …“ – Man kann auch an einen Vater denken, der seinem Kind, das gerade soweit ist, die Schuhbandschleife lernen zu können, die Schuhe selber bindet, „damit es schneller geht“. (Vielleicht ist das Beispiel nicht mehr aktuell und es gibt nur noch Kinderschuhe mit Klettverschluss? Und was entgeht den Kindern dann an feinmotorischer und kognitiver Übung!)

§ 155

Die Zeitdifferenz in der Generationenfolge ist aber zugleich ein Naturverhältnis mit elementaren Bestimmungen, die von der pädagogischen γ-Beziehung zwar zu unterscheiden, aber nicht zu trennen sind: Erwachsene sind groß, stark und mächtig, Aufwachsende klein, schwach und ohnmächtig an Leib, Seele und Geist – eine Differenz, die nur durch das natürliche Wachstum der Aufwachsenden allmählich ausgeglichen wird. Deshalb fußt die Erzieher-Zögling-Beziehung immer auf einem Herrschaftsverhältnis und ist auf der Erzieherseite von Grund auf belastet und gefährdet durch die Verführungen der Machtausübung und auf der Zöglingsseite durch die Reize der Rebellion. Aber Herrschaft und Auflehnung allein erreichen die Sphäre der Erziehung nicht; erst wenn beide Seiten sich disziplinieren im Blick auf ihr Gemeinsames, auf den Dritten Faktor, den es zu vermitteln und anzueignen gilt, kann von Erziehung gesprochen werden, erst dann ist ihre Struktur vollständig. So ist auch erklärbar, warum die Machtausübung, sei sie körperlich oder seelisch, sei sie gewaltsam oder zärtlich, die Erziehung im ganzen zu beschädigen, im äußersten Fall zu verhindern und zu zerstören imstande ist.

Zusatz. „Du sollst den Zögling erziehen, nicht ihn beherrschen!" ist also eine *strukturtheoretisch* begründete Maxime des Erzieherwillens. Gleichwohl spielt das Ethische mit hinein. So sei mir, obgleich das Ethische kein Thema dieses Buches ist, die Bemerkung gestattet, dass an dieser Stelle eine Ethik systematisch anschlussfähig sein könnte. Ob diese eine spezifisch pädagogische zu sein hat, hängt davon ab, wie konkret sie gefasst werden soll; im Prinzip jedoch genügt das Allgemeine, dass keine Person zum bloßen Mittel der eigenen Begehrungen genommen werden darf. – Man bedenke aber: Ethik ist, wenn es um Machtfragen geht, ziemlich machtlos und bedarf, soweit überhaupt möglich, der juridischen Unterstützung.

§ 156

Die Inkongruenz von Erzieher- und Zöglingssituation (§ 117) hat Konsequenzen für das *Selbstverhältnis* des Erziehers in der γ-Beziehung. Weil der Erzieher nicht als ganze Person in die Situation des Zöglings eingeht, sondern nur insofern er Erzieher ist, also als Subjekt der Vermittlung, hat er das Problem, sich zu sich selbst in ein Verhältnis zu setzen dergestalt, dass er sein Erziehersein von seinem Personsein unterscheiden oder, mit anderem Ausdruck, seine Vermittlungssubjektivität gegen seine allgemeine Subjektivität abgrenzen muss. Voraussetzung dessen ist der Habitus eines *inneren Abstands des Erziehers von sich selbst,* der ihn allererst instand setzt, seine situative Position als Partner einer γ-Beziehung ganz auszufüllen, ohne die dadurch gezogenen Grenzen zu überschreiten. Subjekt der Vermittlung sein bedeutet Verschiedenes. Der Erzieher ist (a) Subjekt von Einwirkungen in *pädeutischer* Form, und zwar zum einen von methodischen Einwirkungen, indem er Maßnahmen nach den Grundsätzen der Stimmigkeit und Konsequenz plant, vorbereitet und durchführt, zwischen möglichen Einwirkungsformen abwägt und sich für die Wahl bestimmter Einwirkungsmittel entscheidet, zum anderen von nichtmethodischen Einwirkungen, indem er etwa dem Zögling Gelegenheit und Veranlassung zu Beispielnahme und Vorbildfolge gibt, ihn bei der Bewältigung von Alltagsproblemen unterstützt, ihn tröstet und ermuntert u. ä. In beiderlei Hinsicht, methodisch wie nichtmethodisch, muss er sich bewusst sein, dass er nicht nur das Subjekt, sondern in allem, was er tut und darstellt, zugleich auch das wichtigste Mittel seiner Einwirkungen ist. – Der Erzieher ist aber auch (b) Urheber und Anlass von Aneignungen *protopädischer* Art (der Zögling ‚guckt ihm etwas ab'), deren er sich selten oder gar nicht bewusst ist. Er kann sich aber Klarheit darüber zu verschaffen suchen, indem er die Zöglingsbeobachtung mit der Selbstbeobachtung korreliert; gelingt ihm das, dann mag er, wenn er will, die protopädische Aneignung, sei es sie unterstützend, sei es ihr entgegenwirkend, ins Pädeutische heben.

§ 157

Die Intensität und das inhaltliche Ausmaß der γ-Beziehung hängen ab von dem jeweiligen Grad der Inkongruenz der beiden Situationen. Je größer die ‚Schnittmenge', desto intensiver, reicher und enger *kann* die γ-Beziehung sein: in der Ganztagsschule enger als in der Halbtagsschule, noch enger, wenn Erzieher und Zöglinge zeitweise zusammen wohnen, am engsten in der Familie. Wie eng sie sein *muss,* ist dagegen abhängig von der Qualität des jeweiligen Aneignungsgegenstandes. Besonders die Einwirkung auf die emotionale und moralische Entwicklung des Zöglings, nämlich die Vermittlung von Motiven und motivlichen Bestandteilen von Tätigkeitsdispositionen setzt einen höheren Grad von emotionaler Vertrautheit und damit eine größere situative ‚Schnittmenge' voraus als die Vermittlung andersartiger TDs. Das hat unter anderem seinen Grund in dem geringeren Grad der Methodisierbarkeit emotional-moralischer Einwirkungen und in dem größeren Anteil der dabei wirksam werdenden protopädischen Verläufe.

Zusatz. Dass mit der wachsenden Intensität der γ-Beziehung auch die Gefahr des Missbrauchs wächst, bedarf nur der Erwähnung. – Anhand aktueller Enthüllungen wird ein möglicher Zusammenhang zwischen „Reformpädagogik" und Missbrauchsgefahr diskutiert. Der Verdacht ist nicht von der Hand zu weisen, dass solcher Zusammenhang, wenn es ihn denn gibt, auf einen „reformpädagogischen" Erziehungsfehler zurückzuführen wäre: In der Praxis einiger, bei weitem nicht aller, reformpädagogischen Richtungen, z. B. in der Landerziehungsheim-Bewegung, und ebenso auch in einigen Varianten der reformpädagogischen Theorie (z. B. *Herman Nohl:* Der „pädagogische Bezug") hat man das ‚Wesen des Erzieherischen' vornehmlich oder ausschließlich als in der γ-Beziehung begründet angesehen, die in Wahrheit doch nur eine unter anderen situativen Beziehungen des Zöglings darstellt.

Episode 8

Der Sturz vom pädagogischen Seil: So hat *Anton Makarenko* das Geschehnis beurteilt, mit dem seine sozialpädagogische Karriere begann: seinen Verstoß wider alle Pädagogik und gegen jede Vernunft und Klugheit. Aus der Gruppe renitenter Zöglinge schnappt er sich Zadorov, den renitentesten, knockt ihn aus mit drei Faustschlägen ins Gesicht und bedroht die übrigen mit einem Feuerhaken und mit dem sofortigen Rausschmiss, wenn sie nicht unverzüglich mit der verlangten Arbeit, dem Holzeinschlag, beginnen. Man kann sich die Szene[1] nicht drastisch genug vorstellen: Fünf große starke junge Männer von 16 bis 18 Jahren, gewandt, skrupellos, gewalterfahren und gewalterprobt; und ein bebrillter Erzieher, klein, von schmächtiger Statur – und blind vor Wut … Zufälliger- und glücklicherweise ging die Sache

1 Ein pädagogisches Poem I, 2 f. – Das Ereignis selbst ist als authentisch gut bezeugt, obwohl ‚Zadorov' eine Kunstfigur ist, in der Züge verschiedener Kolonisten zusammengeflossen sind.

gut aus, sogar sehr gut: Die Zöglinge nehmen die Arbeit auf, sie „verstehen“, dass *Anton Semenovič* ihretwegen Leib und Leben und strafrechtliche Verfolgung riskiert und sich in die ihm monatelang verweigerte γ-Beziehung hineingeboxt hat. Die Erziehungsprozesse können beginnen.

Gewalt gegen Zöglinge ist eine Sünde und das Vorrecht des „Priesterseminars“ (I,3). Gleichwohl hat die Verfehlung des Erziehers die Situation geöffnet und das Projekt Gor'kij-Kolonie erst möglich gemacht, allerdings nur deshalb, weil die Erfahrung des Gelingens *eben nicht* methodisiert worden ist; das „In-die-Fresse-Hauen“ (I, 3) blieb tabu. Ich habe in § 154 gezeigt, dass der γ-Beziehung wie auch der Erziehung im ganzen ein Naturverhältnis zu Grunde liegt. Die Zadorov-Geschichte zeigt ein Naturverhältnis in reiner Gestalt: Im Wolfsrudel hat sich das entschlossenste Tier als Leitwolf durchgesetzt – aber leiten kann es erst danach. Was ist eigentlich geschehen?

Die ‚Tat‘ *Makarenko*s hatte nichts Pädagogisches an sich; es war der emotionale Ausbruch einer gequälten, gedemütigten, verspotteten Seele, ein zweck- und besinnungsloses, höchst gefährliches und verdammenswertes Tun; er selbst hat es danach so eingeschätzt. Und doch hat es diese überraschende erzieherische Wirkung gezeitigt, hat es etwas *transportiert,* was die Zöglinge „verstehen“[2] konnten, was sie innerlich berührt und in ihrem Wesen verändert hat. – Die theoretische Einordnung des Ereignisses fällt nicht schwer: es ist reine *Protopädie,* und zwar in der Form der *symbolischen Aneignung* (§ 105).

Offensichtlich hat *Makarenko* sich lange mit der Analyse des Geschehnisses befasst und hat später ein *pädeutisches Pendant* entwickelt, nämlich sein Verfahren, mit Konflikten – welcher Art und zwischen wem auch immer – methodisch umzugehen, das er, leider etwas missverständlich, als „Explosion“ bezeichnet hat. Er meint damit, dass ernstliche Konflikte, wenn sie grundsätzliche Sachverhalte situativer oder prozessualer Natur berühren, nicht vorzeitig ausgeglichen (erst recht nicht emotional zugekleistert) werden, sondern gleichsam ausreifen sollen bis zur Zuspitzung und sich dann, unter kalkuliertem und verantwortetem Risiko, schlagartig auflösen und dauerhaft beseitigen lassen.

2 Мы понимаем: das ‚Schlusswort‘ von I, 2

26. Kapitel: Die delta-Beziehung (δ): Zögling – Dritter Faktor

§ 158

In der Erziehungssituation kommt der δ-Beziehung eine besonders hervorgehobene Bedeutung insofern zu, als sie konstitutiv ist für die Erziehung überhaupt; denn die δ-Beziehung ist die Dimension der Aneignung, und wenn die Aneignung scheitert, scheitert die Erziehung im ganzen (§ 80). Die δ-Beziehung kommt in vielen verschiedenen Gestalten vor, entsprechend den vielen verschiedenen Gestalten des Dritten Faktors und den vielen verschiedenen Gestalten des Subjekts der Aneignung. Im Rahmen der Allgemeinen Theorie muss ich von dieser Vielheit und Verschiedenheit absehen und mich auf die Analyse der Grundstruktur beschränken. Insbesondere muss es bei den Aussagen über das Subjekt der Aneignung offen bleiben, ob vom Einzelzögling oder vom Gesamtzögling die Rede ist; sie sind jeweils beide gemeint.

§ 159

Die Beziehung des Zöglings zum Aneignungsgegenstand – das heißt: zu der jeweiligen Gestalt des Dritten Faktors – setzt sich aus drei unterscheidbaren einzelnen Beziehungen zusammen, die nur miteinander eine reale δ-Beziehung entstehen lassen. Es sind (a) die Wertschätzung, (b) der Aneignungswille und (c) das Aneignungshandeln.

(a) Als *Wertschätzung* bezeichne ich das Urteil des Zöglings über die Aneignungswürdigkeit des Gegenstandes. Hier ist nun freilich nicht nur an logische Urteile mit rationalen Begründungen zu denken. Die kommen zwar auch vor, aber manchmal ist es erschlichene Logik und vorgeschobene Begründung, hinter der sich Anderes, Elementareres verbirgt; so kann z. B. die Wertschätzung der Disposition des Autofahrens vordergründig rational, etwa aus dem beruflichen Nutzen, gerechtfertigt werden, tatsächlich aber der Freude am Fahren entsprungen sein. – Wie Babys und Kleinkinder uns offen zeigen, beruht das wertschätzende Urteil des Zöglings in aller Regel auf einem spontanen, quasi-instinktiven Gefallen oder Missfallen, weshalb es der veranlassenden Einwirkung des Erziehers auch so schwer zugänglich ist.

Zusatz. Meist bleibt nur das Ermöglichen. Meinem kleinen Neffen, der leidenschaftlich gern Schranktüren öffnet und schließt, schenkte ich dieser Tage zu seinem 1. Geburtstag einen Holzkasten mit Klötzen darin. Er suchte sofort ihn zu öffnen – und war schon im Spiel. Mit Aufmachen, Rausnehmen, Zumachen, Aufmachen, Reinlegen, Zumachen präsentierte er ein prächtiges Montessori-Phänomen. Kommentar des Theoretikers: (a) + (b) + (c) in vollendeter Gleichzeitigkeit.

§ 160

(b) Damit eine vollständige δ-Beziehung zustande komme, reicht die Wertschätzung des Aneignungsgegenstandes allein nicht aus. Ich z. B. schätze die Aneignungswürdigkeit des statistischen Instrumentars außerordentlich hoch ein (und empfehle deshalb jedem Studenten, es zu lernen), aber selber lernen mag ich es nicht mehr und mochte es auch früher nicht; mir fehlt der *Aneignungswille.* Selbstverständlich könnte mich ein geschickter Erzieher zum Entschluss veranlassen, wenn er verspricht, für diesen Gegenstand mein Lehrer zu sein; ich hoffe nur, dass niemand es versucht. – Aber auch wenn vorhanden, kann der Aneignungswille allein keine reale δ-Beziehung herstellen. Ein jeder kennt es: Man möchte so gern und dringend eine bestimmte Fremdsprache lesen oder sprechen können, hat aber leider so viel anderes Dringendes zu tun …

§ 161

(c) Erst das *Aneignungshandeln* realisiert die δ-Beziehung im Rahmen der Situation. Als Tätigkeit des Zöglings ist es den unterstützenden wie den gegenwirkenden Einwirkungen des Erziehers in vollem Umfang zugänglich.

Das Aneignungshandeln wirkt auf die Wertschätzung und den Aneignungswillen zurück. Beide können durch gelingende Aneignung gestärkt, differenziert oder vertieft, durch misslingende geschwächt oder ausgelöscht werden. Es ist sogar möglich, dass ein Aneignungshandeln beginnt und fortschreitet, ohne dass seine zwei Voraussetzungen wirklich gegeben sind: (a) kann ein Irrtum, (b) eine minimale Regung sein; erst auf Grund von (c) kann (a) sich klären und (b) sich festigen. So eröffnet sich auch dem Erzieher die Möglichkeit, auf dem Umweg über (c) doch noch auf (a) und (b) einzuwirken.

27. Kapitel: Die epsilon-Beziehung (ε): Erzieher – Dritter Faktor

§ 162

In der epsilon-Beziehung erscheint der Dritte Faktor als Vermittlungsgegenstand. Vermittlungsgegenstand ist immer derselbe, der in der delta-Beziehung als Aneignungsgegenstand erscheint. Deshalb muss man sorgfältig zwischen der Disposition einer Tätigkeit und der Ausübung dieser Tätigkeit unterscheiden. Wenn ich versuche, einem Kinde das Radfahren beizubringen, habe ich es nur mit der Disposition des Radfahrens zu tun, die das Kind sich aneignen will oder soll; ob es später wirklich Rad fährt oder nicht und bei welchen Gelegenheiten und mit welchem Gerät, ist dabei für mich ebenso unerheblich, wie es für das Kind unerheblich ist, ob ich selber Rad fahre und wenn ja wohin. Wichtig ist allein, dass ich Rad fahren *kann,* denn sonst wüsste ich ja nicht, wie man es lernt. Ein anderes Beispiel: Alternde Sänger, wenn ihre Stimme im Konzertsaal nicht mehr ‚trägt', sind oft hervorragende Gesangslehrer, weil sie sich nicht mehr auf die Tätigkeit, sondern nur noch auf die TD konzentrieren.

Die gegenständliche Kompetenz, die der Erzieher braucht, um seine Vermittlungsaufgabe zu erfüllen, bezieht sich also ausschließlich auf die zu vermittelnde Disposition, und nur in diesem Maße muss er die Tätigkeit, deren Disposition sie ist, auch selber beherrschen. So ist auch hier ein gewisser ‚innerer Abstand' des Erziehers erforderlich, jetzt nicht von sich selbst, sondern von dem Gegenstandsfeld seines Vermittelns. Wer ganz und gar in der Tätigkeit aufgeht, dem ist ihre Disposition oft derart selbstverständlich geworden, dass er vergisst, sie je gelernt zu haben.

Zusatz. So erklärt sich die eigentlich verblüffende Erscheinung, dass der schlechtere Mathematiker oft der bessere Mathematiklehrer ist (und umgekehrt). Und noch ein Beispiel aus der Schulpädagogik: Wer das deutsche Gymnasium des 19. Jahrhunderts preist, weil seine Lehrer oft vorzügliche Gelehrte waren und in schuleigenen Publikationen („Schulprogrammen") wichtige Forschungsergebnisse veröffentlicht haben, der preist zugleich die didaktischen Mängel jener damaligen Schulform.

§ 163

Ähnlich wie die delta-, so stützt sich auch die epsilon-Beziehung auf eine Wertschätzung, nämlich auf das Urteil des Erziehers über die Vermittlungswürdigkeit des Gegenstandes. Der Erzieher kann die als würdig eingeschätzte TD oder TD-Kombination (a) *setzen,* indem er sie von sich aus dem Zögling zur Aneignung anbietet; er kann sie (b) *übernehmen,* wenn sie von Anderen gesetzt worden ist, sei es, dass ihm ein Vermittlungsauftrag erteilt oder – unter institutionellen Bedingungen – die Vermittlung befohlen wird, sei es, dass die TD oder TD-Kombination im Kontext des jeweiligen Erziehungsfeldes einer selbstverständlichen Wertschätzung unterliegt (die dem einzelnen Erzieher deshalb nicht einmal deutlich bewusst sein muss). Und schließlich kann der Erzieher (c) in der jeweils gegebenen Erziehungssituation schätzenswerte TDs *vorfinden,* die dort in den gegenständlichen und personalen Positionen inkorporiert sind, und sie gegebenfalls herausheben, wodurch vor allem auch seine Wahl der Einwirkungsmittel bestimmt wird.

§ 164

Eine weitere Grundlage der ε-Beziehung ist das Urteil des Erziehers über die Vermittlungsmöglichkeit des Gegenstandes. Dieses Urteil ist immer zweiseitig. Es bezieht sich zum einen auf die Aneignungsfähigkeit des Zöglings, also auf den jeweils gegebenen Entwicklungs- und Entfaltungsgrad seiner Aneignungsdisposition (AD; § 38), zum anderen auf die Eignung des Gegenstandes, auf eben diesem AD-Niveau in Einwirkungsschritte zerlegt und dem Zögling zugänglich gemacht zu werden.

28. Kapitel: Die zeta-Beziehung (ζ): Erzieher – beta

§ 165

Die Beziehung des Erziehers auf die Zögling-Zögling-Beziehung ist die erste der beiden situativen Beziehungen des *zeugmatischen* Typs (vgl. § 126).

Die zeta-Beziehung realisiert sich in zwei Formen: die eine (a) ist die Inspektion von beta, die andere (b) die Intervention in beta. So muss z. B. ein Streetworker bei dem Versuch, eine Erzieherposition in einer Gang-Situation einzunehmen, sich zunächst einen Einblick in die strukturellen Gegebenheiten dieser Situation verschaffen, bevor er einen Plan seiner Einwirkungen fasst und seine Position in Bezug auf die vorhandenen personalen und gegenständlichen Positionen zu bestimmen sucht. Sobald er einwirkt, erweitert und vertieft sich auch sein Einblick: Inspektion und Intervention stehen in Wechselwirkung miteinander.

(a) Die Inspektion umfasst die Tätigkeiten des Wahrnehmens und des Beurteilens. Wahrgenommen und beurteilt werden zum einen die *Tätigkeiten* der Zöglinge im Verhältnis zueinander, zum anderen die den Tätigkeiten zum Grunde liegenden protopädischen Strukturen wechselseitiger Aneignungen und Vermittlungen sowie die gegebenenfalls auftretenden pädeutischen Strukturen, zum dritten die in den Tätigkeiten enthaltenen Möglichkeiten und Chancen ihrer Veränderung.

(b) Die Intervention kann sich zunächst einmal darauf richten, fehlende und erwünschte β-Beziehungen des Zöglings ermöglichend oder veranlassend herzustellen oder aber unerwünschte zu verhindern oder zu unterbinden. Das Hauptziel der Einwirkungen, die auf gegebene β-Beziehungen gerichtet sind, ist jedoch immer die Veränderung der Zöglingstätigkeiten zugunsten erwünschter Aneignungen und zugunsten verbesserter und geklärter Kooperation der Zöglinge.

Zusatz. Zur Konkretisierung ein Beispiel aus der Erziehungsberatung. Ein allein erziehender Vater, erst kürzlich verwitwet, erbat meine Meinung, ob er seine zwei ungebärdigen und ständig miteinander streitenden Söhne, etwa 6 und 8 Jahre alt, wegen des Verlustes der Mutter in psychotherapeutische Behandlung geben solle. Ich hielt nichts davon; ich halte grundsätzlich nur wenig von Psychotherapie bei Kindern, solange erzieherische Möglichkeiten offen stehen. Um diese zu eruieren, verbrachte ich einige Stunden in seinem Hause, beobachtete die Knaben beim Spiel – und war entsetzt: Das Hauptspielzeug war eine zweispurige „Carrera-Bahn“ mit vielen Kurven und Schikanen, auf der die beiden sich erbitterte Wettkampf-Duelle lieferten. Das lief sehr lautstark ab mit Triumphgeschrei des Gewinners und aggressiven Wutanfällen des Verlierers, mal des einen, mal des andern. Regeln gab es keine; jede Schwäche und jedes Pech wurden rücksichtslos ausgenutzt; die Stimmung war hektisch und schien hasserfüllt zu sein;

und dennoch hielten beide unbeirrt an dem Spiel fest und begannen immer wieder von neuem. Ich bat den Vater hinzu, der sich, wohl wie stets, zurückgezogen hatte; auch er sollte zusehen und war keineswegs entsetzt: „So sind sie immer." Auf dringende Vorhaltung sah er ein, sich kümmern zu müssen. – Das Analysegespräch ergab: Es ist eine feste und tragfähige β-Beziehung vorhanden, die sich aber in kontroversen und chaotischen Aktionsformen äußert. Die Zielstellung: Vermittlung geregelter Umgangsformen. Der geeignete 3F-haltige Gegenstand ist da und für beide Buben attraktiv: die Carrera-Bahn. Die Empfehlung: „Sie müssen unbedingt mitspielen! Am besten beginnen Sie mit der einfachen Regel: Das Spiel wird gestoppt, sobald eines der Autos aus der Bahn gerät, und wird erst fortgesetzt, wenn das verunglückte Fahrzeug wieder fahrbereit ist. Das ist der erste Schritt zum *fair play,* die nächsten werden sich ergeben, wenn Sie weiter aufmerksam mitspielen. Und Sie werden sehen: Das Spiel macht den Kindern so viel mehr Spaß."

§ 166

Ein Zentralproblem der ζ-Intervention ist die *Gruppenbildung.* Eine β-Beziehung, sei sie situativ vorgefunden oder durch Einwirkung hergestellt, begründet als solche noch keine Zöglingsgruppe, auch eine Mehrzahl von β-Beziehungen tut es nicht. Es hängt vielmehr vom Inhalt und von der Intensität der β-Beziehung(en) ab, in welchem Maße und bis zu welchem Grade aus dem situativen Nebeneinander der Zöglinge ein Miteinander wird, abzulesen aus dem Verhältnis ihrer Tätigkeiten zueinander – und beeinflussbar durch Modifikation dieser Tätigkeiten. Es kommt nicht selten vor, dass sogar unter Geschwistern eine wechselseitige Gleichgültigkeit vorherrscht, sodass von einer Zöglingsgruppe oder gar von einem Gesamtzögling keine Rede sein kann. Kontroverse Tätigkeiten deuten aber meistens einen höheren Intensitätsgrad der β-Beziehung an: Zöglingsgruppen müssen nicht harmonisch sein.

29. Kapitel: Die eta-Beziehung (η): Erzieher – delta

§ 167

Selbstverständlich muss diese Beziehung hier bei der Analyse der situativen Kernbeziehungen aufgeführt, gewürdigt und herausgehoben werden. Sie ist die wichtigste von allen, denn in ihr spielt sich alles ab, was unter den Begriff der Erziehung fällt, alle vermittelte Aneignung; in der eta-Beziehung kristallisiert sich der Kern des Kerns. Man kann das leicht sehen: Die formale Struktur der η-Beziehung ist identisch mit der *Fundamental-Struktur des Erziehungsverhältnisses* selbst (§§ 80 ff. und Figur 2 a) und stellt somit dessen ‚Paradigma' dar.

Aus diesem Grund ist es nun aber unmöglich, den allgemeinen Charakter dieser Beziehung inhaltlich zusammenfassend zu beschreiben, weil *alle* Aussagen, die bisher in dieser Theorie aus der Perspektive der Erzieherposition getroffen worden sind (und im Folgeband noch getroffen werden sollen), nichts anderes sind als Ausfaltungen (Explikationen) der η-Beziehung.

Zusatz. Hier, am Ende des zweiten, des verhältnistheoretischen Teils, verabschiede ich mich einstweilen von dem Leser, der mich bis hierher geduldig und, so hoffe ich, mit kritischem Wohlwollen begleitet hat. Wir werden uns – „so Gott will und wir leben"[1] – wiedertreffen, weil noch Vieles zu betrachten und zu bedenken bleibt. Wir werden uns, im dritten Teil, mit dem Erziehungsprozess befassen, also mit der Zeitdimension der Erziehung, mit den Entwicklungen und Veränderungen der dispositionellen Verfasstheit des Zöglings, sofern sie durch vermittelte Aneignung bewirkt sind, und den Strukturen der Zeitdifferenzen nachgehen zwischen Gestern, Heute und Morgen, zwischen Anfang und Ende der Erziehung. Und schließlich werden wir uns, im vierten Teil, dem Erziehungsfeld zuwenden, denn Erziehung geschieht nicht im luftleeren Raum, nicht im unterirdischen Verlies, sondern mitten in der Vielfalt des Lebens und in der Gesellschaft der Menschen. Die Strukturen der Interdependenz, wie die Erziehung von ihrer Umwelt abhängt und umgekehrt diese von jener, wollen analysiert und die protopädischen Großstrukturen, in denen das Erziehungsfeld selber die Erzieherposition einnimmt, wollen beschrieben sein.

1 Jac. 4; 15. Mit dieser *conditio Jacobea* pflegten in früheren Zeiten besonders fromme (oder besonders vorsichtige) Christen ihre Einladungsschreiben zu versehen.